HANS-OTTO HAHN

# Die fehlerhafte Normenanwendung im Arbeitsverhältnis

Schriften zum Sozial- und Arbeitsrecht

Band 26

# Die fehlerhafte Normenanwendung im Arbeitsverhältnis

## Zur Problematik der Rückforderung und Einstellung irrtümlicher Arbeitgeberleistungen

Von

Dr. Hans-Otto Hahn

DUNCKER & HUMBLOT / BERLIN

CIP-Kurztitelaufnahme der Deutschen Bibliothek

**Hahn, Hans-Otto**

Die fehlerhafte Normenanwendung im Arbeitsverhältnis: zur Problematik d. Rückforderung u. Einstellung irrtüml. Arbeitgeberleistungen. — 1. Aufl. — Berlin: Duncker und Humblot, 1976. —
(Schriften zum Sozial- und Arbeitsrecht; Bd. 26)
ISBN 3-428-03720-0


Gedruckt 1976 bei Buchdruckerei A. Sayffaerth - E. L. Krohn, Berlin 61
Printed in Germany

ISBN 3 428 03720 0

*Meinen Eltern*
*zum Danke gewidmet*

## Vorwort

Diese Arbeit hat der Juristischen Fakultät der Universität Köln im Wintersemester 1974/1975 als Dissertation vorgelegen. Das Manuskript wurde im Dezember 1974 abgeschlossen.

Herrn Prof. Dr. Herbert Wiedemann bin ich zu Dank für die Anregung und Betreuung der Arbeit verpflichtet.

Dem Verlag Duncker & Humblot danke ich für die Aufnahme der Arbeit in seine Schriftenreihe.

Köln, im Juli 1976 *Hans-Otto Hahn*

# Inhaltsverzeichnis

*Teil III*

## Abkürzungsverzeichnis

| | |
|---|---|
| AcP | = Archiv für die civilistische Praxis |
| a. E. | = am Ende |
| AFG | = Arbeitsförderungsgesetz |
| Alt. | = Alternative |
| AP | = Arbeitsrechtliche Praxis (Nachschlagewerk des Bundesarbeitsgerichts), Loseblattsammlung |
| ArbG | = Arbeitsgericht |
| AR-Bl. | = Arbeitsrechts-Blattei, Handbuch für die Arbeitsrechtspraxis (Loseblattsammlung) |
| ARS | = Arbeitsrechtssammlung; Entscheidungen des Reichsarbeitsgerichts und der Landesarbeitsgerichte |
| ARSt. | = Arbeitsrecht in Stichworten (Entscheidungssammlung) |
| AT | = Allgemeiner Teil |
| AuR | = Arbeit und Recht (Zeitschrift) |
| AVG | = Angestelltenversicherungsgesetz |
| BAG | = Bundesarbeitsgericht |
| BAGE | = Entscheidungen des Bundesarbeitsgerichts (Amtliche Sammlung) |
| BArbBl. | = Bundesarbeitsblatt (Zeitschrift) |
| BAT | = Bundesangestelltentarifvertrag |
| BayrBZ | = Bayrische Beamtenzeitschrift |
| BB | = Der Betriebsberater (Zeitschrift) |
| BBG | = Bundesbeamtengesetz |
| BetrRat | = Der Betriebsrat (Zeitschrift) |
| BetrVerf. | = Die Betriebsverfassung (Zeitschrift) |
| BetrVG | = Betriebsverfassungsgesetz |
| BGBl. | = Bundesgesetzblatt |
| BGH | = Bundesgerichtshof |
| BGHZ | = Entscheidungen des Bundesgerichtshofes (Amtliche Sammlung) |
| BKGG | = Bundeskindergeldgesetz |
| BlStRSozVArbR | = Blätter für Steuerrecht, Sozialversicherung und Arbeitsrecht (Zeitschrift) |
| BPersVG | = Bundespersonalvertretungsgesetz |
| BRRG | = Beamtenrechtsrahmengesetz |
| BSG | = Bundessozialgericht |
| BT | = Besonderer Teil |
| BVerwGE | = Entscheidungen des Bundesverwaltungsgerichts (Amtliche Sammlung) |
| c. i. c. | = Culpa in contrahendo |
| DAR | = Deutsches Arbeitsrecht (Zeitschrift) |
| DB | = Der Betrieb (Zeitschrift) |
| DNotZ | = Deutsche Notar-Zeitschrift |
| DÖV | = Die öffentliche Verwaltung (Zeitschrift) |
| DR | = Deutsches Recht (Zeitschrift) |
| DVBl. | = Deutsches Verwaltungsblatt (Zeitschrift) |

| | | |
|---|---|---|
| ebd. | = | ebenda |
| Entscheidungskalender | = | Entscheidungskalender Berliner Arbeits- und Sozialrecht, Loseblatt-Entscheidungsammlung |
| FamRZ | = | Ehe und Familie im privaten und öffentlichen Recht (Zeitschrift) |
| FN | = | Fußnote |
| Gruchot | = | Gruchots Beiträge zur Erläuterung des Deutschen Rechts (Zeitschrift) |
| i. d. F. | = | in der Fassung |
| i. S. v. | = | im Sinne von |
| i. V. m. | = | in Verbindung mit |
| JR | = | Juristische Rundschau |
| JuRA | = | Juristische Analysen (Zeitschrift) |
| JW | = | Juristische Wochenschrift |
| JZ | = | Juristenzeitung |
| LAG | = | Landesarbeitsgericht |
| LBG | = | Landesbeamtengesetz |
| LM | = | Lindenmaier-Möhring, Nachschlagewerk des Bundesdesgerichtshofes |
| MBl. | = | Ministerialblatt |
| MDR | = | Monatsschrift für Deutsches Recht |
| m. w. N. | = | mit weiteren Nachweisen |
| NDBZ | = | Neue Deutsche Beamtenzeitschrift |
| n. F. | = | neuer Fassung |
| NJW | = | Neue Juristische Wochenschrift |
| NW | = | Nordrhein-Westfalen |
| NWB | = | Neue Wirtschaftsbriefe (Loseblattsammlung) |
| OVG | = | Oberverwaltungsgericht |
| PersVertretung | = | Die Personalvertretung (Zeitschrift) |
| pVV | = | Positive Vertragsverletzung |
| R | = | Rückseite |
| RAG | = | Reichsarbeitsgericht |
| RAGE | = | Entscheidungen des Reichsarbeitsgerichts (Amtliche Sammlung) |
| RdA | = | Recht der Arbeit (Zeitschrift) |
| RG | = | Reichsgericht |
| RGZ | = | Entscheidungen des Reichsgerichts in Zivilsachen |
| Rspr. | = | Rechtsprechung |
| SchR | = | Schuldrecht |
| SKV | = | Staats- und Kommunalverwaltung (Zeitschrift) |
| s. o. S. | = | siehe oben Seite |
| TOA | = | Tarifordnung für Angestellte des öffentlichen Dienstes |
| TVG | = | Tarifvertragsgesetz |
| v. c. f. p. | = | venire contra factum proprium |
| VGH | = | Verwaltungsgerichtshof |
| VV | = | Verwaltungsverordnung |
| WM | = | Wertpapiermitteilungen (Zeitschrift) |
| ZBR | = | Zeitschrift für Beamtenrecht |
| ZFA | = | Zeitschrift für Arbeitsrecht |
| ZfgStW | = | Zeitschrift für die gesamten Staatswissenschaften |

# Einleitung

Da das Recht der Arbeitsbedingungen in seinen wesentlichen Grundlagen nahezu erschöpfend durch Gesetze, Tarifverträge, Betriebsvereinbarungen und andere — diesen kollektivrechtlichen Instituten äußerlich ähnliche — betriebliche Einheitsregelungen festgelegt ist, sind die etwa im öffentlichen Dienst oder im Bereich privater Großunternehmen anzutreffenden formularmäßigen Massenarbeitsverträge ausgesprochen inhaltsarm[1]. Der nicht individuell ausgehandelte Arbeitsvertrag enthält im wesentlichen nur Angaben über die allgemeine Art der Tätigkeit, den Eintrittstermin, die tarifliche Lohn- oder Gehaltsgruppe und gegebenenfalls außertarifliche Zulagen. Umfangreiche Einzelvereinbarungen erspart man sich durch eine formelhafte Bezugnahme auf die einschlägigen Tarifverträge, deren Inhalt damit entweder bereits kraft beiderseitiger Tarifgebundenheit oder jedenfalls kraft einzelvertraglicher Inbezugnahme unmittelbar in den Arbeitsvertrag einfließt. Der konkrete Inhalt des Arbeitsverhältnisses erschließt sich also erst durch Heranziehung der einschlägigen kollektiven Bestimmungen, wobei die Konkretisierung der Leistungspflichten des Arbeitgebers (Einstufung in die tarifliche Lohn- oder Gehaltsgruppe; Berechnung von Lohn und Gehalt; Ermittlung von Zulagen und Zuschlägen) in den Aufgabenbereich der Personal- bzw. Lohn- oder Gehaltsstelle fällt.

Namentlich die umfangreichen Tarifvertragswerke besitzen in vielen Bestimmungen nicht genügend Klarheit und Eindeutigkeit, um jeden Zweifel über Inhalt und Tragweite auszuschließen, sei es, daß Regelungslücken bestehen oder einzelne Normen zu weit oder mißverständlich gefaßt sind. Es kann daher nicht verwundern, daß die Angestellten, die mit dem Tarifvertrag arbeiten müssen, dessen Bestimmungen nicht gerade selten falsch auslegen. Ebenso häufig werden allerdings auch unzweideutige Tarifnormen infolge fehlerhafter Subsumtion oder schlichter Versehen unrichtig angewendet.

Demzufolge ist es ein der Praxis geläufiger Tatbestand, daß der Arbeitgeber infolge fehlerhafter Beurteilung kollektiver Normen Leistungen an den Arbeitnehmer erbringt, zu denen ihn die kollektiven Bestimmungen nicht oder nicht im tatsächlich gewährten Umfang ver-

---

[1] Vgl. *Rehhahn*, AuR 63, 238 ff.; *Söllner*, Leistungsbestimmung, S. 11.

pflichten. So führt beispielsweise die fehlerhafte Einstufung des Arbeitnehmers in eine zu hohe Vergütungsgruppe zu Lohn- oder Gehaltsüberzahlungen. Oder der Arbeitgeber legt seinen Berechnungen irrtümlich ein zu hohes Lohndienstalter des Arbeitnehmers zugrunde und gewährt diesem eine tariflich vorgesehene Dienstzeitzulage, auf die er keinen Anspruch hat. Die Reihe der Beispiele fehlerhafter Normenanwendung infolge von Tatsachen- oder Rechtsirrtümern läßt sich beliebig erweitern um solche der irrtümlichen Zahlung etwa von Feiertags-, Erschwernis-, Gefahren- oder Kinderzulagen, der zusätzlichen Leistungen zur Alters- und Hinterbliebenenvorsorge, der irrtümlichen Nichteinbehaltung von Arbeitnehmerbeiträgen zur gesetzlichen Renten- oder Krankenversicherung oder auf den Fall, daß der Arbeitgeber versehentlich eine geringere als die tariflich vorgesehene Arbeitsstundenzahl verlangt. Bisweilen entstehen Überzahlungen auch im Zusammenhang mit der Ablösung eines Tarifvertrages durch einen neuen, der im Gegensatz zur alten Regelung eine bestimmte Leistung nicht mehr vorsieht, dem Arbeitgeber diese Änderung aber unbemerkt geblieben ist.

Dem an einer Korrektur seines Irrtums gelegenen Arbeitgeber stellt sich nach dessen Aufdeckung die Frage,

— ob er die in der Vergangenheit irrtümlich gewährten Leistungen zurückfordern

— oder wenigstens die bisher erbrachten Überzahlungen für die Zukunft einstellen darf.

Sofern eine diesbezügliche tarif- oder einzelvertragliche Regelung fehlt, ist zur Beantwortung der Frage auf das Bereicherungsrecht des Bürgerlichen Gesetzbuches zurückzugreifen. Entscheidend ist also, ob der Arbeitgeber die irrtümliche Leistung ohne Rechtsgrund erbringt. Bejahendenfalls kann der Arbeitgeber die Zuvielzahlung kondizieren. Eine Bindung für die Zukunft kommt nicht in Betracht; er kann seinen Irrtum durch schlichte Einstellung der Zahlungen korrigieren.

Die fehlerhaft gehandhabte Kollektivnorm scheidet selbstverständlich als Rechtsgrund aus, sieht sie doch gerade die betreffende Leistung nicht vor. Eine Bindung des Arbeitgebers kommt also allenfalls auf individualrechtlicher Ebene in Betracht. Daher ist zunächst jeweils zu prüfen, ob sich der Arbeitgeber — sei es auch ungewollt — zu der höheren Vergütung rechtsgeschäftlich verpflichtet hat. Sodann kann fraglich sein, ob der Arbeitgeber nicht durch besondere Erklärungen wie Zusagen oder Bescheide (ähnlich den verwaltungsrechtlichen Festsetzungsbescheiden) die Leistungen mit einem Rechtsgrund versehen und damit den Inhalt des Arbeitsverhältnisses zum Vorteil des Arbeitnehmers abgeändert hat.

In der Mehrzahl der Fälle fehlerhafter Normenanwendung beschränkt sich jedoch das Verhalten des Arbeitgebers auf die mehr oder weniger kommentarlose Erfüllung der vermeintlichen Rechtspflicht. Anfangs, d. h. bei Einsetzen der überobligatorischen Leistungen, fehlt ihnen sicherlich ein Rechtsgrund. Deckt der Arbeitgeber in diesem Frühstadium den Fehler auf, kann er die irrtümlich gezahlten Beträge kondizieren und braucht künftig nur die rechtmäßig zustehenden Bezüge zu zahlen. Dem Schutzbedürfnis des Arbeitnehmers wird bei einmaligen oder kurzzeitigen Überzahlungen dadurch Rechnung getragen, daß er gegenüber dem Rückzahlungsbegehren des Arbeitgebers gegebenenfalls den Wegfall der Bereicherung (§ 818 Abs. 3 BGB) einwenden kann.

Hat der Arbeitgeber dagegen über lange Zeiträume hinweg eine Leistung ohne entsprechende Verpflichtung erbracht, sind die irrtümlichen Einzahlungen also erst einmal zu einer ständigen Übung geworden, stellt sich die Frage, ob es mit dem das gesamte Arbeitsrecht in besonderem Maße beherrschenden Grundsatz von Treu und Glauben vereinbar ist, dem Arbeitgeber ausnahmslos die einseitige Richtigstellung des Irrtums zu gestatten. Hier ist nicht nur der Vertrauensschutz für die Vergangenheit besonders hoch zu veranschlagen. Es kann im Einzelfall eine rechtsethische Notwendigkeit sein, dem Arbeitnehmer den einmal erworbenen Besitzstand auch für die Zukunft zu belassen, sei es auf Dauer oder nur für eine Übergangszeit.

So leicht es ist, dieses Postulat eines dem Einzelfall gerecht werdenden Vertrauensschutzes aufzustellen, so schwierig ist es, eine Bindung des Arbeitgebers an sein irrtümliches Vorverhalten mit der allgemeinen Privatrechtsdogmatik in Einklang zu bringen. Nicht zuletzt deshalb zählt die Problematik der Rückforderung und Einstellung derartiger rechtsgrundlos scheinender Leistungen „zu den gegenwärtig schwierigsten und umstrittensten Fragen des Individualarbeitsrechts“[2]. Obwohl die Frage, ob aus einer irrtümlichken Zahlung, die während eines längeren Zeitraumes regelmäßig erbracht wird, eine Bindung für die Zukunft entsteht, bereits mehrfach Gegenstand von divergierenden Entscheidungen des Bundesarbeitsgerichts war[3], wird sie in der arbeitsrechtlichen Literatur — wenn überhaupt — eher beiläufig erörtert[4].

---

[2] So *Säcker*, Gruppenautonomie, S. 195 FN 25.

[3] BAG AP Nr. 2 zu § 242 Betriebliche Übung; BAG AP Nr. 11 zu § 611 BGB Ärzte, Gehaltsansprüche *(Larenz);* BAG AP Nr. 1 zu § 9 TV Arb Bundespost *(Wiedemann);* BAG AP Nr. 121 zu § 242 BGB Ruhegehalt *(Wiedemann);* BAG AP Nr. 26 zu § 1 FeiertagslohnzahlungsG *(Canaris).*

[4] *Seiter*, S. 43, 78, 91, 100 f., 112; *Eberle*, Diss., S. 49 ff.; etwas ausführlicher *Canaris*, Vertrauenshaftung, S. 386 ff.; vgl. ferner die in FN 3 Genannten in den jeweiligen Urteilsanmerkungen.

Die rechtliche Erfassung wiederholter irrtümlicher Leistungen des Arbeitgebers wird überwiegend mit der Problematik der betrieblichen Übung gleichgesetzt. Da die verpflichtende Wirkung üblicher Leistungen im Arbeitsverhältnis nach herkömmlicher Auffassung auf dem rechtsgeschäftlichen Willen der Arbeitsvertragsparteien beruht, sollen vorab die praktischen Auswirkungen der rechtsgeschäftlichen Betrachtungsweise am Beispiel der irrtümlich zu hohen Eingruppierung, dem Hauptanwendungsfall der fehlerhaften Handhabung von Kollektivnormen, auf ihre Vereinbarkeit mit dem Vertrauensschutzgedanken hin untersucht werden (Teil 1), bevor auf die allgemeine Problematik der Bindung des Arbeitgebers an ständige irrtümliche Leistungen eingegangen wird (Teil 2).

## TEIL I

# Die Bindung des Arbeitgebers an die fehlerhafte Normenanwendung aus rechtsgeschäftlicher Sicht — dargestellt am Beispiel der irrtümlich zu hohen Eingruppierung

Den praktisch bedeutsamsten Fall der fehlerhaften Handhabung kollektiver Normen bildet die fehlerhafte Einstufung des Arbeitnehmers in eine tarifliche Lohn- oder Gehaltsgruppe. Ist der Arbeitnehmer versehentlich in eine höhere, d. h. ziffernmäßig niedrigere Vergütungsgruppe oder Stufe einer Vergütungsgruppe eingereiht worden, als es seiner vertragsgemäß auszuübenden und ausgeübten Tätigkeit entspricht, erhält er übertarifliche Vergütung, ohne daß dies von den Arbeitsvertragsparteien vorgesehen war[1]. Entdeckt der Arbeitgeber den Irrtum, wird er bestrebt sein, durch Herabstufung die Vergütung dem Tarif anzupassen. Anders als der private ist der öffentliche Arbeitgeber aus haushaltsrechtlichen Gründen sogar verpflichtet, die Einstellung und Rückforderung überzahlter Beträge im Rahmen des rechtlich Möglichen zu betreiben. Verständlicherweise wird der Arbeitnehmer, der sich auf die Richtigkeit der Eingruppierung und damit auf die Höhe der Vergütung eingestellt hat, nur selten mit einer Herabstufung, schon gar nicht mit einer rückwirkenden einverstanden erklären. Ob der Arbeitgeber seinen Irrtum gegen den Willen des Arbeitnehmers ohne weiteres durch einseitige Herabgruppierung berichtigen darf, hängt davon ab, ob und gegebenenfalls unter welchen Voraussetzungen eine Bindung des Arbeitgebers an die überhöhte Eingruppierung eintritt.

Ganz überwiegend wird für Fälle fehlerhafter Normenanwendung im Arbeitsverhältnis die Auffassung vertreten, die Frage der Bindung des Arbeitgebers an sein irrtümliches Verhalten sei allein nach rechtsgeschäftlichen Grundsätzen zu beurteilen; eine Bindung trete daher nur ein, wenn der Arbeitgeber sich arbeitsvertraglich, sei es auch irrigerweise, zu der höheren Vergütung verpflichtet habe[2].

---

[1] Die bewußt übertarifliche Eingruppierung dürfte jedenfalls im öffentlichen Dienst eine seltene Ausnahme sein.

[2] z. B. BAG AP Nr. 7 zu Art. 3 GG (Bl. 2R); AP Nr. 11 zu § 611 BGB Ärzte, Gehaltsansprüche; AP Nr. 121 zu § 242 BGB Ruhegehalt; AP Nr. 1 zu § 1 TV

Namentlich diese Eingruppierungssachverhalte eignen sich in besonderem Maße, die Konsequenzen der rein rechtsgeschäftlichen Betrachtungsweise deutlich herauszustellen, da hier ja nach der Art des Eingruppierungsvorgangs dieser einen ganz unterschiedlichen rechtsgeschäftlichen Erklärungswert besitzt. Es sollen daher in Teil 1 der Arbeit die Fälle der vertraglichen Bindung an die fehlerhafte Eingruppierung (2. Abschnitt, A) den rechtsunverbindlichen Fällen gegenübergestellt (2. Abschnitt, B) und im Hinblick auf die unterschiedlichen Rechtsfolgen, die an die jeweilige Fallgestaltung anknüpfen (3. Abschnitt), die Frage aufgeworfen werden, ob die rechtsgeschäftliche Sicht der herrschenden Meinung[2] wirklich zu sachgerechten Ergebnissen führt oder überhaupt führen kann (4. Abschnitt).

*1. Abschnitt*

# Die fehlerhafte, weil irrtümlich zu hohe Eingruppierung

## A. Fehlerquellen bei der Eingruppierung

Bei der Einreihung der Arbeiter und Angestellten in die tariflichen Lohn- oder Gehaltsgruppen sehen sich die privaten wie öffentlichen Arbeitgeber häufig vor keine leichte Aufgabe gestellt.

So hängt z. B. die Lohngruppeneinstufung der *Arbeiter,* soweit der Zeitlohn oder der Grundlohn bei der Leistungsentlohnung nach tariflichen Lohngruppen berechnet wird, von den typischen, die Lohngruppen kennzeichnenden und voneinander abgrenzenden Anforderungsarten ab. Diese Anforderungen können personen- oder arbeitswertbezogen sein.

Die personenbezogenen Lohngruppenmerkmale gehen von der historisch begründeten Dreiteilung in ungelernte, angelernte und gelernte Arbeiter aus. In den Tarifverträgen wird diese Grobeinteilung zumeist durch Aufgliederung in zum Teil acht und mehr Lohngruppen noch wesentlich verfeinert, indem als Bestimmungsfaktoren der Grad der fachlichen Kenntnisse und der beruflichen Erfahrung herangezogen werden und auf diese Weise eine weitere Differenzierung erfolgt wie z. B. bei den angelernten Arbeitern nach kurzfristig angelernten und

---

Arb Bundespost; AP Nr. 42 zu §§ 22, 23 BAT; AP Nr. 26 zu § 1 FeiertagslohnzahlungsG.

Spezialarbeitern oder bei den Facharbeitern nach normaler Berufserfahrung und qualifizierter Weiterbildung.

Neben diesen personenbezogenen Anforderungsarten werden in den Tarifverträgen innerhalb der einzelnen Lohngruppen zugleich Abstufungen nach dem unterschiedlichen Schwierigkeitsgrad der zu verrichtenden Tätigkeit vorgenommen (sog. arbeitswertbezogene Anforderungen). So können sich die für Facharbeiter in Frage kommenden Lohngruppen verteilen auf „Facharbeiten", „Besondere Facharbeiten", „Spezialarbeiten" und „besonders schwierige Facharbeiten". Bei der näheren Bestimmung der sachlichen Arbeitsschwierigkeiten werden mehr oder weniger abstrakte Beschreibungen verwandt, wie „eine Arbeit die besondere Anforderungen an die Eignung und selbständige Überlegung stellt" oder „die neben hochwertigem fachlichen Können besondere Umsicht und Zuverlässigkeit erfordert".

Es liegt auf der Hand, daß derart unbestimmte Begriffe verschiedene Auffassungs- und Auslegungsmöglichkeiten bei der Subsumtion der Tätigkeit des Arbeitnehmers unter die Tarifnorm begünstigen. Die Gefahr der fehlerhaften Eingruppierung besteht in besonderem Maße dort, wo Richtbeispiele, exakte Arbeitsplatzbeschreibungen oder sonstige Vergleichsmöglichkeiten fehlen.

Soweit die Tarifparteien dagegen eine ins einzelne gehende Klassifizierung der Arbeitsvorgänge nach den Grundsätzen moderner analytischer Arbeitsbewertung vorgenommen bzw. jede in Frage kommende Tätigkeit nach einem erschöpfenden Katalog von Richtbeispielen eingestuft haben, dürfte eine fehlerhafte Eingruppierung jedenfalls infolge Fehlinterpretation seltener vorkommen.

Die gleichen Probleme stellen sich bei der tarifgerechten Eingruppierung der *Angestellten*, wenn auch bei Gehaltsempfängern privater Arbeitgeber individuelle Vereinbarungen über die Vergütungshöhe häufig anzutreffen sind.

Soweit die Gehaltsgruppen der Angestelltentarifverträge nicht konkret spezielle Aufgabenbereiche mit typisierten, gleichbleibenden Funktionen und Anforderungen beschreiben, enthalten auch sie eine Vielzahl von abstrakt umschriebenen Tätigkeitsmerkmalen. Besonders ausgeprägt ist dies in den Tarifverträgen der Angestellten des öffentlichen Dienstes, die in der Regel etwa 10 Gehaltsgruppen kennen, die wiederum in verschiedene Stufen unterteilt sind.

In der Praxis ist das Aufgabengebiet eines Angestellten vielfach so ausgestaltet, daß es nicht einheitlich unter eine der Abstufungen einer Gehaltsgruppe subsumiert werden kann, zumal die Übergänge fließend sind, die Gehaltsstufen aufeinander aufbauen und verweisen. Der juristische Sprachgebrauch kennt daher die „einheitlich zu bewertende Gesamttätigkeit“, eine „überwiegend auszuübende Tätigkeit“ oder „mehrere Teiltätigkeiten, von denen keine mehr als die Hälfte der gesamten Tätigkeit ausmacht“.

Angesichts der Notwendigkeit, die Tätigkeit unter weitgehend unbestimmte Rechtsbegriffe subsumieren zu müssen, ist es nicht überraschend, daß die Arbeitsgerichte in erheblichem Umfang mit Eingruppierungsstreitigkeiten insbesondere des öffentlichen Dienstes befaßt sind. Ferner kommen lückenhafte oder übertriebene Tätigkeitsbeschreibungen, die die Grundlage für die Eingruppierung abgeben, als Ursache für Falscheinstufungen in Betracht. Eine weitere Fehlerquelle bilden falsche oder übertriebene Angaben seitens des Arbeitnehmers über seine Berufserfahrung oder sonstige persönliche Merkmale. Schließlich kann sich auch durch eine Änderung der Rechtsprechung herausstellen, daß die herkömmlich gehandhabte, dem Arbeitnehmer günstige Interpretation eines tariflichen Tätigkeitsmerkmals falsch war.

## B. Die Rechtsnatur der Eingruppierung

Sind Arbeitgeber und Arbeitnehmer geteilter Meinung über die Zulässigkeit der einseitigen Richtigstellung einer irrtümlich überhöhten Eingruppierung, wird dieses Recht von Arbeitgeberseite meist mit der Begründung für sich in Anspruch genommen, die Eingruppierung wirke lediglich deklaratorisch, habe nur Hinweischarakter und begründe daher keinen Anspruch auf Bezahlung nach der höheren Vergütungsgruppe; selbst eine ausdrückliche arbeitsvertragliche Eingruppierung bringe keine übertariflichen Ansprüche zum Entstehen, wenn beide Parteien von tarifgemäßer Bezahlung ausgegangen seien.

Die damit angeschnittene Frage, ob der Arbeitgeber überhaupt jemals an eine irrtümlich zu hohe Eingruppierung (einzelvertraglich) gebunden sein kann[3], macht ein kurzes Eingehen auf die rechtliche Bedeutung der Eingruppierung unumgänglich.

### I. Die deklaratorische Eingruppierung (Grundsatz der Tarifautomatik)

Die Rechtsnatur der Eingruppierung war bis in die sechziger Jahre hinein lebhaft umstritten. Der Streit hatte sich an der Frage entzündet, ob der arbeitgeberische Akt der Eingruppierung durch die Arbeitsgerichte auf seine tarifliche Richtigkeit hin nachgeprüft werden konnte, wenn ein Arbeitnehmer glaubte, tarifwidrig zu niedrig eingestuft wor-

---

[3] Verneinend z. B. *Hueck / Nipperdey* II, S. 527, FN 56 b.

den zu sein. Die Antwort hängt davon ab, welches das für die Entlohnung maßgebliche Kriterium ist: die Eingruppierung durch den Arbeitgeber — dann rechtsbegründende, konstitutive Wirkung der Eingruppierung — oder die vom Arbeitnehmer vertragsgemäß geschuldete und ausgeübte Tätigkeit — dann lediglich hinweisende, deklaratorische Bedeutung der Eingruppierung.

Das Reichsarbeitsgericht vertrat in ständiger Rechtsprechung[4] die Ansicht, der eingruppierende Arbeitgeber treffe mit der Subsumtion der Tätigkeit des Arbeitnehmers unter die weitgehend abstrakt gefaßten tariflichen Tätigkeitsmerkmale eine Ermessensentscheidung. Er bestimme also die maßgebliche Tarifgruppe durch rechtsgestaltenden Akt, der der gerichtlichen Nachprüfbarkeit entzogen sei.

Mit Inkrafttreten des Tarifvertragsgesetzes (TVG) im Jahre 1949 ergab sich das Problem, daß ein konstitutives Eingruppierungsrecht nicht mit der Rechtssatzqualität der Tarifnormen zu vereinbaren war. Nach § 1 TVG stellen die Bestimmungen des normativen Teils des Tarifvertrages, also namentlich die Lohn- und Gehaltstarife, echte Rechtsnormen dar. Diese wirken gemäß § 4 TVG unmittelbar und zwingend auf die Arbeitsverhältnisse von beiderseits tarifgebundenen Arbeitsvertragsparteien ein, und zwar ohne jede darauf gerichtete Willenseinigung, Zustimmung oder Kenntnis der Betroffenen[5]. Die zwingende Wirkung der Tarifnormen hat zur Folge, daß Vereinbarungen unter Tarifgebundenen unwirksam sind, soweit sie zuungunsten des Arbeitnehmers vom Tarif abweichen. Das Unmittelbarkeitsprinzip besagt, daß alle tariflichen Inhaltsnormen, u. a. also auch die Vergütungsregelung automatisch in die Einzelarbeitsverhältnisse übergehen. Deshalb besitzt der Arbeitnehmer, dessen Tätigkeit den Merkmalen einer bestimmten Lohn- oder Gehaltsgruppe entspricht, einen unmittelbaren tariflichen Anspruch auf Vergütung nach dieser Gruppe. Die Eingruppierung richtet sich somit nach der vom Arbeitgeber im Rahmen seines Direktionsrechts zugewiesenen Tätigkeit, erfolgt also gewissermaßen automatisch durch den Tarif[6].

Die Nachkriegsrechtsprechung hat deshalb zu Recht festgestellt, daß die „Vergütungsautomatik" der Tarifverträge grundsätzlich keinen Raum lasse für eine konstitutive Eingruppierung durch den Arbeitgeber[7]. Die Tätigkeit des Arbeitgebers beschränkt sich, auch wenn ihm

---

[4] RAG ARS 38, 98; 40, 192; 42, 10; 44, 93; 46, 202.

[5] *Nikisch* II, S. 385 m. w. N.

[6] Vgl. *Hueck / Nipperdey* II, S. 525.

[7] BAG AP Nr. 1, 4 und 5 zu § 3 TOA; AP Nr. 47 zu § 3 TOA; AP Nr. 17 zu § 611 BGB Direktionsrecht; AP Nr. 46 zu § 256 ZPO. Die Gegenmeinung in der Literatur (*Neumann-Duesberg* in Anm. zu BAG AP Nr. 1 und 15 zu § 3 TOA; *Franke*, AuR 55, 308; ders., RdA 57, 132; ders., RdA 58, 257) hat sich nicht durchsetzen können.

ein gewisser Beurteilungsspielraum bleibt, auf die deklaratorische Feststellung, der Arbeitnehmer gehöre dieser oder jener Vergütungsgruppe an[8].

Der Grundsatz der Vergütungs- oder Tarifautomatik gilt nicht nur für Arbeitsverhältnisse des öffentlichen Dienstes[9], sondern ebenso im Bereich privater Arbeitsverhältnisse, sofern nur die Tarifverträge ein mehr oder weniger differenziert ausgestaltetes Lohn- oder Gehaltsgruppensystem aufweisen, das keinen Raum für arbeitgeberisches Einstufungsermessen läßt[10].

## II. Die konstitutive Eingruppierung (Günstigkeitsprinzip)

Die deklaratorische Bedeutung der Eingruppierung gilt jedoch nicht uneingeschränkt. Unstreitig konstitutive Wirkung hat sie, wenn der Arbeitgeber *bewußt* übertarifliche Bezahlung in der Weise gewährt, daß er den Arbeitnehmer — gemessen an dessen Tätigkeit — höher als tariflich vorgesehen einstuft[11]. Rechtsbegründend wirkt diese Eingruppierung, weil sie dem Arbeitnehmer einen einzelvertraglichen Anspruch auf die höhere Vergütung verschafft. Das Günstigkeitsprinzip des § 4 Abs. 3 TVG stellt klar, daß die tariflich festgelegten Arbeitsbedingungen keine Höchst-, sondern Mindestsätze sind und deshalb günstigere Vereinbarungen — übrigens auch im öffentlichen Dienst[12] — nicht ausgeschlossen sind[13]. Im übertariflichen Raum gilt damit zugunsten des Arbeitnehmers uneingeschränkt der Grundsatz der Vertragsfreiheit[14].

## III. Tarifautomatik oder Günstigkeitsprinzip in Irrtumsfällen

### 1. *Die Auffassung Nipperdeys*

*Nipperdey*[15] vertritt nachhaltig die Auffassung, eine irrtümlich zu hohe Eingruppierung wirke *niemals* rechtsbegründend. Dies gelte

---

8 *Hueck / Nipperdey* II, S. 526; *Nikisch* II, S. 375 f.

9 An der Tarifordnung für Angestellte des öffentlichen Dienstes (TOA) ist der Grundsatz der deklaratorischen Eingruppierung durch die Rechtsprechung entwickelt worden.

10 BAG AP Nr. 46 zu § 256 ZPO.

11 Vgl. *Schaub*, ArbR Hdb., S. 225.

12 BAG AP Nr. 2 und 3 zu § 4 TVG Angleichungsrecht; AP Nr. 8 zu § 4 TVG Günstigkeitsprinzip; *Hueck / Nipperdey / Stahlhacke*, TVG, § 4, Rdn. 189; *Nikisch* II, S. 421; *Nipperdey*, Festschr. Herschel, S. 1 (9).

13 *Hueck / Nipperdey* II, S. 570 ff.; *Nikisch* II, S. 418 ff.

14 *Nikisch* II, S. 422.

15 In *Hueck / Nipperdey* II, S. 527, FN 56 b.

selbst dann, wenn die Vergütungsgruppe arbeitsvertraglich festgelegt worden sei. Eine versehentliche Höhergruppierung habe stets nur deklaratorische Bedeutung; sie könne daher auch ohne Änderungskündigung gegen den Willen des Arbeitnehmers rückwirkend richtiggestellt werden.

Dieser Argumentation liegt unausgesprochen der folgende Gedankengang zugrunde: Der Grundsatz der Tarif- oder Vergütungsautomatik erlaubt dem Arbeitnehmer, sich jederzeit rückwirkend auf eine für ihn ungünstige Eingruppierung zu berufen[16]. Dann müsse konsequenterweise umgekehrt auch dem Arbeitgeber das Recht zustehen, eine fehlerhafte- weil zu hohe Eingruppierung jederzeit durch die richtige zu ersetzen[17].

### 2. *Stellungnahme*

Der Ansicht *Nipperdeys* kann keinesfalls gefolgt werden. Sie dehnt den Geltungsbereich des Grundsatzes der Tarifautomatik unzulässigerweise zum Nachteil des Arbeitnehmers aus. Wie bereits am Beispiel der bewußt übertariflichen Eingruppierung gezeigt wurde, gilt im übertariflichen Raum das Günstigkeitsprinzip des § 4 Abs. 3 TVG, das hier die Kollektivgewalt zugunsten der Vertragsfreiheit zurückdrängt. Vom Tarifvertrag zugunsten des Arbeitnehmers abweichende „Abmachungen" sind daher uneingeschränkt zugelassen. Dann ist aber nicht einzusehen, warum das Günstigkeitsprinzip in Fällen der irrtümlich zu hohen Eingruppierung *generell* ausgeschlossen sein soll, zumal nach allgemein zivilrechtlichen Grundsätzen auch einer durch Irrtum beeinflußten Vereinbarung nicht von vornherein die Rechtsverbindlichkeit abgesprochen wird.

Darüber hinaus würde die Auffassung *Nipperdeys* in Irrtumsfällen zu einer sachlich durch nichts gerechtfertigten Benachteiligung von organisierten Arbeitnehmern gegenüber tariflichen Außenseitern führen. Gilt der Tarifvertrag für das Arbeitsverhältnis nicht kraft Verbandszugehörigkeit, sondern lediglich kraft einzelvertraglicher Bezug-

---

[16] BAG AP Nr. 1, 3, 4, 5 und 12 zu § 3 TOA. Die Vereinbarung untertariflicher Vergütung zwischen Tarifgebundenen ist unwirksam und wird durch die das Arbeitsverhältnis unmittelbar und zwingend beherrschenden Inhaltsnormen (Vergütungsregelung) verdrängt und ersetzt, § 4 Abs. 1 TVG (vgl. BAG AP Nr. 50 und 73 zu § 3 TOA; *Nikisch* II, S. 375). Der untertariflich bezahlte Arbeitnehmer kann daher unmittelbar auf Nachzahlung des Differenzbetrages zwischen tatsächlichem und tariflichem Arbeitsentgelt klagen (BAG AP Nr. 8 zu § 3 TOA, ständige Rspr.; *Hueck / Nipperdey* II, S. 526; *Nikisch* II, S. 375).

[17] In diesem Sinne auch BAG AP Nr. 15 zu § 3 TOA. In dieser Entscheidung findet die Ansicht Nipperdeys allerdings keine Stütze, da dort ausweislich des Urteilstatbestandes eine Änderungskündigung ausgesprochen worden war.

nahme, wirkt die Eingruppierung grundsätzlich rechtsbegründend, sei sie nun tarifgerecht, unter- oder übertariflich; denn bei fehlender Tarifbindung kommt den tariflichen Inhaltsnormen nur individualrechtliche, nicht dagegen zwingende Bedeutung zu[18]. Ob die versehentlich übertarifliche Eingruppierung von tariflichen Außenseitern den Arbeitgeber im Einzelfall bindet, bestimmt sich nach allgemein zivilrechtlichen Grundsätzen.

Tarifgebundene Arbeitsverhältnisse hier generell anders zu behandeln hieße, den Arbeitnehmer letztlich allein wegen seiner Gewerkschaftszugehörigkeit schlechter zu stellen.

### *3. Kriterium für die Bindung des Arbeitgebers*

Richtigerweise muß in jedem Einzelfall[19] geprüft werden, ob die irrtümliche Besserstellung des Arbeitnehmers gegenüber dem Tarifvertrag zum Inhalt des Einzelarbeitsvertrages geworden ist, ob sie also eine günstigere „Abmachung" im Sinne des § 4 Abs. 3 TVG darstellt. Die Frage der Bindung des Arbeitgebers entscheidet sich demnach allein auf individualrechtlicher Ebene.

Unter Zugrundelegung der herrschenden Meinung[20], die eine Bindung an die fehlerhafte Handhabung von Kollektivnormen allein auf rechtsgeschäftlichem Wege für möglich hält, muß im Fall der irrtümlich zu hohen Eingruppierung die Fragestellung jeweils dahin lauten, ob die arbeitgeberische Eingruppierung als Willenserklärung (Vertrags- oder Vertragsänderungsangebot) gedeutet werden kann, durch die sich der Arbeitgeber zur Zahlung der entsprechend höheren Vergütung — wenn auch ungewollt — verpflichtet hat.

---

[18] Vgl. *Hueck / Nipperdey / Stahlhacke*, TVG, § 3, Rdn. 2 und 4; *Schaub*, ArbR Hdb., S. 780 ff. (782 f.).

[19] Zu weitgehend *Wiedemann* (Anm. zu BAG AP Nr. 1 zu § 9 TV Arb Bundespost), der in der Mitteilung der vermeintlich richtigen Vergütungsgruppe stets eine negative Willenserklärung sehen will, durch die eine nach § 4 Abs. 3 TVG mögliche günstigere als die tarifgerechte Eingruppierung abgelehnt werde. Auf diesem Umweg über die „Absage an das Günstigkeitsprinzip" müßte jede — erkennbar nur deklaratorisch gemeinte — Auskunft des Arbeitgebers über vermeintlich bestehende Tarifansprüche zu einer rechtsgeschäftlichen Bindung führen. Zu Recht ablehnend daher *Säcker*, S. 195, FN 25.

[20] Siehe oben FN 2.

*2. Abschnitt*

# Die rechtsgeschäftliche Bedeutsamkeit des Eingruppierungsvorganges

## A. Die Fälle der rechtsgeschäftlich bindenden, irrtümlich zu hohen Eingruppierung

### I. Ersteingruppierung

Bisweilen ordnen Tarifverträge an, daß die in Betracht kommende Vergütungsgruppe im Arbeitsvertrag anzugeben ist (vgl. § 22 Abs. 2 BAT). Auch wo dies nicht vorgeschrieben ist, ist die Bezeichnung der Vergütungsgruppe in den formularmäßigen Massenarbeitsverträgen üblicherweise vorgesehen. Sie ist das Kernstück des im übrigen weitgehend inhaltsleeren Arbeitsvertrages, der ansonsten im wesentlichen nur Angaben über den Einstellungstermin und eine mehr oder weniger allgemeine Berufsbezeichnung des Arbeitnehmers enthält. Die Arbeitgeber vermeiden es tunlichst, den vorgesehenen Tätigkeitsbereich des Arbeitnehmers durch eine Tätigkeitsbeschreibung vertraglich näher festzulegen, um sich ein möglichst weites Direktionsrecht zu erhalten. Die bloße Berufsbezeichnung in Verbindung mit der Vergütungsgruppe, die man als kollektivrechtliche Kurzform für umfangreiche Vereinbarungen im Arbeitsvertrag bezeichnen kann, erlaubt es dem Arbeitgeber, den Arbeitnehmer nach seinen Weisungen mit allen Arbeiten zu betrauen, die den allgemeinen Tätigkeitsmerkmalen der Tarifgruppe entsprechen, ohne daß jeweils der Arbeitsvertrag geändert werden müßte[21].

Der Arbeitsvertrag besagt dann sinngemäß im wesentlichen nur, daß der Arbeitnehmer ‚als Angestellter (oder sonstige allgemeine Berufsbezeichnung) unter Eingruppierung in die Vergütungsgruppe ...‘ beschäftigt werde.

Hat der Arbeitgeber den Arbeitnehmer nur rechtsirrtümlich oder weil er von falschen tatsächlichen Voraussetzungen ausging, in eine zu hohe Vergütungsgruppe oder -stufe eingereiht, stellt sich die Frage, ob er nach rechtsgeschäftlichen Grundsätzen zur Zahlung der höheren Vergütung verpflichtet ist. Das Bundesarbeitsgericht[22] hat in derartigen

---

[21] LAG Düsseldorf (Köln) DB 55, 171; vgl. auch BAG AP Nr. 2 zu § 611 BGB Beschäftigungspflicht; BAG AP Nr. 5 zu § 242 BGB Gleichbehandlung; BAG AP Nr. 17 zu § 611 BGB Direktionsrecht.

[22] Urteil vom 19. 10. 1961 in AP Nr. 13 zu § 1 KSchG Betriebsbedingte Kündigung = BB 62, 136 *(Herschel)*; vom 6. 10. 1965 in AP Nr. 4 zu § 59

Fällen zutreffend eine vertragliche Bindung angenommen, denn der Arbeitgeber muß sich an seiner eindeutigen vorbehaltlosen Erklärung festhalten lassen, auch wenn das Erklärte von der gewollten tarifgerechten Vergütung zugunsten des Arbeitnehmers abweicht.

Hiergegen ließe sich allenfalls einwenden, der Arbeitgeber habe sich nicht zur übertariflichen Eingruppierung verpflichten wollen, und der Arbeitnehmer habe eine solche auch nicht erwartet[23]. Es trifft zwar zu, daß der Arbeitgeber durch die Nennung der Vergütungsgruppe nur einen deklaratorischen Hinweis auf die vermeintlich bestehende tarifliche Rechtslage geben wollte. Gleichwohl ist in jedem Einzelfall sorgfältig zu prüfen, ob die Erklärung, die bei isolierter abstrahierender Betrachtungsweise nur deklaratorische Bedeutung hat, nicht hineingestellt in den besonderen verkehrstypischen Gesamtzusammenhang und Gesamtsinn des Verhaltens des Erklärenden gemäß §§ 133, 157 BGB als echte rechtsgeschäftliche Geltungserklärung gedeutet werden darf, auch wenn der Erklärende keinen final auf eine Rechtsfolge gerichteten Willen hatte[24].

Besagt der Arbeitsvertrag — wie oft — lediglich, der Arbeitnehmer solle „als ... unter Einreihung in die Tarifgruppe ...“ beschäftigt werden, geht der objektive Erklärungswert des Arbeitgeberangebotes dahin den Arbeitnehmer nach der angeführten Lohn- oder Gehaltsgruppe bezahlen zu wollen[25]. Da der Arbeitgeber zudem das Bewußtsein hatte, sich in rechtlich relevanter Weise zu betätigen, wirkte die Eingruppierungserklärung rechtsbegründend. Sein fehlender Bindungswille ist nicht nach außen hin in Erscheinung getreten.

Unschädlich ist, daß der Arbeitgeber keinen auf die Herbeiführung gerade dieser konkreten Rechtsfolge (übertarifliche Bezahlung) gerichteten Geschäftswillen besaß; das Fehlen eines bestimmten Geschäftswillens berechtigt ihn allenfalls zur Anfechtung[26].

## II. Umgruppierung

Die Möglichkeit einer vertraglichen Bindung besteht nicht etwa nur in Fällen der Ersteingruppierung. Sie ist ebensogut anläßlich einer späteren Umgruppierung des Arbeitnehmers denkbar. Die Umgruppie-

PersVG. Zustimmend: *Clemens*, BAT I § 22, Anm. 5 und § 53, Anm. 18; *Crisolli / Tiedtke*, BAT I § 22, Anm. 17; *Hueck / Nipperdey / Stahlhacke*, TVG, § 4, Rdn. 28. Ablehnend: *Hueck / Nipperdey* II, S. 527, FN 56 b.

23 Dies wird im öffentlichen Dienst regelmäßig der Fall sein.

24 Vgl. *Säcker*, JurA 71, 509 (518).

25 Die Rechtslage ist nicht anders, als hätte der Arbeitgeber anstelle einer gewollten Entlohnung von 900,— DM irrtümlich 1000,— DM angeboten.

26 Vgl. *Soergel / Siebert / Hefermehl*, Vor § 116, Rdn. 6.

rung kann erforderlich werden, weil sich die Tätigkeit des Arbeitnehmers maßgeblich geändert hat oder weil der Tarifvertrag trotz gleichbleibender Tätigkeit eine Höhergruppierung des Arbeitnehmers vorsieht.

So lag einem Urteil des Bundesarbeitsgerichts vom 9. 6. 1971[27] der Fall zugrunde, daß ein Angestellter der Vergütungsgruppe III des einschlägigen Tarifvertrags in die Gruppe II b oder II a überzuleiten war, je nachdem ob er die Merkmale der höheren (II a) oder der niedrigeren Gruppe (II b) erfüllte. Die Arbeitgeberin, die fälschlich von ersterem ausging, schloß anläßlich der Änderung der tariflichen Stellung des Angestellten mit diesem einen neuen Arbeitsvertrag, der bestimmte, daß er „als Angestellter unter Eingruppierung in die Vergütungsgruppe II a ... weiterbeschäftigt" werde. Ein Jahr später stellte die Arbeitgeberin den Irrtum richtig und setzte gegen den Willen des Angestellten die Vergütung einseitig herab. Das Bundesarbeitsgericht befand, die Arbeitgeberin habe sich zur Zahlung der höheren Vergütung vertraglich verpflichtet. Nach dem oben Gesagten verdient das Urteil Zustimmung, da die irrtümliche arbeitsvertragliche Besserstellung gegenüber der tariflichen Lage auf übereinstimmenden Willenserklärungen von Arbeitnehmer und Arbeitgeber beruhte.

## B. Die Fälle der rechtsgeschäftlich irrelevanten Eingruppierung

### I. Festlegung der Vergütungsgruppe im Arbeitsvertrag

Die ausdrückliche Festlegung der überhöhten Vergütungsgruppe im Arbeitsvertrag hat nicht zwangsläufig zur Folge, daß diese Eingruppierungserklärung damit konstitutiver Vertragsbestandteil wird.

Nach streng rechtsgeschäftlichen Grundsätzen hängt es maßgeblich von der vom Arbeitgeber gewählten Ausdrucksweise ab, ob der Arbeitnehmer die Erklärung als verbindliche Gestaltung des Arbeitsvertrages oder nur als rechtsgeschäftlich unverbindliche Äußerung der Rechtsansicht, die genannte Vergütungsgruppe sei die zutreffende, werten durfte.

So mag der Arbeitsvertrag die Tätigkeit und Einstufung wie folgt beschreiben: „Herr X wird als Buchhalter eingestellt. Tarifgemäß erfolgt die Einstufung in die Gruppe VI a des Gehaltstarifs[28]." Hier ist die Eingruppierung ersichtlich nur als automatische Folge der vereinbarten Tätigkeit aufgeführt. Der Arbeitgeber will erkennbar nur auf

[27] In AP Nr. 42 zu §§ 22, 23 BAT.

[28] Beispiel nach *Neumann-Duesberg*, BetrVerfR, S. 287, FN 41.

die seiner Meinung nach zutreffende Vergütungsgruppe hinweisen. Ein Wille, sich unabhängig von den tariflichen Bestimmungen zur Bezahlung nach Gruppe VI a zu verpflichten, dürfte der Erklärung nur schwerlich entnommen werden können. Die konsequente Anwendung der Grundsätze der Rechtsgeschäftslehre würde hier dazu führen, daß der Arbeitgeber sich nicht einzelvertraglich an die höhere Gruppe gebunden hat und den Arbeitnehmer jederzeit ohne weiteres in die richtige Gehaltsstufe (etwa VI b) herabgruppieren dürfte.

## II. Eingruppierungsbescheide und ähnliche Mitteilungen

### 1. *Eingruppierungsbescheide*

Der sogenannte Eingruppierungsbescheid ist eine einseitige Mitteilung des Arbeitgebers, durch die er dem Arbeitnehmer die im Wege der Subsumtion ermittelte tarifliche Lohn- oder Gehaltsgruppe bekannt gibt.

Anlaß für derartige Bescheide ist eine Veränderung in der tariflichen Stellung des Arbeitnehmers, der durch eine Umgruppierung Rechnung getragen wird.

Diese Mitteilungen stehen außerhalb des eigentlichen Vertragsgefüges, was allerdings nicht zwangsläufig bedeutet, daß sie niemals zu einer rechtsgeschäftlichen Bindung des Arbeitgebers an die irrtümlich zu hoch festgestellte und mitgeteilte Tarifgruppe führen könnten. Es sind durchaus Fälle denkbar, in denen der Arbeitnehmer den bloß deklaratorisch gemeinten Hinweis nach Treu und Glauben mit Rücksicht auf die Verkehrssitte dahin verstehen durfte, der Arbeitgeber habe sich verbindlich auf die genannte Tarifgruppe festlegen und nicht nur auf die bestehende Rechtslage hinweisen wollen. In aller Regel folgt jedoch schon aus dem Wortlaut des Bescheides, daß der Arbeitgeber durch die Mitteilung keine selbständige vertragliche Verpflichtung begründen, sondern lediglich auf die bereits eingetretene oder bevorstehende Änderung der tariflichen Rechtslage hinweisen wollte. Der Arbeitnehmer wird daher den Bescheid regelmäßig auch weder als konstitutive Zusage verstehen noch nach Treu und Glauben verstehen dürfen[29].

In dem bereits erwähnten Umgruppierungsfall des Bundesarbeitsgerichts[30] hatte der Arbeitgeber mit dem Arbeitnehmer, der ohne Änderung seiner Tätigkeit in eine höhere Vergütungsgruppe überzuleiten war, einen neuen Arbeitsvertrag geschlossen[31]. Dies geschieht in

---

[29] Unzutreffend daher *Eberle*, BB 72, 1326 (1328) hinsichtlich eines Festsetzungsbescheides über das Lohndienstalter.

[30] BAG AP Nr. 42 zu §§ 22, 23 BAT.

[31] Zur Darstellung im einzelnen vgl. oben 2. Abschnitt, A II.

der Praxis häufig, obwohl es weder vorgeschrieben noch aus sachlichen Gründen erforderlich ist. Der Arbeitgeber hätte die Höhergruppierung unter Bestehenlassen des alten Arbeitsvertrages auch einseitig durch Eingruppierungsbescheid verfügen können. Nach rechtsgeschäftlichen Grundsätzen hätte die einseitige Mitteilung der Höhergruppierung wohl kaum zu einer vertraglichen Bindung des Arbeitgebers an die irrtümlich zu hohe Vergütungsgruppe geführt[32]. So bringt das Bundesarbeitsgericht[33] denn auch deutlich zum Ausdruck, daß es bei ansonsten gleicher Sachlage eine Bindung verneint hätte, wenn die Höhergruppierung lediglich durch Eingruppierungsbescheid erfolgt wäre.

### 2. *Sonstige Bescheide und Mitteilungen*

Den Eingruppierungsbescheiden vergleichbar sind sonstige „Feststellungsbescheide"[34] und Mitteilungen. Durch sie konkretisiert der Arbeitgeber seine Leistungspflichten, die aus dem Arbeitsvertrag nicht ersichtlich sind und erst durch Heranziehung der einschlägigen Gesetze, Tarifverträge oder Betriebsvereinbarungen ermittelt werden müssen. Die Rechtsprechung verneint hier — auf dem Boden der Rechtsgeschäftslehre konsequent — in Irrtumsfällen durchweg eine vertragliche Bindung des Arbeitgebers, weil er durch die Mitteilung erkennbar keine rechtsgeschäftliche Geltungserklärung abgeben will.

Danach ist der Arbeitgeber nicht an einen Bescheid gebunden, der fälschlicherweise das Erreichen eines bestimmten Lohndienstalters und daher die Zahlung einer tariflichen Dienstzeitzulage bekannt gibt[35].

Unverbindlich sind danach auch irrtumsbedingte Bescheide über die Teilnahme am Bewährungsaufstieg (vgl. § 23 a BAT)[36]. Ein *tariflicher* Anspruch auf Teilnahme am Bewährungsaufstieg setzt voraus, daß die Tätigkeit des Arbeitnehmers eine näher bestimmte Zeit hindurch den Merkmalen einer besonders gekennzeichneten Vergütungsgruppe tatsächlich entsprochen hat. War der Arbeitnehmer während der Bewährungszeit versehentlich übertariflich eingruppiert, erfüllt er die tariflichen Voraussetzungen für die Höhergruppierung im Wege des Be-

[32] Nicht etwa deshalb, weil es sich um eine *einseitige* Erklärung handelt. Denn eine ausdrückliche Annahmeerklärung auf Angebote des Arbeitgebers hin ist im Arbeitsverhältnis bei solchen Geschäften nicht üblich, die dem Arbeitnehmer allenfalls günstig sind, § 151 Satz 1 BGB (BAGE 11, 249; BAG AP Nr. 24 zu § 242 BGB Ruhegehalt). Wohl aber deshalb, weil der Arbeitnehmer in solchen, außerhalb des eigentlichen Vertragsgefüges stehenden Bescheiden regelmäßig kein Angebot zur Vertragsänderung wird sehen dürfen.

[33] BAG AP Nr. 42 zu §§ 22, 23 BAT (Bl. 2).

[34] Vgl. *Wiedemann* in Anm. zu BAG AP Nr. 1 zu § 9 TV Arb Bundespost.

[35] BAG AP Nr. 1 zu § 9 TV Arb Bundespost = BB 69, 716.

[36] BAG AP Nr. 10 zu § 23 a BAT.

währungsaufstiegs nicht[37]. Hat der Arbeitgeber in Unkenntnis dessen dem Arbeitnehmer die übliche Mitteilung gemacht, er nehme am Bewährungsaufstieg teil, kann der Arbeitnehmer diesem Bescheid nicht ein einzelvertragliches Angebot entnehmen, das auf *außertarifliche* Teilnahme am Bewährungsaufstieg gerichtet wäre[38].

### III. Betriebs- bzw. verwaltungsinterne Einstufung

In der Praxis häufig sind auch die Fälle, in denen zwar bei der Einstellung des Arbeitnehmers die Vergütungsgruppe genannt wurde, die Einreihung in eine der vielen Abstufungen der Vergütungsgruppe aber erst nach Aufnahme der Arbeit betriebs- bzw. verwaltungsintern erfolgt. Dafür kann es die verschiedensten Gründe geben:

So mag die endgültige Einstufung bei Abschluß des Arbeitsvertrages versehentlich oder auch bewußt unterblieben sein. Die Zuordnung zu einer bestimmten Stufe der Vergütungsgruppe kann z. B. von der Anrechnungsfähigkeit früherer Beschäftigungszeiten des Stellenbewerbers abhängen, über die noch nicht abschließend befunden werden konnte, weil Unklarheit über die Einschlägigkeit der Vordienstzeiten bestand.

Oder aber die Festlegung der Stufe hängt vom hierfür maßgeblichen künftigen Arbeitsplatz ab, der bei Vertragsschluß noch nicht zugewiesen war. In derartigen Fällen unterbleibt regelmäßig eine ausdrückliche Erklärung gegenüber dem Arbeitnehmer. Die endgültige, gegebenenfalls überhöhte Einstufung erfährt der Arbeitnehmer nur mittelbar durch die erste Lohn- oder Gehaltszahlung.

In diesen Fällen versteht es sich nach dem bisher Gesagten fast von selbst, daß nach den Regeln der Rechtsgeschäftslehre eine Bindung des Arbeitgebers an die irrtümlich zu hohe Einstufung ausscheidet. Der interne Eingruppierungsvorgang besitzt keinen rechtsgeschäftlichen Erklärungswert, da der Arbeitgeber für den Arbeitnehmer erkennbar nur seiner Pflicht zur richtigen Lohnermittlung nachkommen will.

Auch der dem Arbeitnehmer zugehenden Lohnabrechnung als solcher kann sicherlich nicht die Zusage einer übertariflichen Bezahlung entnommen werden, da ihr als Teil des Erfüllungsgeschäftes keine eigenständige rechtliche Bedeutung zukommt; sie hat bestenfalls Hinweisfunktion.

---

[37] BAG AP Nr. 2, 9 und 10 zu § 23 a BAT m. w. N.

[38] BAG AP Nr. 8 und 10 zu § 23 a BAT; BAG AP Nr. 47 zu § 256 ZPO (betr. § 23 a MTA); ständige Rspr. Anderer Ansicht ersichtlich nur LAG Berlin, Entscheidungskalender 1968 II, Fachregister 4, S. 749; ArbG Berlin, Entscheidungskalender 1968 II, Fachregister 3, S. 419.

Wenn überhaupt, dann könnte allenfalls aus einer ständig wiederholten Entlohnung nach der höheren Stufe der Vergütungsgruppe auf einen entsprechenden Verpflichtungswillen des Arbeitgebers geschlossen werden. Diese Annahme verbietet sich jedoch gleichfalls. Bestehen weder auf Arbeitgeber- noch auf Arbeitnehmerseite Zweifel an der Richtigkeit der Vergütungshöhe, werten beide Parteien die ständigen Zahlungen lediglich als das, was sie tatsächlich sind: reine Vollzugshandlungen in Erfüllung einer vermeintlich bestehenden Rechtspflicht. Dann wird der Arbeitnehmer aber niemals aus den wiederholten Erfüllungsakten auf einen rechtsgeschäftlichen Bindungswillen des Arbeitgebers schließen können[39].

*3. Abschnitt*

# Die Rückgängigmachung der fehlerhaften Eingruppierung

Hält man mit der herrschenden Meinung[40] die Bindung des Arbeitgebers allein auf rechtsgeschäftlicher Grundlage für möglich, muß an die Korrektur der rechtsgeschäftlich bindenden Eingruppierung einerseits und der rechtsgeschäftlich irrelevanten andererseits zwangsläufig ein unterschiedlicher Maßstab angelegt werden.

Die folgende Untersuchung soll Aufschluß darüber geben, wie weitreichend die praktischen Auswirkungen der rechtsgeschäftlichen Betrachtungsweise für die Frage sind, ob und in welchem Umfang der Arbeitgeber die Rückforderung und Einstellung der Überzahlungen gegen den Willen des Arbeitnehmers durchsetzen kann.

## A. Die Irrtumsberichtigung in Fällen rechtsgeschäftlicher Bindung

### I. Beseitigung der Bindung durch Anfechtung mit ex-tunc-Wirkung

Die einzige Möglichkeit, die Bindung an eine irrtümlich zu hohe Vergütungszusage (Eingruppierung) rückwirkend zu beseitigen und die Überzahlungen für die Vergangenheit zurückzuverlangen, böte dem Arbeitgeber das Gestaltungsmittel der Anfechtung (§§ 119 ff. BGB),

---

39 Vgl. *Mengel*, S. 72; *Säcker*, S. 195, FN 25.

40 Siehe oben FN 2.

das die rückwirkende Nichtigkeit des Rechtsgeschäfts (§ 142 Abs. 1 BGB) anordnet.

### *1. Der Grundsatz der beschränkten Anfechtbarkeit des Arbeitsvertrages*

Alle zur Anfechtung im Arbeitsrecht vertretenen Meinungen sind sich heute zumindest im Ergebnis darüber einig, daß sich die uneingeschränkte Anwendung der bürgerlichrechtlichen Regeln über die Anfechtung und ihre Folgen auf das Arbeitsverhältnis wegen dessen Besonderheiten gegenüber rein vermögensrechtlichen Austauschverträgen verbietet.

Nach ganz überwiegender Meinung sind Arbeitsverträge zwar grundsätzlich anfechtbar; es werden der Anfechtung aber unterschiedliche Rechtsfolgen beigelegt, je nachdem ob der Arbeitsvertrag zur Zeit der Anfechtungserklärung durch die tatsächliche Arbeitsaufnahme bereits in Vollzug gesetzt worden war oder nicht[41].

Vor Antritt der Arbeit gelten danach die Regeln des bürgerlichen Rechts über die rückwirkende Nichtigkeit des angefochtenen Geschäftes (§ 142 Abs. 1 BGB) uneingeschränkt[42].

Soweit das Arbeitsverhältnis dagegen bereits zur Ausführung gelangt ist, führt die Anfechtung nach ganz herrschender Meinung[43] nur zur Nichtigkeit des Arbeitsvertrages ex nunc. Dieser grundsätzlichen[44] Restriktion der Anfechtungsfolgen ist zuzustimmen. Die Rechtsordnung kann nicht daran vorbeigehen, daß auf Grund eines realisierten, wenngleich nichtigen oder anfechtbaren Arbeitsvertrages Tatsachen geschaffen worden sind, die sich nicht ohne weiteres rückwirkend aus der Welt

---

41 *Herschel*, BB 53, 1069; *Hueck / Nipperdey* I, S. 183 ff.; *A. Hueck*, BB 52, 263; ders., AR-Bl. Arbeitsvertrag — Arbeitsverhältnis V (B); *Sommer*, AR-Bl. Anfechtung im Arbeitsrecht I (B I 2); *Staudinger / Nipperdey / Neumann*, § 611, Rdn. 92 ff.; BAGE 5, 65; 8, 50; 12, 104; 14, 186. Vereinzelt wurde die Auffassung vertreten, nach Antritt der Arbeit seien die Anfechtungsregeln schlechthin unanwendbar, da das Rechtsinstitut der Anfechtung dem Arbeitsvertragsrecht — vor allem im Hinblick auf die rückwirkende Nichtigkeit — wesensfremd sei (*Frey*, AuR 53, 167 ff.; LAG Frankfurt/M. AP 54 Nr. 85; LAG Baden-Württemberg DB 56, 1326). Die Anfechtung werde nach Invollzugsetzung des Arbeitsvertrages durch die ordentliche und außerordentliche Kündigung verdrängt. Diese Ansicht hat sich nicht durchsetzen können, denn sie verkennt, daß grundsätzlich alle Vorschriften des Allgemeinen Teils des BGB auch für das Arbeitsverhältnis gelten und nur insoweit unanwendbar sind, als sie mit dem Wesen und dem Inhalt des Arbeitsverhältnisses als einem Rechtsverhältnis besonderer Art unvereinbar sind (BAGE 5, 159/161).

42 Für alle *Hueck / Nipperdey* I, S. 185.

43 Siehe oben FN 41; a. A. *Nikisch* I, S. 222 ff. auf der Grundlage der sog. Eingliederungstheorie. Er gelangt jedoch — wenn auch mit anderer Begründung — zum gleichen Ergebnis wie die h. M.

44 Über mögliche Ausnahmen vgl. nachstehend unter 2 und 3.

schaffen lassen; ein vollzogenes Arbeitsverhältnis nach Bereicherungsregeln rückabzuwickeln würde zu Unzuträglichkeiten führen, die insbesondere dem Arbeitnehmer nicht zugemutet werden können[45]. Die §§ 812 ff. BGB passen typologisch nicht auf nichtige Arbeitsverhältnisse und können daher die in einem solchen Dauerschuldverhältnis auftretenden Interessenkonflikte nicht lösen[46].

Für die Vergangenheit wird der angefochtene Arbeitsvertrag deshalb grundsätzlich wie ein fehlerfrei zustandegekommener behandelt; das bedeutet u. a., daß dem Arbeitnehmer trotz der Anfechtung für verflossene Zeiträume der vertraglich vereinbarte Lohn zugestanden wird.

### *2. Rückwirkende Anfechtung einzelner Arbeitsbedingungen (Teilanfechtung)*

#### a) Grundsätzliche Zulässigkeit

Eine Ausnahme vom Verbot der rückwirkenden Nichtigkeit gilt nach fast allgemeiner Meinung, wenn lediglich einzelne Vertragsbestimmungen durch Anfechtung beseitigt werden sollen[47].

Gegen die grundsätzliche Zulässigkeit der Teilanfechtung dürften keine Bedenken bestehen[48], da die tragenden Gründe für die Restriktion der Anfechtungsfolgen bei der Eliminierung bloß einzelner Vertragsbestandteile (unter Bestehenbleiben des Arbeitsvertrages im übrigen[49]) nicht eingreifen. Allerdings muß jeweils sehr sorgfältig geprüft werden, ob der einzelne Vertragsbestandteil überhaupt einer selbständigen Anfechtung zugänglich ist.

---

45 Vgl. *Brox*, S. 214 ff., 271; *Söllner*, ArbR, S. 208; abweichend neuerdings *Beuthien*, RdA 69, 161 ff.

46 *Canaris*, BB 67, 167. Zur dogmatischen Untermauerung des Verbots der Rückwirkung wird teilweise die Eigenschaft des Arbeitsverhältnisses als Dauerschuldverhältnis bemüht (*Staudinger / Nipperdey / Neumann*, § 611, Rdn. 96); teils wird auf die Eigenart als personenrechtliches Gemeinschaftsverhältnis hingewiesen (*Hueck / Nipperdey* I, S. 184; *Hueck*, BB 52, 263); von anderen wird die Restriktion der Anfechtungsfolgen aus der Gesamttendenz des Arbeitsrechts hergeleitet, die soziale Schutzbedürftigkeit und Schutzwürdigkeit des Arbeitnehmers zu berücksichtigen (*Kaskel / Dersch*), S. 25; *Wiedemann*, S. 78; *Farthmann*, RdA 58, 338; *Siebert*, Vertragsverhältnisse, S. 84 ff. (97).

47 *Brox*, S. 273; *A. Hueck*, AR-Bl. Arbeitsvertrag — Arbeitsverhältnis V (B II); *Hueck / Nipperdey* I, S. 183 ff. (190); *Hueck / Nipperdey / Stahlhacke*, TVG, § 4, Rdn. 13; *Nikisch* I, S. 226; *Soergel / Siebert / Wlotzke / Volze*, § 611, Rdn. 32; *Sommer*, AR-Bl. Anfechtung im Arbeitsrecht I (B III); BAG NJW 70, 1941 (1943) = AP Nr. 4 zu § 60 HGB.

48 Für die Unzulässigkeit schlechthin wohl nur *Bleser*, S. 17 mit den Argumenten, die von der ganz h. M. (vgl. die umfangreichen Nachweise bei *Betz*, S. 56, FN 3) gegen die Zulässigkeit der Teilkündigung geltend gemacht werden. Nicht eindeutig in seiner Stellungnahme zur Teilanfechtung *Wiedemann*, S. 80.

49 *Staudinger / Nipperdey / Neumann*, § 611, Rdn. 97.

### b) Zulässigkeit der isolierten Anfechtung von Vergütungsvereinbarungen

Ob Zusagen des Arbeitgebers, die die Höhe des Arbeitsentgeltes betreffen, unter Aufrechterhaltung des Arbeitsvertrages im übrigen selbständig anfechtbar sind, wird nicht einheitlich beantwortet.

*aa) Herrschende Meinung*

Ganz überwiegend wird die isolierte Anfechtung einer jeden vertraglichen Abrede, also auch der Lohn- und Gehaltsvereinbarung, zugelassen[50]. Habe der Arbeitgeber einem Arbeitnehmer irrtümlich ein zu hohes Gehalt zugesagt, so könne er diese Zusage anfechten und brauche auch für die Vergangenheit nur das tarifliche oder das sonst übliche Gehalt zu zahlen[51].

*bb) Mindermeinung*

Nach einer vereinzelt vertretenen Auffassung[52] ist es schlechterdings nicht möglich, lediglich den Lohnvereinbarungsteil eines Arbeitsvertrages anzufechten, schon gar nicht rückwirkend[53], denn durch eine derartige Teilanfechtung werde „das vertragliche Gleichgewicht der Interessen empfindlich gestört"[54]. Nach dieser Auffassung hat die Anfechtung *der* Bestandteile des Arbeitsvertrages, die den Arbeitsverdienst betreffen, zwangsläufig die Nichtigkeit des gesamten Arbeitsvertrages zur Folge, so daß sich die Frage der Teilnichtigkeit und damit der Aufrechterhaltung des Rechtsgeschäftes gemäß § 139 BGB gar nicht erst stellen kann.

*cc) Stellungnahme*

Objektiv teilbar und damit einer Teilanfechtung zugänglich sind nicht nur zusammengesetzte, sondern grundsätzlich auch streng einheitliche Rechtsgeschäfte, da prinzipiell jede Vertragsklausel ausschaltbar ist[55]. Eine Teilanfechtung ist aber begrifflich nur möglich, wenn der nach Wegfall des angefochtenen Teils verbleibende Rest bei objektiver, vom Willen der Beteiligten absehender Betrachtung als selbständig bestehendes Rechtsgeschäft denkbar ist[56]. An dieser Voraussetzung fehlt es,

---

[50] *Hueck / Nipperdey* I, S. 190; *Hueck / Nipperdey / Stahlhacke*, TVG, § 4, Rdn. 13; *A. Hueck*, AR-Bl. Arbeitsvertrag — Arbeitsverhältnis V; *Soergel / Siebert / Wlotzke / Volze*, § 611, Rdn. 32; *Sommer*, AR-Bl. Anfechtung im Arbeitsrecht I (B III 1); BAG AP Nr. 4 zu § 60 HGB = NJW 70, 1941 (1943).

[51] So ausdrücklich *Hueck / Nipperdey* I, S. 190.

[52] LAG Berlin, DB 56, 552 = BB 56, 528 und ArbG Bielefeld, AuR 72, 219.

[53] ArbG Bielefeld, AuR 72, 219.

[54] LAG Berlin, DB 56, 552 = BB 56, 528.

[55] RGZ 59, 157: Teile eines Rechtsgeschäftes bilden alle seine Bestimmungen.

wenn ein *wesentlicher* Bestandteil des Geschäftes von der Anfechtungsfolge Nichtigkeit ergriffen würde[57], da sich in diesen Fällen die übrigbleibenden Vertragselemente nicht mit selbständiger rechtsgeschäftlicher Bedeutung aufrechterhalten lassen, was zwingend zum Wegfall des gesamten Geschäfts führt.

Wesentliche Bestandteile des Rechtsgeschäftes, die eine Zerlegung ausschließen, sind nach objektiv-sachlichen Gesichtspunkten diejenigen Vereinbarungen, die das Rechtsgeschäft überhaupt erst zu einem Geschäft bestimmter Art machen[58]. Zu den Essentialia des Arbeitsvertrages zählen, wie ein Blick auf § 611 BGB zeigt, die Vereinbarung der Arbeitsleistung gegen ein *bestimmtes* Entgelt[59].

Die Vergütungsabrede bildet selbst dann, wenn sich die effektive Höhe des Arbeitsverdienstes erst aus mehreren im Arbeitsvertrag getroffenen Bestimmungen ergibt, mit dem Arbeitsvertrag ein einheitliches Ganzes, das nicht willkürlich aufgespaltet werden kann, ohne damit die Einheit des Rechtsgeschäftes aufzugeben[60].

Diejenigen, die die isolierte Anfechtung der Vergütungsvereinbarungen für zulässig halten, argumentieren vor dem gedanklichen Hintergrund, daß die durch die Teilanfechtung entstehende Lücke durch die tarifliche, ortsübliche oder angemessene Entgeltregelung geschlossen werde[61]. Verkannt wird dabei jedoch, daß die Frage, ob ein Vertrag trotz Teilnichtigkeit von Bestand bleibt (§ 139 BGB) und wie die entstehende Lücke gegebenenfalls zu schließen ist, sich erst stellen kann, wenn vorab die Zulässigkeit der Teilanfechtung, die objektive Teilbarkeit also, festgestellt wird[62].

Die gegenteilige Auffassung läuft überdies Gefahr, gegen die Grundprinzipien des Anfechtungsrechtes zu verstoßen. Gegenstand der Anfechtung ist die Willenserklärung. Wird sie erfolgreich angefochten, ist das auf sie gegründete Rechtsgeschäft als von Anfang an nichtig

---

56 BGH DB 73, 1117; BGH NJW 62, 913; RGZ 93, 338; 146, 234; *Enneccerus / Nipperdey*, § 202, S. 1217 f.

57 *Enneccerus / Nipperdey*, ebd.

58 *Enneccerus / Nipperdey*, § 189 II, S. 1151.

59 Unwesentliche Vertragsbestandteile sind dagegen sonstige Vereinbarungen, wie beispielsweise eine Wettbewerbsklausel.

60 Bedenklich daher BAG AP Nr. 4 zu § 60 HGB = NJW 70, 1941 (1943), wenn dort im Falle eines Provisionsvertreters, dem ein garantiertes Mindesteinkommen (Fixum) plus Provision zugesagt worden war, die isolierte und damit rückwirkende Anfechtung der Mindesteinkommensgarantie für zulässig erklärt wird.

61 *Hueck / Nipperdey* I, S. 190; vgl. dazu näher *Neumann* bei Staudinger / Nipperdey, § 611, Rdn. 97, der sich allerdings zur Teilanfechtung der Vergütungsvereinbarung nicht ausdrücklich äußert.

62 Vgl. *Soergel / Siebert / Hefermehl*, § 139, Rdn. 13.

anzusehen, § 142 Abs. 1 BGB. Daran wird deutlich, daß der Anfechtungsregelung des BGB das Prinzip der *Kassation* zugrundeliegt; nicht etwa soll und darf die Willenserklärung und damit das Rechtsgeschäft mittels Anfechtung im Sinne des Irrenden reformiert, d. h. einseitig inhaltlich umgestaltet werden. Anderenfalls könnte der Anfechtungsberechtigte die Rechtswirkungen der Anfechtung willkürlich begrenzen und seinem Gegner ein Geschäft mit einem Inhalt aufdrängen, das dieser nicht gewollt hat.

Aus diesen juristisch-konstruktiven Erwägungen folgt, daß die Anfechtung, wenn der Irrtum wie z. B. im Fall der fehlerhaften rechtsgeschäftlichen Eingruppierungserklärung die Vergütungshöhe betrifft, zwangsläufig zur Nichtigkeit des ganzen Arbeitsvertrages führt. Diese Vollnichtigkeit wirkt aber anerkanntermaßen nur ex nunc. Die Rückforderung der „Überzahlungen" ist daher auf dem Weg über eine Teilanfechtung nicht möglich.

### *3. Rückwirkende Nichtigkeit des Arbeitsvertrages in Fällen arglistiger Täuschung (§ 123 BGB)*

Hat der Arbeitnehmer durch arglistige Täuschung über seine Vorbildung, Berufserfahrung oder sonstige Kriterien die überhöhte Eingruppierung verursacht, widerstrebt es dem Gerechtigkeitsdenken, der Anfechtung des Arbeitsvertrages die Rückwirkung abzusprechen und damit bereicherungsrechtliche Ansprüche auszuschließen.

#### a) Herrschende Meinung

Die herrschende Meinung hält gleichwohl auch in Fällen arglistiger Täuschung am Rückwirkungsverbot der Anfechtung fest[63]. Die schutzwürdigen Belange des Arbeitgebers seien hinreichend gewahrt, da er vom Arbeitnehmer Schadensersatz verlangen bzw. Ansprüchen des Arbeitnehmers mit dem Einwand der Arglist oder der unerlaubten Handlung begegnen könne.

#### b) Ablehnende Stellungnahme

Das von der herrschenden Meinung angeführte Entbehrlichkeitsargument vermag nicht zu überzeugen. Schadensersatzansprüche wer-

---

[63] *Hueck / Nipperdey* I, S. 186, FN 8; *Kauffmann*, DB 53, 22; *Nikisch* I, S. 226; *Schaub*, ArbR Hdb., S. 111; *Staudinger / Nipperdey / Neumann*, § 611, Rdn. 97. Aus der Rechtsprechung: BAG AP Nr. 32 zu § 63 HGB; AP Nr. 4 zu § 60 HGB, jeweils ohne nähere Begründung. In BAG AP Nr. 2 zu § 123 BGB = BAGE 5, 159 (161) handelt es sich insoweit lediglich um ein vom Sachverhalt nicht gefordertes obiter dictum. Anderer Ansicht: LAG Frankfurt/M. AP 53 Nr. 105; LAG Hamm DB 55, 268; LAG Düsseldorf BB 58, 841; LAG Bayern ARSt. 72, 78 (Nr. 1074); *Ramm*, S. 38; ders., AuR 63, 97 ff.; *Schmidt*, AuR 60, 43 ff.; *Wiedemann*, S. 79.

den vielfach aus Rechtsgründen nicht eingreifen[64], denn erfahrungsgemäß wird der Arbeitgeber dem ihm obliegenden Nachweis eines durch die Täuschung verursachten Vermögensschadens häufig nicht erbringen können[65]. Der Einwand der Arglist bzw. der unerlaubten Handlung greift nicht ein, soweit der Arbeitgeber die erschlichenen Ansprüche bereits erfüllt hat[66].

Entgegen der herrschenden Meinung ist es nicht nur methodisch unbedenklich, der Anfechtung je nach dem Anfechtungsgrund unterschiedliche Bedeutung beizumessen[67], sondern auch sachlich gerechtfertigt, bei der Anfechtung wegen arglistiger Täuschung die rückwirkende Nichtigkeit des Arbeitsvertrages eintreten zu lassen. Unabhängig von seiner rechtstheoretischen Begründung[68] beruht das Rückwirkungsverbot letztlich auf der Erwägung, daß die Rückabwicklung eines vollzogenen Arbeitsverhältnisses rechtstechnisch zwar nicht unmöglich ist, aber die schutzwürdigen sozialen Belange des Arbeitnehmers durch das Bereicherungsrecht nicht hinreichend berücksichtigt würden. Diesem Schutzprinzip steht der allgemeine Grundsatz gegenüber, daß der rechtsgeschäftliche Verkehr von Täuschung und Zwang frei sein muß. Auch im Arbeitsverhältnis verdient der Grundsatz der Lauterkeit Vorrang vor dem Schutzprinzip, denn der täuschende Arbeitnehmer verwirkt durch sein arglistiges Verhalten die Schutzwürdigkeit[69].

Es besteht daher kein Grund, den Bestand eines durch Täuschung beeinflußten Arbeitsvertrages auch nur für die Vergangenheit aufrechtzuerhalten. Hat der Arbeitgeber infolge arglistiger Täuschung durch den Arbeitnehmer eine zu hohe Eingruppierung vorgenommen, kann er den Arbeitsvertrag durch Anfechtung rückwirkend vernichten und die überzahlten Beträge in vollem Umfang herausverlangen.

---

64 Unzutreffend insoweit *Nikisch* I, S. 226.

65 Ein anschauliches Beispiel hierfür bietet das Urteil des BAG vom 18. 4. 1968 in AP Nr. 32 zu § 63 HGB, das darüber hinaus deutlich macht, zu welch unhaltbaren Ergebnissen die h. M. im Einzelfall gelangen muß.

66 Es ist daher keinesfalls — wie *Hueck / Nipperdey* I, S. 186 FN 8 behaupten — nur eine Frage der theoretischen Konstruktion, ob man die rückwirkende Anfechtung zuläßt.

67 Dieses von *Nikisch* I, S. 226 geäußerte Bedenken kann nicht geteilt werden. Das Gesetz selbst knüpft unterschiedliche Rechtsfolgen an den jeweiligen Anfechtungsgrund. So ist beispielsweise in Irrtumsfällen der Vertrauensschaden zu ersetzen, in Täuschungsfällen dagegen nicht.

68 Vgl. dazu oben FN 46.

69 *Ramm,* AuR 63, 97 (107) mit weiteren Beispielen für die Vorrangigkeit des Lauterkeitsgedankens. *Wiedemann,* S. 79. Vgl. ferner *Bydlinski,* S. 147 und LAG Bayern ARSt. 72, 78 (Nr. 1074).

## II. Beseitigung der Bindung durch Anfechtung mit ex-nunc-Wirkung

Die Beseitigung der arbeitsvertraglichen Bindung durch Anfechtung ex nunc, die im Ergebnis der fristlosen Kündigung gleichkommt, unterliegt keinen spezifisch arbeitsrechtlichen Beschränkungen. Da insbesondere keine Kündigungsschutzbestimmungen zu beachten sind[70], kann die Anfechtungsmöglichkeit für den Arbeitgeber, der eine irrtümlich überhöhte arbeitsvertragliche Eingruppierung korrigieren will, von besonderem Interesse sein.

### *1. Erklärungs- und Inhaltsirrtum (§ 119 Abs. 1 BGB)*

Unzweifelbar anfechtbar ist die arbeitsvertragliche Eingruppierungserklärung, wenn infolge schlichten Verschreibens oder Versprechens der Arbeitnehmer zu hoch eingestuft worden ist, da hier Wille und Erklärung auseinanderfallen (§ 119 Abs. 1 2. Alt. BGB).

Soweit es sich dagegen um Auslegungs- oder Subsumtionsfehler bei der Einordnung der Tätigkeit in den Katalog der tariflichen Vergütungsgruppen handelt, wäre an eine Anfechtung wegen Inhaltsirrtums nach § 119 Abs. 1 1. Alt. BGB zu denken. Ein beachtlicher Inhaltsirrtum würde voraussetzen, daß sich der Arbeitgeber bei Abgabe der Willenserklärung über deren Bedeutung geirrt hat. Das Merkmal „*bei* der Abgabe“ stellt klar, daß der Irrtum nur dann beachtlich ist, wenn Wille und Erklärung im Zeitpunkt ihrer Kundgabe auseinanderfallen. Der die Eingruppierung betreffende Irrtum ist jedoch bereits im Stadium der Willensbildung (Auslegung bzw. Subsumtion der Tarifnorm) aufgetreten und hat lediglich die Willensentschließung beeinflußt. Im Zeitpunkt der Erklärung des Arbeitgebers dagegen, er werde den Arbeitnehmer nach dieser oder jener Vergütungsgruppe entlohnen, war das Erklärte auch gewollt. Es handelt sich um einen Motivirrtum, der grundsätzlich unbeachtlich ist[71]; dies mit Recht, denn würde jeder Irrtum im Beweggrund zur Anfechtung berechtigen, würde das Vertragsrisiko nicht dem Irrenden, sondern dem Vertragsgegner aufgebürdet[72].

---

[70] BAG AP Nr. 2, 7 und 15 zu § 123 BGB; *Hueck / Nipperdey* I, S. 187 ff.; *Staudinger / Nipperdey / Neumann*, § 611, Rdn. 95.

[71] BGB-RGRK-*Krüger / Nieland*, § 119, Anm. 35 ff.; *Enneccerus / Nipperdey*, § 177 I, S. 1074 ff.; *Erman / Westermann* I, § 119, Rdn. 7; Larenz BGB AT, S. 315 f. Zur Behandlung des *beiderseitigen* Motivirrtums als „erweiterten Inhaltsirrtum“ durch das RG vgl. die späteren Ausführungen unten Dritter Teil, 2. Abschnitt, C I.

[72] *Enneccerus / Nipperdey*, § 177 I, S. 1074 ff.

### 2. *Eigenschaftsirrtum (§ 119 Abs. 2 BGB)*

Eine zu hohe Eingruppierung kann darauf zurückgehen, daß sich der Arbeitgeber über das Vorhandensein bestimmter Eigenschaften des Arbeitnehmers geirrt hat. Obwohl die Vorstellungen, die sich jemand über die Eigenschaften seines Geschäftsgegners macht, zu den Beweggründen gehören[73], läßt § 119 Abs. 2 BGB die Anfechtung ausnahmsweise zu, wenn der Irrtum verkehrswesentliche Eigenschaften der Person betrifft.

Die „Verkehrswesentlichkeit" von Eigenschaften eines Arbeitnehmers, wie z. B. die fachliche Qualifikation, muß nicht zuletzt unter dem arbeitsrechtlichen Aspekt beurteilt werden, wer im Ergebnis das Risiko einer Fehleinschätzung tragen soll. Hier wird man zunächst sagen können, daß das Risiko einer Probe auf die allgemeine Leistungsfähigkeit zu Lasten des Arbeitgebers gehen muß[74]. Er kann diesem Risiko begegnen, indem er den Arbeitnehmer entsprechend befragt, Unterlagen verlangt oder eine Probezeit vereinbart.

Nach zutreffender Ansicht ist daher eine Anfechtung nach § 119 Abs. 2 BGB keinesfalls schon dann zulässig, wenn der Arbeitgeber — sei es auch mit vollem Recht — von den erbrachten Leistungen enttäuscht ist[75].

Der Irrtum muß sich vielmehr auf ganz bestimmte Eigenschaften beziehen, deren Vorhandensein oder Fehlen für ein Arbeitsverhältnis der in Aussicht genommenen Art im Arbeitsleben allgemein für wesentlich gehalten wird. Die Behandlung des Irrtums über die fachliche Vorbildung und Eignung, die für die Eingruppierung von maßgeblicher Bedeutung ist, erfordert eine erhebliche Differenzierung nach der jeweiligen Tätigkeit[76]. Ist der Arbeitnehmer z. B. für ganz bestimmte Spezialarbeiten eingestellt worden, so ist eine Anfechtung wegen der irrtümlichen Annahme der entsprechenden Spezialkenntnisse eher möglich, als wenn nach dem allgemein gehaltenen Vertrag Arbeiten verschiedenster Art übertragen werden können[77].

### 3. *Arglistige Täuschung (§ 123 BGB)*

Hat der Arbeitnehmer die zu hohe Eingruppierung durch nicht zutreffende Angaben über spezielle Kenntnisse und Erfahrungen bewirkt,

[73] *v. Tuhr,* § 67, S. 577 (streitig).

[74] *Wiedemann,* S. 80.

[75] *Hueck / Nipperdey* I, S. 193; *Staudinger / Nipperdey / Neumann,* § 611, Rdn. 92.

[76] Vgl. *Ramm,* S. 52.

[77] Vgl. *Staudinger / Nipperdey / Neumann,* § 611, Rdn. 92.

kommt eine Anfechtung nach § 123 BGB in Betracht. Es ist jedoch stets sehr sorgfältig zu prüfen, ob nicht etwa nur eine „erlaubte" Übertreibung hinsichtlich der eigenen Leistungsfähigkeit vorliegt, mit anderen Worten der Arbeitnehmer sich lediglich gut verkauft hat oder ob er gar nur seine Fähigkeiten überschätzt hat. Auch kann eine Anfechtung wegen Irrtums oder Täuschung nach Treu und Glauben ausgeschlossen sein, wenn nach längerer Tätigkeit der Anfechtungsgrund für das Arbeitsverhältnis keine Bedeutung mehr hat[78], etwa weil der Arbeitnehmer trotz der fehlenden Vorkenntnisse die Spezialarbeiten seit langem zufriedenstellend erledigt.

## III. Künftige Beseitigung der vertraglichen Bindung durch Änderungskündigung

Erklärt sich der Arbeitnehmer mit der Vertragsänderung zum Zweck der Korrektur der fehlerhaften Eingruppierung nicht einverstanden, bleibt dem Arbeitgeber nur die Möglichkeit, eine fristgerechte Änderungskündigung auszusprechen.

Die Änderungskündigung, die bis zu ihrer Einfügung in das Kündigungsschutzgesetz durch das 1. Arbeitsrechtsbereinigungsgesetz[79] gesetzlich nicht geregelt, aber gleichwohl seit langem anerkannt war, ist nach der Definition des § 2 KSchG 1969 eine vom Arbeitgeber ausgesprochene Kündigung, in deren Zusammenhang er dem Arbeitnehmer die Fortsetzung des Arbeitsverhältnisses zu geänderten Bedingungen anbietet[80].

### *1. Die soziale Rechtfertigung der Änderungskündigung*

§ 2 KSchG 1969 stellt keine eigenen Kriterien für die soziale Rechtfertigung der Änderungskündigung auf. Daher ist auf den für die normale Vollkündigung geltenden § 1 KSchG zurückzugreifen, wonach die Kündigung insbesondere dann sozialwidrig ist, wenn sie nicht durch dringende betriebliche Erfordernisse oder durch Gründe in der Person oder im Verhalten des Arbeitnehmers bedingt ist[81].

---

[78] BAG AP Nr. 17 zu § 123 BGB.

[79] Vom 14. 8. 1969 (BGBl. 1969 I, S. 1106).

[80] Der Wortlaut entscheidet sich nicht eindeutig für eine der beiden der Praxis geläufigen Arten der Änderungskündigung:
— Bedingungslose Kündigung, gleichzeitige Unterbreitung eines neuen Vertragsangebotes, wobei im Fall der Annahme die Kündigung rückgängig gemacht wird.
— Bedingte Kündigung für den Fall, daß der Arbeitnehmer auf die neuen Vertragsbedingungen nicht eingeht (zulässige Potestativbedingung).
§ 2 KSchG 1969 läßt demnach beide Arten zu (*Adomeit*, DB 69, 2179).

[81] Verfehlt ist daher die Auffassung, eine Änderungskündigung zur Herabsetzung des Arbeitsentgeltes auf den Tariflohn sei *niemals* sozialwidrig (so

### a) Prüfungsmaßstab

Bei der Änderungskündigung ist allerdings — entgegen einer früher vertretenen Auffassung[82] — nicht der gleiche strenge Prüfungsmaßstab angebracht wie bei der Vollkündigung. Schon der Wortlaut der §§ 2 und 8 KSchG 1969 zeigt, daß es bei der Interessenabwägung nicht darauf ankommt, ob die Kündigung als solche (also der potentielle Verlust des Arbeitsplatzes), sondern vielmehr, ob die Änderung der Arbeitsbedingungen sozial gerechtfertigt ist[83]. Danach ist bei der Prüfung der sozialen Rechtfertigung *allein* auf das Angebot des Arbeitgebers abzustellen, das Arbeitsverhältnis unter bestimmten anderen Bedingungen fortzusetzen[84]. Dies soll nicht nur dann gelten, wenn der Arbeitnehmer von der Möglichkeit des § 2 KSchG 69, das Änderungsangebot unter dem Vorbehalt seiner sozialen Rechtfertigung anzunehmen, Gebrauch macht, sondern auch dann, wenn er das Angebot strikt ablehnt, sich aber gegen die Wirksamkeit der Kündigung im normalen Kündigungsschutzprozeß wehrt[85].

Nach zutreffender Auffassung ist deshalb die betriebsbedingte Änderungskündigung sozial gerechtfertigt, wenn so dringende betriebliche Erfordernisse für die geplante Änderung der Arbeitsbedingungen gegeben sind, daß das Interesse des Arbeitnehmers an der Aufrechterhaltung der gegenwärtigen Arbeitsbedingungen hinter dem Interesse des Arbeitgebers an der erstrebten Änderung zurücktreten muß[86]. Dies ist — vereinfacht ausgedrückt — der Fall, wenn die angebotenen Bedingungen sachlich gerechtfertigt und dem Arbeitnehmer zumutbar sind[87].

---

aber *Hiersemann*, BB 59, 1141; ähnlich LAG Düsseldorf, AR-Bl. D, Rspr., Nr. 1640). Sie verstößt gegen die Grundprinzipien des Kündigungsschutzrechtes, das nicht nur den Bestand des Arbeitsverhältnisses als solchen schützt. Der Schutz bezieht sich grundsätzlich auch auf die Beibehaltung der vertraglich vereinbarten Bedingungen (Vertragsinhaltsschutz); vgl. *Bötticher*, Festschr. Molitor, S. 123; *Wiedemann*, RdA 61, 3 f.; BAG AP Nr. 10 zu § 620 BGB Änderungskündigung; LAG Düsseldorf, DB 72, 100.

82 *Auffarth / Müller*, KSchG, § 1, Anm. 56; *Frey*, AuR 58, 101; *Hessel*, AR-Bl. Kündigungsschutz I (A V 2 a); LAG Düsseldorf, DB 58, 412; LAG Frankfurt/M., BB 54, 687; hiergegen mit guten Gründen: *A. Hueck / G. Hueck*, KSchG, § 2, Rdn. 17 ff.

83 So die heute ganz h. M. Statt aller: *A. Hueck / G. Hueck*, KSchG, § 2, Rdn. 17 mit ausführlichen Nachweisen der Literatur.

84 So nunmehr eindeutig BAG RdA 73, 342. In früheren Entscheidungen hatte sich das BAG (AP Nr. 10 und 17 zu § 620 BGB Änderungskündigung) nicht eindeutig festgelegt, ob allein auf das Änderungsangebot oder auf die Beendigung des Arbeitsverhältnisses abzustellen ist. Es berücksichtigte beide Gesichtspunkte gleichermaßen.

85 BAG RdA 73, 342.

86 Im Ergebnis sinngemäß auch BAG AP Nr. 10 und 17 zu § 620 BGB Änderungskündigung.

87 *A. Hueck / G. Hueck*, KSchG, § 2, Rdn. 17.

### b) Soziale Rechtfertigung in Irrtumsfällen

Für die Fälle der irrtümlich übertariflichen Eingruppierung wird von *Herschel*[88] ohne nähere Begründung die Ansicht vertreten, die Änderungskündigung zum Zwecke der Irrtumsberichtigung sei *stets* sozial gerechtfertigt. Dem kann in dieser Allgemeinheit nicht zugestimmt werden. *Herschel* ist zuzugeben, daß in der Mehrzahl aller Fälle ein dringendes betriebliches Interesse an der Herabgruppierung des zu hoch eingestuften Arbeitnehmers bestehen wird. Der öffentliche Arbeitgeber z. B. muß schon aus Gründen der geordneten Haushaltsführung eine Möglichkeit haben, eine unbewußt und zu Unrecht erfolgte Höhergruppierung auf das tarifgerechte Maß zurückzuführen. Zudem führt die ungerechtfertigte Bevorzugung eines einzelnen Arbeitnehmers leicht zu Mißstimmigkeiten bei den anderen Arbeitnehmern, die gleichwertige aber niedriger bezahlte Arbeit zu verrichten haben. Eine solche Unruhe im Betrieb zu vermeiden, hat der Arbeitgeber ein legitimes Interesse[89].

Jedoch vermögen die Gesichtspunkte der geordneten Haushaltsführung, der Lohngerechtigkeit und des Betriebsfriedens allein die Änderungskündigung nicht zu rechtfertigen. Weiterhin erforderlich ist, daß dieses dringende betriebliche Interesse, die Vergütung dem Tarif anzupassen, die Kündigung auch „bedingt“[90], d. h. es muß dem Interesse des Arbeitnehmers an der Beibehaltung der bisherigen Bezahlung standhalten[91].

Bei dieser Interessenabwägung ist zugunsten des Arbeitnehmers zu berücksichtigen, wie lange die überhöhte Eingruppierung bereits besteht und wieviel an Lohn oder Gehalt er durch die Herabstufung einbüßen würde, also ob die erforderlich werdenden Einschränkungen für ihn wirtschaftlich zumutbar sind.

Es sind daher entgegen *Herschel* durchaus Fallgestaltungen denkbar, in denen das betriebliche Interesse hinter den persönlichen Interessen des Arbeitnehmers zurückstehen muß und eine Änderungskündigung zum Zwecke der Herabstufung sozialwidrig wäre[92].

---

[88] BB 62, 137. In diesem Sinne wohl auch BAG AP Nr. 4 zu § 59 PersVG (Bl. 2).

[89] Vgl. BAG AP Nr. 13 zu § 1 KSchG Betriebsbedingte Kündigung.

[90] Vgl. den Wortlaut des § 1 Abs. 2 Satz 1 KSchG.

[91] BAG AP Nr. 13 zu § 1 KSchG Betriebsbedingte Kündigung.

[92] Dies kann bei einer über viele Jahre hinweg bestehenden fehlerhaften Eingruppierung sehr wohl möglich sein.

### 2. *Herabgruppierung durch Änderungskündigung und Sonderkündigungsschutz*

Auch die Änderungskündigung, die lediglich der Korrektur einer irrtümlich zu hohen Eingruppierung dient, kann bei besonders geschützten Arbeitnehmerkreisen auf Schwierigkeiten stoßen oder ganz ausgeschlossen sein.

#### a) § 9 Mutterschutzgesetz

Arbeitnehmerinnen genießen nach Maßgabe des § 9 Abs. 1 MuSchG (in der Fassung vom 18. 4. 1968) während und nach der Schwangerschaft absoluten Kündigungsschutz; dieser verbietet wegen der damit verbundenen psychischen Beunruhigung bereits den bloßen Ausspruch einer Kündigung[93]. Der Arbeitgeber darf daher eine Änderungskündigung zum Zweck der Herabstufung in die richtige Vergütungsgruppe nicht vor Ablauf der in § 9 Abs. 1 MuSchG genannten Frist aussprechen[94].

#### b) § 12 Schwerbehindertengesetz

Schwerbeschädigte und sonstige Behinderte[95] schützt § 12 SchwerbehindertenG vom 1. Mai 1974[96] gegen Kündigungen in der Weise, daß der Arbeitgeber vor Ausspruch der Kündigung die Zustimmung der Hauptfürsorgestelle einholen muß. Widrigenfalls ist die Kündigung unheilbar nichtig[97]. Nach fast einhelliger Auffassung gilt das Zustimmungserfordernis auch für die Änderungskündigung[98]. Allerdings wird die Hauptfürsorgestelle ihre Zustimmung zu einer Änderungskündigung, die einen Irrtum berichtigen soll, praktisch nicht verweigern können und wollen, da das Schwerbehindertengesetz seinem Grundgedanken nach nicht dem Schutz vor derartigen Änderungen dient.

#### c) § 15 Kündigungsschutzgesetz

Nach § 15 KSchG 1969 sind Mitglieder des Betriebsrats sowie die ihnen gleichgestellten Personen[99] um der ungehinderten Ausübung ihres Amtes willen gegen ordentliche Kündigungen geschützt.

---

[93] BAG AP Nr. 5 zu § 9 MuSchG; *Herschel*, AuR 59, 257 f.; *Bulla*, MuSchG, § 9, Rdn. 75 m. w. N.

[94] Unstreitig gilt § 9 MuSchG auch für die Änderungskündigung, *Bulla*, MuSchG, § 9, Rdn. 23 mit ausführlichen Nachweisen.

[95] Gegenüber dem bisher geltenden Schwerbeschädigtengesetz (vom 16. 6. 1953 i. d. F. vom 14. 8. 1961) ist der geschützte Personenkreis auf alle Schwerbehinderten ohne Rücksicht auf die Ursache der Behinderung ausgedehnt und darüber hinaus verstärkt worden.

[96] BGBl. I, S. 1005.

[97] *Cramer*, NWB Fach 26, S. 1227 ff. (1233).

[98] Vgl. *Wilrodt / Neumann*, SchwBeschG, § 14, Rdn. 41 m. w. N. a. A. wohl nur OVG Münster, DÖV 60, 237.

*aa) Einzeländerungskündigung*

Diese Vorschrift gilt auch für die Änderungskündigung[100], die eine irrtümlich zu hohe Eingruppierung richtig stellen soll[101].

*bb) Gruppenänderungskündigung*

Nach außerordentlich umstrittener, aber gleichwohl zutreffender Auffassung sind Betriebsratsmitglieder durch § 15 KSchG nicht nur gegen individuelle, sondern auch gegen solche Änderungskündigungen geschützt, von denen eine nach sachlichen Merkmalen abgrenzbare Gruppe von Arbeitnehmern gleichmäßig betroffen ist (Gruppenänderungskündigung)[102]. Dieses Problem stellt sich beispielsweise, wenn der Arbeitgeber die irrtümlich zu hohe Einstufung einer geschlossenen Arbeitnehmergruppe, zu der auch ein Betriebsratsmitglied gehört, einheitlich durch Änderungskündigung berichtigen will.

Die arbeitsrechtliche Literatur dagegen erklärt den § 15 KSchG in Fällen der sog. Gruppen- oder Massenänderungskündigung fast einhellig für unanwendbar[103].

Gegen diese Auffassung spricht zunächst der klare Wortlaut des § 15 KSchG, der Ausnahmen vom besonderen Kündigungsschutz nur bei außerordentlichen Kündigungen und Betriebsstillegungen zuläßt (vgl. § 15 Abs. 2 und 3 KSchG). Darüber hinaus steht die Bevorzugung der Betriebsratsmitglieder entgegen der Literaturmeinung durchaus in Einklang mit dem gesetzgeberischen Zweck des § 15 KSchG. Diese Vorschrift soll die Unabhängigkeit der Betriebsratsmitglieder schützen und verhindern, daß durch die Kündigung eines Mitglieds die kontinuierliche Tätigkeit des Betriebsrats gestört wird. Diese Schutzobjekte werden aber durch jede Änderungskündigung, ob isoliert oder als Gruppenänderungskündigung ausgesprochen, tangiert, will man dem Betriebsratsmitglied nicht die jedem Arbeitnehmer zustehende

---

99 Hierzu und zur Zeitdauer des besonderen Kündigungsschutzes vgl. im einzelnen § 15 KSchG.

100 Fast allgemeine Meinung: BAG AP Nr. 10 zu § 13 KSchG; *Galperin / Siebert*, BetrVG vor § 21, Rdn. 24; *Hueck / Nipperdey* I, S. 681; *Söllner*, ArbR, S. 241. a. A. nur *Erdmann / Müller*, KSchG, § 13, Anm. II 4.

101 BAG AP Nr. 4 zu § 59 PersVG.

102 BAG AP Nr. 18 zu § 13 KSchG. Im Ergebnis mit dem BAG übereinstimmend: *Herschel / Steinmann*, KSchG, § 13, Rdn. 2 a; *Hessel*, AR-Bl. Kündigungsschutz I (A V 3); *Kunze*, BB 71, 918 (921); *Neumann-Duesberg*, BetrVerfR, S. 285 ff.

103 *Auffarth / Müller*, KSchG, § 13, Rdn. 9; *Dietz / Richardi*, BetrVG, § 78, Rdn. 21; *Erdmann / Jürging / Kammann*, BetrVG, § 78, Rdn. 6; *Frey*, BetrVerf 58, 151 ff.; *Fitting / Auffarth*, BetrVG, § 103, Rdn. 3; *A. Hueck / G. Hueck*, KSchG, § 15, Rdn. 29; *Nikisch* III, S. 157; *Schaub*, RdA 70, 230 (236 ff.); *Strobelt*, RdA 67, 205 ff.

freie Wahl zwischen Annahme oder strikter Ablehnung der veränderten Vertragsbedingungen streitig machen[104].

Die Herausnahme eines Betriebsratsmitgliedes aus einer allgemeinen Verschlechterung der Arbeitsbedingungen verstößt weder gegen das Begünstigungsverbot des § 78 BetrVG 1972 (§ 53 BetrVG 1952) noch gegen den Gleichbehandlungsgrundsatz des § 75 BetrVG 1972 (§ 51 BetrVG 1952)[105]; sie steht auch nicht in Widerspruch zu § 37 BetrVG, wonach die Betriebsratsmitglieder ihr Amt unentgeltlich als Ehrenamt führen[106]. Diese allgemeinen Vorschriften des Betriebsverfassungsgesetzes können eine Schutzbestimmung wie § 15 KSchG nicht in Frage stellen, wie sich ausdrücklich aus dem gegenüber dem Betriebsverfassungsgesetz spezielleren Gesetz ergibt[107], zumal die Betriebsratsmitglieder auch in anderer Hinsicht Vergünstigungen genießen.

### *3. Das Mitbestimmungsrecht des Betriebs- und Personalrates bei Herabstufungen zum Zweck der Irrtumsberichtigung*

Die Berichtigung einer irrtümlich zu hohen Eingruppierung geschieht durch Herabstufung in die tariflich zutreffende Vergütungsgruppe. Es ist streitig, ob diese Maßnahme des Arbeitgebers dem Mitbestimmungsrecht des Betriebs- oder Personalrates unterliegt. Die Antwort hängt davon ab, ob die berichtigende Herabstufung als mitbestimmungspflichtige „Umgruppierung" oder „Rückgruppierung" im Sinne von § 99 BetrVG 1972[108] bzw. § 75 Abs. 1 Ziff. 2 BPersVG 1974[109] zu gelten hat. Diese Begriffe werden ganz unterschiedlich interpretiert.

#### a) Gegner eines Mitbestimmungsrechts

Die eine Meinung, ihr Hauptvertreter ist *Nikisch*[110], nimmt eine mitbestimmungspflichtige „Umgruppierung" bzw. „Rückgruppierung" nur

---

[104] BAG AP Nr. 18 zu § 13 KSchG.

[105] *Erdmann / Jürging / Kammann*, ebd.; *Fitting-Auffarth*, ebd.; *Schaub*, ebd., führen diese Argumente an.

[106] So aber *Dietz / Richardi*, ebd.; *A. Hueck / G. Hueck*, ebd.

[107] BAG AP Nr. 18 zu § 13 KSchG. Das Begünstigungsverbot und das Entgeltverbot wenden sich gegen eine individuelle Bevorzugung der Betriebsratsmitglieder durch den Arbeitgeber, nicht dagegen sollen sie die vom Gesetz in § 15 KSchG angeordnete Besserstellung einschränken. Da diese allgemeine Besserstellung auch durch sachliche Gründe getragen wird, ist weiterhin kein Verstoß gegen den Gleichbehandlungsgrundsatz des § 75 BetrVG 1972 zu erkennen.

[108] Diese Vorschrift hat das Mitbestimmungsrecht in personellen Angelegenheiten gegenüber der früheren Regelung der §§ 60, 61 und 63 BetrVG 1952 erheblich erweitert.

[109] Vom 1. 4. 1974. Zur früheren Rechtslage: § 71 Abs. 1 Ziff. b BPersVG 1955 und die durchweg gleichlautenden Vorschriften der Landespersonalvertretungsgesetze.

dann an, wenn dem Wechsel der Vergütungsgruppe eine tatsächliche Änderung der Stellung des Arbeitnehmers innerhalb der betrieblichen Organisation, insbesondere also seiner Tätigkeit zugrundeliegt. Nach Sinn und Zweck der personellen Mitbestimmung erforderten nur konstitutive Arbeitgebermaßnahmen eine Beteiligung des Betriebs- oder Personalrats. Daher sei namentlich die Herabstufung zum Zwecke der Berichtigung einer fehlerhaften Eingruppierung mitbestimmungsfrei[111].

### b) Befürworter

Die überwiegend vertretene Meinung[112] geht dagegen von der tariflichen Bedeutung der Begriffe „Umgruppierung" und „Rückgruppierung" aus, unter denen das Tarifrecht *jeden* Wechsel der Vergütungsgruppe versteht, gleichgültig worauf er zurückgeht. Diese Auffassung sieht daher auch in einer Herabstufung, die lediglich eine zwischenzeitlich als unrichtig erkannte Eingruppierung berichtigen soll, eine mitbestimmungspflichtige Maßnahme des Arbeitgebers[113].

### c) Stellungnahme

Für die herrschende Meinung spricht zunächst einmal der klare Wortlaut des Gesetzes[114]. Davon abgesehen ist eine Mitbestimmung gerade in den Fällen sachlich geboten, wo mit einer Rückgruppierung keine Änderung der bisherigen Tätigkeit verbunden ist, da hier bei den Arbeitnehmern mehr Mißrauen in die Richtigkeit der Umstufung besteht als sonst[115]. Darüber hinaus läßt die Regelung der Mitbestimmung

---

110 *Nikisch* III, S. 449 ff. (453); ders., in Anm. zu BAG AP Nr. 2 zu § 63 BetrVG. Ähnlich: *Molitor*, DB 54, 390 f.; *Poelmann*, RdA 68, 120 (123 ff.); ArbG Hagen DB 69, 577 ff. Nicht eindeutig: BAG AP Nr. 3 zu § 63 BetrVG.

111 *Nikisch* III, S. 451.

112 Zum BetrVG: BAG AP Nr. 1, 2 und 4 zu § 63 BetrVG; AP Nr. 1 zu § 61 BetrVG; *Dietz / Richardi*, BetrVG, § 99, Rdn. 22; *Fitting / Auffarth*, BetrVG, § 99, Rdn. 10: *Galperin / Siebert*, BetrVG, § 60, Anm. 7; *Müller*, DB 62, 770 ff.; *Stege / Weinspach*, BetrVG, S. 330 f.

Zum PersVG: BVerwG AP Nr. 8 und 10 zu § 71 PersVG; *Bötticher*, RdA 69, 194 ff.; *Dietz*, PersVG, § 71, Rdn. 23 f.

113 *Bötticher*, RdA 69, 194 (197 f.); *Dietz / Richardi*, BetrVG, § 99, Rdn. 26; *Erdmann / Jürging-Kammann*, BetrVG, § 99, Anm. 18; *Fitting / Auffarth*, BetrVG, § 99, Rdn. 10; *Galperin / Siebert*, BetrVG, § 60, Anm. 7; *Meisel*, S. 109; *Richardi*, ZFA 72, Sonderheft, S. 1 (9); *Stege / Weinspach*, BetrVG, S. 330 f.; BVerwG AP Nr. 10 zu § 71 PersVG; offengeblieben in BAG AP Nr. 1 zu § 63 BetrVG.

114 *Küchenhoff* in Anm. zu BAG AP Nr. 1 zu § 63 BetrVG.

115 *Dietz / Richardi*, BetrVG, § 99, Rdn. 22; *G. Müller*, DB 62, 770 (773); *Nipperdey / Säcker* (Hueck / Nipperdey II, S. 1418 ff.) teilen grundsätzlich die herrschende Meinung, sehen aber die Berichtigung einer irrtümlich zu hohen Eingruppierung ausnahmsweise als mitbestimmungsfrei an (ebd., S. 1420), weil sie ein selbstverständliches Recht des Arbeitgebers sei. Dem kann nicht gefolgt werden. Denn die Mitbestimmung kann gerade eine Überprüfung dahingehend gewährleisten, ob der Arbeitnehmer überhaupt zu hoch ein-

in personellen Angelegenheiten den Willen des Gesetzgebers erkennen, den Betriebs- oder Personalrat bei allen Maßnahmen des Arbeitgebers zu beteiligen, die in den Bestand oder wesentlichen Inhalt des Arbeitsverhältnisses eingreifen, indem sie nachhaltig die dem Arbeitnehmer eingeräumte Stellung verbessern oder verschlechtern.

Schließlich vermag das Hauptargument der Mindermeinung, ein Mitbestimmungsrecht könne sinnvollerweise nur bei konstitutiven Arbeitgebermaßnahmen bestehen[116], angesichts der gesetzlichen Neuregelung von Betriebsverfassungsgesetz und Bundespersonalvertretungsgesetz nicht mehr zu überzeugen. § 99 BetrVG 1972 und § 75 BPersVG 1974 führen als mitbestimmungspflichtige Maßnahme neuerdings zusätzlich die „Eingruppierung" an. Damit werden auch eindeutig deklaratorische und normvollziehende Akte für mitbestimmungspflichtig erklärt. Der Gesetzgeber hat also wenigstens mittelbar das tarifliche Verständnis der Begriffe „Umgruppierung" und „Rückgruppierung" bestätigt.

Nach richtiger Auffassung ist daher bei der Herabstufung in die tarifgemäße Vergütungsgruppe die Beteiligung des Betriebs- bzw. Personalrates erforderlich, der seine Zustimmung aus im Gesetz näher bezeichneten Gründen verweigern kann; über deren Berechtigung hat auf Antrag des Arbeitgebers das Arbeitsgericht zu befinden (vgl. § 99 Abs. 4 BetrVG 1972).

Eine Herabstufung ohne Einhaltung des Mitbestimmungsverfahrens ist unwirksam[117].

### *4. Das Mitwirkungsrecht von Betriebs- und Personalrat bei der Änderungskündigung zum Zweck der Herabstufung*

Nach § 102 Abs. 1 BetrVG 1972 hat der Betriebsrat, nach § 79 Abs. 1 Satz 1 BPersVG 1974 der Personalrat bei jeder Kündigung mitzuwirken. Nach fast einhelliger Ansicht besteht diese Beteiligungspflicht auch bei Änderungskündigungen[118]. Der Arbeitgeber hat danach dem Betriebs- bzw. Personalrat die Gründe für die beabsichtigte Kündigung mitzuteilen und diese mit dem Ziel einer Verständigung rechtzeitig und

---

gruppiert war, ob also überhaupt ein Irrtum vorlag. Andernfalls könnte der Arbeitgeber mit der Behauptung, der Arbeitnehmer sei irrtümlich zu hoch eingestuft worden, die Mitbestimmung bei Herabstufungen ausschließen.

[116] *Nikisch* III, S. 450 f.

[117] Vgl. BAG AP Nr. 6 zu § 1 TVG Tarifverträge BAVAV.

[118] *Erdmann / Jürging / Kammann,* BetrVG, § 102, Rdn. 5; *Fabricius / Kraft / Thiele / Wiese,* BetrVG, § 102, Rdn. 11; *Fitting / Heyer-Lorenzen,* PersVG, § 70, Rdn. 42; *Meisel,* DB 72, 1627 f.; *Molitor,* BPersVG, § 70, Rdn. 14; *Schlochauer,* RdA 73, 157 (159); *Stege / Weinspach,* BetrVG, S. 347; abweichend: *Fitting / Auffarth,* BetrVG, § 102, Rdn. 2 für den Fall der Annahme unter Vorbehalt i. S. d. § 2 KSchG 1969. Hiergegen *Rewolle,* DB 73, 185 f. und ArbG Minden DB 73, 2251. a. A. erkennbar nur *Kallmeyer,* DB 73, 970.

eingehend zu erörtern[119]. Unterläßt der Arbeitgeber diese Hinzuziehung, ist die Kündigung unwirksam[120].

Zielt die beabsichtigte Änderungskündigung auf eine Herabstufung wegen irrtümlich zu hoher Eingruppierung, kommt die Beteiligung von Betriebs- bzw. Personalrat in zweifacher Hinsicht in Betracht. In Betrieben mit mehr als 20 Arbeitnehmern hat die Arbeitnehmervertretung hinsichtlich der Herabstufung das Mitbestimmungsrecht[121], hinsichtlich der hierfür erforderlichen Änderungskündigung das anders ausgestaltete Mitwirkungsrecht[122]. Nach ganz überwiegender Ansicht[123] bestehen beide Verfahren gleichwertig nebeneinander.

Ein zweifaches Verfahren wird durch dieses Nebeneinander allerdings nicht erforderlich. Die Unterrichtung des Betriebs- bzw. Personalrats durch den Arbeitgeber bezüglich beider Verfahren kann und wird regelmäßig zusammengefaßt werden. Nimmt der Betriebs- oder Personalrat zu beiden Komponenten einheitlich Stellung, wird man in der Zustimmung zur Herabstufung im Zweifel auch die Zustimmung zur Änderungskündigung als solcher sehen können[124].

## B. Irrtumsberichtigung in Fällen der rechtsgeschäftlich irrelevanten Einstufung

Unter Zugrundelegung der zur Problematik der fehlerhaften Normenanwendung vorherrschenden rein rechtsgeschäftlichen Betrachtungsweise[125] tritt eine Bindung des Arbeitgebers an die irrtümlich zu hohe, jedoch rechtsgeschäftlich irrelevante Einstufung[126] nicht ein. Da sich für die herrschende Meinung auch aus dem Vertrauensschutzprinzip nichts anderes ergibt, weil der Arbeitnehmer lediglich tarifliche Vergütung

---

119 Vgl. § 72 Abs. 1 BPersVG 1974.

120 So jetzt ausdrücklich § 102 Abs. 1 Satz 3 BetrVG 1972 und § 79 Abs. 4 BPersVG 1974. Früher war diese Rechtsfolge umstritten, vgl. *Neumann-Duesberg*, BetrVerfR, S. 544 ff. m. w. N.

121 §§ 99 BetrVG 1972, 75 BPersVG 1974.

122 §§ 102 BetrVG 1972, 79 BPersVG 1974.

123 *Dietz / Richardi*, BetrVG, § 102, Rdn. 74; *Gnade / Kehrmann / Schneider*, BetrVG, § 95, Rdn. 13; *A. Hueck / G. Hueck*, KSchG, § 2, Rdn. 12; *Schlochauer*, RdA 73, 157 (159 f.); ArbG Minden, DB 73, 2251. OVG Münster, ZBR 62, 394; BAG AP Nr. 2 zu § 61 PersVG; *Dietz*, PersVG, § 71, Rdn. 25; *Fitting / Heyer / Lorenzen*, PersVG, § 71, Rdn. 9. a. A. *Hanau*, BB 72, 451 (455), der bei Umgruppierungen § 99 BetrVG für die speziellere Regelung hält. Hiergegen: *A. Hueck / G. Hueck*, KSchG, § 2, Rdn. 14; *Dietz / Richardi*, BetrVG, § 102, Rdn. 74.

124 *A. Hueck / G. Hueck*, KSchG, § 2, Rdn. 14.

125 Nachweise oben FN 2.

126 Beispiele siehe oben 2. Abschnitt, B.

erwarten durfte[127], könnte danach der Arbeitgeber seinen Irrtum jederzeit ohne Beteiligung der Arbeitnehmervertretung und ohne Rücksicht auf Kündigungsfristen oder -schutzbestimmungen einseitig richtigstellen und brauchte ab sofort nur noch die tarifgemäße Vergütung zu zahlen.

Der herrschenden Meinung stellt sich in diesen Fällen allenfalls die Frage, ob dem Arbeitgeber darüber hinaus gestattet ist, Rückzahlung der in der Vergangenheit gezahlten übertariflichen Lohn- und Gehaltsbestandteile zu verlangen. Es bleibt daher zu prüfen, ob der Arbeitnehmer wenigstens insoweit mit den herkömmlichen dogmatischen Mitteln in seinem Vertrauen auf die Rechtmäßigkeit seines Arbeitseinkommens geschützt werden kann.

## I. Rückforderung der zuviel gezahlten Lohn- oder Gehaltsbestandteile nach bereicherungsrechtlichen Grundsätzen

Der Anspruch des Arbeitgebers auf Erstattung überzahlten Arbeitsentgeltes gründet sich auf § 812 Abs. 1 Satz 1 BGB[128].

### *1. Wegfall der Bereicherung (§ 818 Abs. 3 BGB) bei wiederkehrenden Geldleistungen wie Lohn und Gehalt*

Der Bereicherungsanspruch des Arbeitgebers, der grundsätzlich auf vollständige Herausgabe des Erlangten gerichtet ist, kann umfangmäßig geschmälert oder ganz ausgeschlossen sein, wenn der Arbeitnehmer mit Erfolg den Wegfall der Bereicherung einwendet, § 818 Abs. 3 BGB.

Ob der Kondiktionsschuldner noch bereichert ist, beurteilt sich auf der Grundlage einer wirtschaftlichen Betrachtungsweise[129]. Eine Ent-

---

127 Vgl. z. B. BAG AP Nr. 26 zu § 1 FeiertagslohnzahlungsG (Bl. 3 R.).

128 Das BAG dagegen (vgl. BAG AP Nr. 5 zu § 394 BGB; BAG AP Nr. 1 zu § 819 BGB; incidenter auch BAG AP Nr. 2 zu § 611 BGB Lohnrückzahlung) leitet die Rückerstattungspflicht aus der arbeitsvertraglichen Treuepflicht des Arbeitnehmers her, unterstellt aber den Umfang des Anspruchs ganz den Regeln des Bereicherungsrechts und gelangt somit zum gleichen Ergebnis wie bei unmittelbarer Anwendung des § 812 BGB. Das BAG vermengt allerdings unnötigerweise vertragliche und gesetzliche Ansprüche. Überdies bleibt unverständlich, wieso ein Wegfall der Bereicherung einen vertraglichen Rückforderungsanspruch soll mindern oder ganz ausschließen können. Die richtige Anspruchsgrundlage ist daher, wenn eine tarif- oder einzelvertragliche Regelung fehlt, mit der h. M. in § 812 Abs. 1 Satz 1 BGB zu sehen: *A. Hueck* in Anm. zu BAG AP Nr. 5 zu § 394 BGB; *Larenz* in Anm. zu BAG AP Nr. 5 zu § 313 ZPO; ders., SAE 60, 136; *Neumann-Duesberg*, BlStRSozVArbR 63, 154 ff.; *Rother*, AcP 166, 134; *Soergel / Siebert / Wlotzke / Volze*, § 611, Rdn. 133; *Schnorr v. Carolsfeld* in Anm. zu BAG AP Nr. 1 zu § 819 BGB; *Söllner*, AR-Bl., Ungerechtfertigte Bereicherung I (B I 2 c); *Stoffregen*, BB 68, 1493 ff.; *Schaub*, ArbR Hdb., S. 257.

reicherung im Sinne von § 818 Abs. 3 BGB tritt ein, wenn der rechtsgrundlos empfangene Betrag ausgegeben ist, ohne daß sich im Vermögen des Empfängers noch ein entsprechender Gegenwert befindet. Aus diesem Gesamtvermögensvergleich folgt, daß die Bereicherung weggefallen sein kann, auch wenn der Empfänger den überzahlten Betrag als solchen noch nicht ausgegeben hat, aber durch die Überzahlung zu anderen, sonst nicht getätigten Ausgaben veranlaßt worden ist[130]. Umgekehrt ist der Empfänger trotz Verbrauchs der Überzahlung unter dem Gesichtspunkt der Ausgabenersparnis nach wie vor bereichert, wenn er die entsprechenden Aufwendungen auch ohne die Überzahlung getätigt hätte[131].

Die Darlegungs- und Beweislast für alle Tatsachen, aus denen die Entreicherung folgt, namentlich also für den ersatzlosen Verbrauch der Überzahlung, trifft nach allgemeinen Grundsätzen den Kondiktionsschuldner[132].

### a) Der Nachweis des ersatzlosen Verbrauchs der Überzahlung

Bei teilweisen Lohn- und Gehaltsüberzahlungen ergeben sich für den Arbeitnehmer praktische Schwierigkeiten, den ersatzlosen Verbrauch des rechtsgrundlos gezahlten Teilbetrages zu beweisen. Die Teilüberzahlung stellt von vornherein lediglich einen abstrakten Wertanteil an der Gesamtlohnsumme dar; diese wird zudem häufig noch mit anderen Barmitteln des Arbeitnehmers oder mit Beträgen auf seinem Bankkonto vermengt sein[133]. Dieser Mangel an körperlicher Eigenständigkeit des Kondiktionsgegenstandes macht die Verfolgung seines weiteren individuellen Schicksals meistens unmöglich[134]. Selbst wenn sämtliche liquiden Mittel des Arbeitnehmers aufgezehrt sind und damit auch der Verbrauch der Überzahlung feststeht, läßt sich nur selten nachträglich ermitteln, für welchen Zweck der rechtsgrundlos gezahlte Teilbetrag ausgegeben wurde. Von dieser Zweckbestimmung hängt aber im Einzelfall die Frage des Bereicherungswegfalls ab.

---

129 *Erman / Seiler*, § 818, Rdn. 19; *Palandt / Thomas*, § 818, Anm. 6 A; RGZ 54, 137 (141); 75, 361 (362); 118, 185 (187); 141, 310 (312); 163, 348 (360); BGHZ 1, 75 (81); 9, 333 (335).

130 Vgl. RGZ 72, 1 (4).

131 *Palandt / Thomas*, § 818, Anm. 6.

132 Für alle: *Palandt / Thomas*, § 818, Anm. 8. Als rechtsvernichtende Einwendung ist der Bereicherungswegfall allerdings durch das Gericht von Amts wegen zu beachten, RGZ 83, 159 f.

133 Nach *Larenz*, SchR BT, § 70 I, S. 434 (ferner *Stoll*, JW 1927, 1810 ff.; ähnlich RG Gruchot 48, 1048 ff.) geht bei *jeder* Geldkondiktion der Bereicherungsanspruch schon ursprünglich, ohne daß § 818 Abs. 2 BGB bemüht werden müßte, auf Rückerstattung des entsprechenden Geld*wertes*.

134 Vgl. im einzelnen *Rother*, AcP 166, 134 ff.

Der Arbeitnehmer wird in Teilüberzahlungsfällen nur selten guten Gewissens behaupten können und wollen, er habe gerade im Hinblick auf die — nicht einmal bemerkte[135] — Überzahlung ganz bestimmte Ausgaben getätigt. Zumeist hat er die Mehreinnahmen im Rahmen des üblichen Lebenszuschnitts mitverausgabt und ist regelmäßig nicht in der Lage anzugeben, worauf im einzelnen der überzahlte Betrag verwandt worden ist. Hier kann er nur darlegen, er habe einfach deshalb mehr ausgegeben, weil ihm mehr zur Verfügung gestanden habe.

So einleuchtend und kaum zu widerlegen dies ist, wird man gleichwohl nicht sagen können, der Arbeitnehmer habe mit diesem Vorbringen den Nachweis des Wegfalls der Bereicherung erbracht. Denn letztlich bleibt offen, ob die unbestimmten Mehrausgaben nicht in jedem Fall auch ohne die Überzahlung angefallen und notfalls durch Kreditaufnahme finanziert worden wären — also Aufwendungsersparnis — oder ob sie auf zusätzliche Annehmlichkeiten verwendet wurden ohne bleibende Werterhöhung des Empfängervermögens — also ersatzloser Verbrauch.

### b) Die Notwendigkeit einer Beweiserleichterung

Stellt man an den Wegfall der Bereicherung bei Überzahlungen im Arbeitsverhältnis die gleichen Beweisanforderungen wie im allgemeinen Zivilrecht, würde § 818 Abs. 3 BGB gerade in den praktisch bedeutsamsten Fällen, wo der Betrag im Rahmen der normalen Haushaltsführung ausgegeben wurde, ausgeschlossen sein. Es bliebe unberücksichtigt, daß Lohn und Gehalt eine andere Funktion haben als sonstige zivilrechtliche Leistungen, nämlich weitgehend zur Unterhaltsdeckung verbraucht zu werden. Dieser Vorgang des mit Geldmitteln bewirkten Lebensunterhalts läßt sich aber nicht in derselben Weise rückgängig machen wie die Übertragung eines einzelnen Vermögensstückes, die das gedankliche Modell für die Konstruktion der Bereicherungsregeln bildet[136]. Die soziale Schutzbedürftigkeit des Arbeitnehmers, der die Überzahlung nebenbei mitverbraucht hat, fordert eine korrigierende Handhabung der zum Bereicherungswegfall im allgemeinen geltenden Grundsätze[137].

Hierbei kann auf die beamtenrechtliche Rechtsprechung[138] und Literatur[139] zum Bereicherungswegfall bei überzahlten Dienstbezügen zurückgegriffen werden:

---

135 Andernfalls griffe § 819 Abs. 1 BGB ein, der die Anwendung des § 818 Abs. 3 BGB ausschließt.

136 *Rother*, AcP 166, 134 (139).

137 Vgl. *Hueck / Nipperdey* I, S. 288, FN 118.

138 RG JW 1911, 323; RGZ 83, 161 (163); RG Gruchot 48, 1084 (1086 f.); BVerwGE 13, 107 (109 f.); 15, 15 (17); OVG Lüneburg, ZBR 58, 173 f.; 59, 88 (89 f.); BGH MDR 59, 109; OVG Münster, ZBR 60, 326.

Für den Wegfall der Bereicherung spreche eine Vermutung, wenn die Überzahlung verhältnismäßig geringfügig war und feststehe, daß in der fraglichen Zeit keine besonderen Rücklagen gebildet und keine aus dem Rahmen des Üblichen fallenden Ausgaben gemacht worden seien[140]. Die Dienstbezüge des Beamten hätten nach dem Alimentationsprinzip[141] den Charakter einer Unterhaltsrente und dienten lediglich der Sicherstellung eines standesgemäßen Unterhalts. Der Lebenszuschnitt des Beamten richte sich deshalb regelmäßig nach dem ihm zur Verfügung stehenden Gehalt. Mit dessen Erhöhung stiegen auch die laufenden Ausgaben; bei einem geringeren Gehalt dagegen schränke er seine Bedürfnisse entsprechend ein. Habe der Beamte also die überhöhten Bezüge bestimmungsgemäß zur Bestreitung des standesgemäßen Unterhalts für sich und seine Familie verwendet, müsse in aller Regel vom ersatzlosen Wegfall der Bereicherung ausgegangen werden, weil er nach aller Lebenserfahrung keine Aufwendungen erspart habe.

Gegen die Anwendung dieser Grundsätze auf Überzahlungen im Arbeitsverhältnis dürften keine Bedenken bestehen[142]. Eine unterschiedliche Behandlung rechtfertigt sich nicht etwa aus dem Alimentationscharakter der Beamtenbezüge, da auch die privatrechtliche Arbeitsvergütung nicht allein Entgelt für geleistete Dienste ist. Schon weil der Arbeitnehmer regelmäßig nicht vom Ertrag eines eigenen Vermögens lebt, sondern zur Bestreitung seines Lebensunterhaltes auf das Arbeitsentgelt angewiesen ist, haben Lohn und Gehalt teilweise den Charakter einer laufenden Unterhaltsleistung[143]. Dieser Unterhaltscharakter wird besonders deutlich, wenn — wie etwa im Krankheitsfalle — der Lohn trotz Nichtleistung der Arbeit weitergezahlt wird[144].

Ganz abgesehen vom Alimentationsgedanken wird das durchschnittliche Arbeitnehmereinkommen weitestgehend für die laufenden Bedürfnisse verwandt[145]; erfahrungsgemäß richtet sich deshalb im Arbeit-

---

139 *Griese*, SKV 61, 148 (151); *Kauffmann / Hieber*, S. 34; *Malz*, NDBZ 54, 147; *Robel*, ZBR 54, 299 (300); *Schütz*, PersVertretung 58/59, 273 (278). Zweifelnd: *Plog / Wiedow*, § 87 BBG, Rdn. 22. a. A. *Berger*, BayrBZ 59, 145 (147).

140 Diese Rechtsprechung hat ihren praktischen Niederschlag in vielen Verwaltungsverordnungen gefunden, wonach die Bereicherung als weggefallen gilt, wenn die Überzahlung nicht mehr als 10 % der an sich zustehenden Bezüge ausmacht. Für NW vgl. Ziff. 2.2 der VV zu § 98 LBG NW i. d. F. vom 14. 1. 1972 (MBl. NW 1972, 398).

141 Vgl. RGZ 38, 317 (320); 53, 423 (429); 84, 400 (406); 89, 104 (106).

142 a. A. wohl *Herklinger*, DB 64, 1700 ff., FN 21.

143 *Wiedemann*, S. 17; *Neumann-Duesberg*, BlStRSozVArbR 63, 154 (156).

144 Vgl. BAGE 1, 338 (340); ähnlich BAGE 6, 170 (172); RGZ 148, 81 (91).

145 Laut Angaben des Statistischen Jahrbuches für die Bundesrepublik Deutschland (herausgegeben vom Statistischen Bundesamt, Wiesbaden) 1972, S. 490/491 machten bei 4-Personen-Arbeitnehmer-Haushalten mit durchschnittlichem Einkommen die Ausgaben für die laufende Lebenshaltung über 90 % des ausgabefähigen Einkommens aus.

nehmerhaushalt ebenso wie in dem des Beamten die Höhe des Verbrauchs nach dem zur Verfügung stehenden Lohnbetrag. Bei kleinen und mittleren Arbeitnehmereinkommen darf daher der Wegfall der Bereicherung — widerleglich — vermutet werden, wenn der Arbeitnehmer glaubhaft darlegt, daß er die relativ geringfügige[146] Überzahlung im Rahmen der normalen Lebensführung mitverbraucht hat[147].

Hat der Arbeitnehmer dagegen nach Erhalt der Überzahlungen Schulden getilgt oder Beträge auf ein Sparkonto eingezahlt, ist er grundsätzlich in Höhe dieser Zahlungen nicht entreichert[148]. Der genannte Lebenserfahrungssatz läßt aber auch in derartigen Fällen ausnahmsweise eine abweichende Beurteilung zu, wenn der Beamte oder Arbeitnehmer ohne die Überzahlungen aus dem dann entsprechend niedrigeren Gehalt mit größter Wahrscheinlichkeit die Schuld gleichfalls getilgt oder die bisher üblichen Sparraten abgezweigt hätte[149]. Bei dieser Sachlage hätte er seine Lebenshaltung dem niedrigeren, nach Schuldtilgung oder Spareinzahlung verbleibenden Restgehalt angepaßt, so daß die Überzahlung letztlich nur der Verbesserung der allgemeinen Lebenshaltung zugutegekommen ist, was aber — wie gezeigt — keine dauerhafte Vermögensmehrung und bleibende Bereicherung darstellt.

Schließlich kann die Bereicherung weggefallen sein, wenn der Arbeitnehmer zwar längerlebige Gegenstände des häuslichen Bedarfs angeschafft hat[150], der Wert des erworbenen Gegenstandes sich aber nur durch unterwertigen Verkauf, also wirtschaftlich unzumutbar in Geld umsetzen läßt[151].

Durch diese sinnvolle weite Auslegung des § 818 Abs. 3 BGB ist es möglich, der rechtspolitisch bedenklichen Bevorzugung[152] des Arbeitnehmers, der das rechtsgrundlos Erlangte unnütz verausgabt (sog. Luxusausgaben), gegenüber dem, der damit verständig umgeht, wenigstens teilweise die Spitze zu nehmen.

---

[146] Man wird dabei von einer 10 - 15 %igen Überzahlung ausgehen dürfen, wobei natürlich vieles vom Einzelfall abhängt.

[147] LAG Berlin Entscheidungskalender 1965, Fachregister 4, S. 385. Vgl. auch ArbG Göttingen, BB 58, 629 f.; *Hanau / Adomeit*, S. 186; *Neumann-Duesberg*, BlStRSozVArbR 63, 154 (156); *Söllner*, AR-Bl. Ungerechtfertigte Bereicherung I (B I 2 g).

[148] Bei der Tilgung von Schulden besteht die Bereicherung unter dem Gesichtspunkt der Befreiung von einer Verbindlichkeit fort. *Palandt / Thomas*, § 818, Anm. 6 B d; *Soergel / Siebert / Mühl*, § 818, Anm. 27.

[149] So im Falle der Schuldentilgung: BVerwGE 15, 15 (17 f.); OVG Münster, ZBR 60, 326; a. A. RG JW 1924, 50 (51). Bezüglich Sparraten: OVG Lüneburg, ZBR 58, 173; *Stoffregen*, BB 68, 1493 (1497); *Kauffmann / Hieber*, S. 37.

[150] Damit ist er an sich nach § 818 Abs. 2 BGB zum Wertersatz verpflichtet.

[151] BGH ZBR 59, 18 f. = MDR 59, 109; ihm folgend ArbG Kiel, DB 71, 2120.

[152] Vgl. dazu *Hanau / Adomeit*, S. 185 f.; *Söllner*, AR-Bl. Ungerechtfertigte Bereicherung I (A I V 2).

### 2. *Die Haftungsverschärfung des § 819 Abs. 1 BGB*

Nach den §§ 819 Abs. 1, 818 Abs. 4 BGB haftet der Bereicherungsschuldner, der die Rechtsgrundlosigkeit gekannt oder später von ihr erfahren hat, von dem jeweiligen Zeitpunkt an verschärft.

Diese Vorschriften finden nach allgemeiner Meinung auch auf Überzahlungen im Arbeitsverhältnis Anwendung[153]. So wird der Arbeitnehmer durch den nach Kenntniserlangung eingetretenen Wegfall der Bereicherung nicht von seiner Erstattungspflicht befreit. Dem Wortlaut des § 819 Abs. 1 BGB gemäß ist positive Kenntnis des Arbeitnehmers erforderlich[154]. Es ist deshalb ungenau und irreführend, wenn im Zusammenhang mit § 819 Abs. 1 BGB vielfach von „Bösgläubigkeit" gesprochen wird[155]. Der Arbeitnehmer wird wenigstens das aktuelle Bewußtsein haben müssen, nach der Sachlage auf eine Vergütung in dieser Höhe keinen Anspruch zu haben[156].

Es erscheint allerdings angesichts der besonderen Treuepflichten des Arbeitnehmers wenig befriedigend, daß der Arbeitgeber nur dann uneingeschränkt soll Rückzahlung verlangen können, wenn er dem Arbeitnehmer positive Kenntnis nachweist[157], nicht aber dann, wenn der Arbeitnehmer den Irrtum des Arbeitgebers leicht hätte erkennen können, also infolge grober Fahrlässigkeit die Rechtsgrundlosigkeit der Zahlung nicht bemerkt hat[158]. Der Gesetzgeber hat diese Bedenken offensichtlich geteilt und im Beamtenrecht (§§ 87 Abs. 2 BBG, 53 Abs. 2 BRRG) der positiven Kenntnis den Fall gleichgestellt, daß die Unkenntnis des Beamten oder Versorgungsempfängers auf grober Fahrlässigkeit beruhte[159]. Die beamtenrechtliche Regelung geht zutreffenderweise von der Verpflichtung des Leistungsempfängers aus, im Rahmen des ihm Zumutbaren und Möglichen auf Überzahlungen zu achten.

In der arbeitsrechtlichen Literatur wird vereinzelt das Erfordernis der positiven Kenntnis im Sinne des § 819 Abs. 1 BGB durch eine Überwachungs- und Rügepflicht des Arbeitnehmers erweiternd inter-

---

[153] Vgl. BAGE 7, 290 (303); BAG AP Nr. 5 zu § 394 BGB; BAG AP Nr. 1 zu § 819 BGB; LAG Bremen, AuR 64, 188.

[154] Bloße Zweifel oder das Kennenmüssen genügen nicht: BAGE 7, 290 (303); LAG Bremen, AuR 64, 188.

[155] So z. B. BAG AP Nr. 5 zu § 394 BGB.

[156] Zu diesem Begriff der Kenntnis im Sinne von § 819 Abs. 1 BGB vgl. *Larenz* SchR BT, S. 444.

[157] Zur Beweislast des Kondiktionsgläubigers vgl. RGZ 72, 152 (155); BGH NJW 58, 1275 f.; LAG Bremen, AuR 64, 188.

[158] *Hanau / Adomeit*, S. 185 f.; *Söllner*, AR-Bl. Ungerechtfertigte Bereicherung I (A IV 2).

[159] Das Gesetz spricht zwar von ‚Offensichtlichkeit' des Mangels; damit ist aber nichts anderes als grob fahrlässige Unkenntnis gemeint. Vgl. BVerwG DÖV 61, 904; BVerwG ZBR 63, 89; OVG Lüneburg DB 64, 1124; *Schütz / Ulland*, Beamtenrecht, S. 612 (Rdn. 19) m. w. N.

pretiert und so der beamtenrechtlichen Rechtslage angepaßt[160]. Die arbeitsgerichtlichen Unterinstanzen lassen teilweise ohne nähere Begründung die Haftungsverschärfung auch dann eingreifen, wenn der Arbeitnehmer die Überzahlung zwar nicht erkannt hat, aber unschwer hätte erkennen können[161].

Dieses Verständnis des § 819 Abs. 1 BGB läßt sich jedoch mit dem klaren und eindeutigen Wortlaut des Gesetzes nicht in Einklang bringen, sofern man mit der einhelligen Meinung an der Einschlägigkeit der §§ 818 ff. BGB auf Überzahlungen im Arbeitsverhältnis festhält[162]. Die rechtspolitisch wünschenswerte Gleichstellung von positiver Kenntnis und grobfahrlässiger Unkenntnis der Rechtsgrundlosigkeit von Zuvielzahlungen ist de lege lata nicht möglich[163]. Nicht zuletzt deshalb wäre es angebracht, im Rahmen der Kodifikation eines Arbeitsgesetzbuches in den individualrechtlichen Teil eine dem § 87 Abs. 2 BBG vergleichbare Bestimmung über die Rückforderung von Überzahlungen im Arbeitsverhältnis aufzunehmen, die überdies zu berücksichtigen hätte, wer die Überzahlung (schuldhaft) verursacht hat[164], inwieweit die Rückzahlung dem Arbeitnehmer unter Abwägung aller Umstände des Einzelfalles wirtschaftlich zumutbar ist oder ob sie eine unbillige Härte darstellen würde[165].

## II. Bereicherungsrecht und Vertrauensschutzgedanke

Die Anwendung der bereicherungsrechtlichen Grundsätze im Arbeitsrecht führt in Fällen der fehlerhaften Normenanwendung wie namentlich bei der Rückabwicklung einer irrtümlichen Eingruppierung viel-

---

160 *Herklinger*, DB 64, 1700 (1702 f.).

161 z. B. ArbG Ludwigshafen (Landau) ARSt 72, 2 (Nr. 4).

162 BAG AP Nr. 5 zu § 394 BGB; AP Nr. 1 zu § 819 BGB; BAGE 7, 290 (303).

163 Der bei *Hanau / Adomeit*, S. 168 beiläufig gemachte Vorschlag, den Arbeitnehmer bei grober Fahrlässigkeit aus positiver Vertragsverletzung (pVV) auf Ersatz des dem Arbeitgeber durch die Überzahlung entstehenden Schadens haften zu lassen und damit auf dem Umweg über einen Anspruch aus pVV die Haftungsverschärfung des § 819 Abs. 1 BGB auf Fälle grob fahrlässiger Unkenntnis auszudehnen, wirkt etwas gekünstelt und dürfte rechtlich wie praktisch nicht zu realisieren sein.

Zwar gebietet die arbeitsvertragliche Treuepflicht dem Arbeitnehmer, in einem ihm zumutbaren Umfang eine Eigenüberwachung seiner Bezüge vorzunehmen (vgl. *Herklinger*, DB 64, 1702). Die Erfüllung dieser Pflicht dient aber nicht der Wahrung der Vermögensinteressen des *Arbeitgebers* (vgl. *Larenz* in Anm. zu BAG AP Nr. 5 zu § 313 ZPO). Die Einhaltung der Überwachungspflicht besteht nur im Eigeninteresse des Arbeitnehmers (sog. Obliegenheit. Zum Begriff vgl. *Larenz* BGB AT, S. 162), deren Verletzung schwächere Sanktionen als die Verletzung vollwertiger Rechtspflichten nach sich zieht, in der Regel also nur den Verlust eigener günstiger Rechtspositionen.

164 Vgl. insoweit §§ 628, 1301 RVO; § 80 AVG; § 13 Ziff. 1 BKGG a. F.

165 Vgl. insoweit § 87 Abs. 2, Satz 3 BBG; §§ 628, 1301 RVO; § 80 AVG; § 152 AFG.

fach zu sozial unhaltbaren Ergebnissen, wenn der Arbeitnehmer über längere Zeiträume hinweg zu hoch entlohnt worden ist.

Die Möglichkeit, sich gemäß § 818 Abs. 3 BGB auf den Wegfall der Bereicherung zu berufen, bietet in der Regel zwar einen gewissen Sozialschutz, der aber in der Praxis häufig durch tarifvertragliche Rückzahlungsklauseln ausgeschlossen ist[166]. Der Arbeitgeber könnte noch nach langer Zeit die sich ständig kumulierenden Überzahlungen, unter Umständen also einen sehr hohen Gesamtbetrag, herausverlangen.

Gegen diese uneingeschränkte Rückzahlungspflicht bietet dem Arbeitnehmer die Einrede der Verjährung keinen Schutz, da Ansprüche auf Erstattung überzahlter Arbeitsvergütung der regelmäßigen Verjährungsfrist von 30 Jahren unterliegen[167]. Kurze tarifliche Ausschlußfristen[168] sind — wenn überhaupt — vielfach nur für Ansprüche des Arbeitnehmers auf rückständigen Lohn etc., nicht hingegen für Ansprüche des Arbeitgebers vereinbart. Selbst wenn im Einzelfall die Ausschlußfrist für „alle Ansprüche aus dem Arbeitsverhältnis" und damit auch für Bereicherungsansprüche des Arbeitgebers gilt, sieht sich der Arbeitnehmer immerhin noch erheblichen Rückzahlungsverpflichtungen für die Lohnzahlungszeiträume ausgesetzt, die vom Fristablauf noch nicht erfaßt sind[169].

---

166 § 818 Abs. 3 BGB enthält dispositives Recht und kann daher unstreitig einzelvertraglich abbedungen werden (*Erman / Seiler,* § 818, Rdn. 21; *Palandt / Thomas,* § 818, Anm. 6 A d). Es bestehen aber gleichfalls keine rechtlichen Bedenken gegen die Zulässigkeit einer diesbezüglichen tarifvertraglichen Regelung (LAG Frankfurt/M. AP Nr. 1 zu § 611 BGB Lohnrückzahlung).

Selbst eine sehr allgemein gehaltene Klausel im Tarifvertrag wie z. B. „Etwa zuvielgezahlte Beträge sind zurückzuerstatten" kann sinnvollerweise nur dahin ausgelegt werden, daß der Arbeitnehmer ohne Rücksicht auf den Fortbestand der Bereicherung zur vollen Rückzahlung verpflichtet sein soll (RAG ARS 37, 38; LAG Frankfurt/M., ebd.; BAG AP Nr. 2 zu § 611 BGB Lohnrückzahlung). Anderenfalls wären derartige Klauseln weitgehend überflüssig und zwecklos, da ein Rückforderungsrecht des Arbeitgebers dem Grunde nach ohnehin unter dem Gesichtspunkt einer ungerechtfertigten Bereicherung besteht. Ob man — rein konstruktionsmäßig — in einer solchen Klausel die Vereinbarung des Ausschlusses des § 818 BGB oder eines besonderen *vertraglichen* Rückforderungsrechts sieht, das von § 818 Abs. 3 BGB naturgemäß unberührt bleibt, kann dahinstehen, da beides im Ergebnis auf dasselbe hinausläuft (vgl. RAG ARS 37, 38/40; *Larenz* in Anm. zu LAG Frankfurt/M., a.a.O.).

167 BAG DB 72, 1926 = BB 72, 1453: Die kurze Verjährungsfrist des § 196 Abs. 1 Ziff. 9 BGB gilt in Überzahlungsfällen weder unmittelbar noch analog.

168 Sie führen nach Fristablauf ipso iure zum Erlöschen des betroffenen Anspruchs oder Rechts. Zur Zulässigkeit der Vereinbarung von Ausschlußfristen vgl. § 4 Abs. 4, Satz 3 TVG.

169 Dies kann u. U. eine Rückzahlungspflicht für einen Zeitraum von 6 Monaten oder mehr bedeuten. Zur Länge der tariflichen Ausschlußfristen vgl. *Gaul,* S. 97 ff.

Aber auch dort, wo eine Rückzahlungsklausel nicht besteht und daher § 818 Abs. 3 BGB uneingeschränkt anwendbar ist, führen die Grundsätze des Bereicherungsfalls zu einer unter dem Aspekt des Vertrauensschutzes rechtspolitisch mehr als bedenklichen Benachteiligung des gutgläubigen, auf Sparsamkeit bedachten Arbeitnehmers[170]:

Der Arbeitnehmer, der sich durch Konsumfreudigkeit auszeichnet, kann sich mit Erfolg auf seine Entreicherung berufen, selbst wenn er die übertarifliche Einstufung durch fehlerhafte Angaben verursacht und zusätzlich den Irrtum des Arbeitgebers leicht hätte erkennen können, also grob fahrlässig war. Denn § 818 Abs. 3 BGB stellt grundsätzlich nicht darauf ab, wer den Fehler verursacht oder verschuldet hat.

Dagegen wird der Arbeitnehmer, der Einschränkungen in seiner Lebensführung auf sich genommen und im Hinblick auf spätere Anschaffungen monatlich größere Beträge auf die Seite gelegt hat, im Ergebnis für seine Selbstbescheidung durch die Belastung mit der vollen Rückzahlungspflicht[171] bestraft, auch wenn er gutgläubig war und zur Entstehung des Irrtums nichts beigetragen hat. Hieran wird deutlich, wie fragwürdig die praktische Verwirklichung eines dem Einzelfall gerecht werdenden Vertrauensschutzes im Rahmen der Bereicherungsgrundsätze ist, wenn die Überzahlung sich über längere Zeit hingezogen hat[172].

---

170 *Hanau / Adomeit*, S. 185 f.; *Söllner*, AR-Bl. Ungerechtfertigte Bereicherung I (A IV 2).

171 Dies steht nicht etwa in Widerspruch zu den Ausführungen oben bei FN 149. Der dortigen Entscheidung zum Bereicherungswegfall (trotz Einzahlung von Sparraten) lag der Fall zugrunde, daß der Kondiktionsschuldner die Sparraten mit größter Wahrscheinlichkeit auch ohne die Überzahlung aufgebracht hätte.

172 Es trifft somit — entgegen der Auffassung des BAG in AP Nr. 5 zu § 394 BGB — nicht zu, daß die Maßstäbe des Bereicherungsrechts Konkretisierungen des allgemeinen Gerechtigkeitsprinzips seien und die besonderen Umstände berücksichtigten, unter denen es zur Zuvielzahlung gekommen sei.

Die vielstimmige Kritik am geltenden Bereicherungsrecht schlechthin ist daher nicht verwunderlich:

*Wilburg*, S. 145, will nach dem Veranlassungsprinzip das Verhalten der Beteiligten bei der Entstehung des ungerechtfertigten Erwerbs maßgeblich berücksichtigen.

*Flessner*, S. 112 ff. zieht als wertende Gesichtspunkte u. a. die Verantwortlichkeit für den Bereicherungsvorgang, für das Fehlen des Rechtsgrundes und die Verantwortlichkeit für das vermögensmindernde Ereignis heran, nimmt eine Zurechnung nach Sphären vor (ebd., S. 122 ff.) und berücksichtigt die wirtschaftliche und soziale Stellung der Beteiligten (ebd., S. 133 ff.).

*Ordemann*, S. 211 ff. plädiert für eine generelle Ausdehnung des § 819 Abs. 1 BGB auf schuldhafte Nichtkenntnis vom Mangel des Rechtsgrundes.

*Flume*, Festschrift Niedermayer, S. 148 ff. hält die gesetzliche Regelung überhaupt für fragwürdig.

### III. Die beamtenrechtliche Parallele der Rückforderung zuviel gezahlter Dienst- und Versorgungsbezüge

Den Fällen der rechtsgeschäftlich irrelevanten, weil deklaratorischen Einstufung durch den Arbeitgeber entsprechen im Beamtenrecht die der fehlerhaften Festsetzung der Dienst- oder Versorgungsbezüge. Die richtige Höhe der Vergütung ergibt sich für den Arbeitnehmer aus dem Tarifvertrag, für den Beamten aus den Besoldungsgesetzen. Bevor die Beamtenbezüge zur Auszahlung gelangen, werden sie in aller Regel durch einen Verwaltungsakt (sog. Festsetzungsbescheid) konkretisiert. Die Parallelität zum Arbeitsrecht wird dann besonders deutlich, wenn der Arbeitgeber dem Arbeitnehmer einen — den förmlichen beamtenrechtlichen Festsetzungsbescheiden vergleichbaren — Eingruppierungsbescheid über die Zugehörigkeit zu einer bestimmten Tarifgruppe zukommen läßt[173]. Hier wie dort sollen die Bescheide nicht die bestehende Rechtslage umgestalten, sondern lediglich die laut Gesetz bzw. Tarifvertrag bestehenden Ansprüche feststellen und dem Betroffenen mitteilen.

Sind die Bezüge eines Beamten infolge fehlerhafter Gesetzesanwendung irrtümlich zu hoch festgesetzt und ausgezahlt worden, läge an sich, da der Festsetzungsbescheid kein konstitutiver Verwaltungsakt ist, eine Zuvielzahlung im Sinne der §§ 87 Abs. 2 BBG, 53 Abs. 2 BRRG vor, deren Rückerstattung sich nach (modifiziertem) bürgerlichem Bereicherungsrecht bestimmt. Das Bundesverwaltungsgericht hat jedoch in seiner grundlegenden Entscheidung vom 24. 4. 1959[174] herausgestellt, daß die Bereicherungsgrundsätze des BGB das Vertrauen des Beamten oder Versorgungsempfängers in die Rechtsbeständigkeit seiner Bezüge nicht hinreichend schützen könnten.

Auch deklaratorische Festsetzungsbescheide bilden deshalb nach Auffassung des Bundesverwaltungsgerichts und der seither ständigen Rechtsprechung[175] ebenso wie konstitutive Verwaltungsakte einen Rechtsgrund für die zu hoch oder zu Unrecht festgesetzten und ausgezahlten Bezüge. Vor einer etwaigen Rückforderung der nicht gesetzmäßigen Bezüge muß die Behörde ihrer fehlerhaften Entscheidung Rechnung tragen und sich die Frage stellen, ob der Bescheid mit rückwirkender Kraft widerrufen werden kann. Erst wenn ein rückwirkender Widerruf zulässigerweise erfolgt ist, liegt eine rechtsgrundlose Zuvielzahlung im Sinne von § 87 Abs. 2 BBG vor.

---

[173] Siehe oben 2. Abschnitt, B II.

[174] BVerwGE 8, 261 ff. (270).

[175] Vgl. aus jüngerer Zeit BVerwG DVBl. 72, 955.

Für die Widerruflichkeit des Festsetzungsbescheides gelten die allgemeinen verwaltungsrechtlichen Grundsätze zur Rücknahme fehlerhafter, begünstigender Verwaltungsakte[176], d. h. es hat eine Abwägung der fiskalischen gegen die privaten Interessen des Betroffenen stattzufinden. Diese Abwägung kann zum Ergebnis führen, daß je nach den Umständen des Einzelfalles der Grundsatz der Rechtmäßigkeit der Verwaltung (Rechtssicherheit, Rechtsstaatlichkeit) oder der Grundsatz des Vertrauensschutzes in die Beständigkeit behördlicher Akte Vorrang verdient.

Im Rahmen der Interessenabwägung ist insbesondere zu berücksichtigen, ob der Empfänger gutgläubig war, ob er den Irrtum verursacht hat oder ob er aus dem Verantwortungsbereich der Behörde stammt[177].

Die beamtenrechtliche Lösung erlaubt damit eine Berücksichtigung aller für die Gewährung eines angemessenen Vertrauensschutzes relevanten Faktoren.

### IV. Ausschluß der Rückforderung nach Treu und Glauben (§ 242 BGB)

Die schlichte Übernahme der im Beamtenrecht entwickelten Grundsätze zur Rückforderung zu hoch festgesetzter und ausgezahlter Bezüge verbietet sich schon wegen der strukturellen Unterschiede von Verwaltungs- und Privatrecht. Gleichwohl ist nicht recht einzusehen, warum der zu hoch eingestufte und längere Zeit zu hoch vergütete Arbeitnehmer gegenüber Rückzahlungsverpflichtungen nicht ebenso schutzwürdig sein sollte wie ein Beamter oder Versorgungsempfänger in vergleichbarer Lage[178].

Dem das gesamte Verwaltungsrecht beherrschenden Prinzip des Abwägens der auftretenden Interessengegensätze entspricht im bürgerlichen Recht der Grundsatz von Treu und Glauben[179]. Wie jedes andere Recht steht auch der Bereicherungsanspruch des Arbeitgebers unter dem gesetzlichen Vorbehalt des § 242 BGB, daß seine Geltendmachung nicht gegen die Grundsätze von Treu und Glauben verstoßen darf.

Der Einwand der unzulässigen Rechtsausübung gegenüber dem Rückzahlungsverlangen des Arbeitgebers kommt unter verschiedenen rechtlichen Aspekten in Betracht.

---

176 BVerwGE 8, 261 (267).

177 Vgl. im einzelnen BVerwGE 8, 261 ff.

178 Vgl. *Söllner*, AR-Bl. Ungerechtfertigte Bereicherung I (B I 2); *Wiedemann* in Anm. zu BAG AP Nr. 1 zu § 9 TV Arb Bundespost.

179 BVerwG NJW 61, 1131.

## *1. Der dolo-petit-Einwand*[180]

Dieser Einwand will den zweck- und funktionslosen Gebrauch eines Rechtes oder Anspruches verhindern. Deshalb ist die Durchsetzung eines Anspruches mit Treu und Glauben unvereinbar, wenn eine Leistung gefordert wird, die umgehend zurückerstattet werden müßte[181].

Dem Rückzahlungsbegehren des Arbeitgebers stünde der Einwand unzulässiger Rechtsausübung (dolo-petit) entgegen, wenn der Arbeitnehmer durch die Rückerstattung der Überzahlung einen Schaden erleiden würde, den ihm der Arbeitgeber unter dem Gesichtspunkt einer positiven Vertragsverletzung (pVV) zu ersetzen hätte. Gegebenenfalls könnte der Arbeitnehmer nämlich unmittelbar nach Erfüllung des Bereicherungsanspruchs in Höhe der Rückzahlung Schadensersatz vom Arbeitgeber verlangen. Dann verböte es sich aber nach Treu und Glauben, überhaupt erst die Durchsetzung des Bereicherungsanspruchs zuzulassen.

### a) Objektive Verletzung der Fürsorgepflicht

Das Bundesarbeitsgericht[182] sieht es in Übereinstimmung mit der arbeitsrechtlichen Literatur[183] als Ausfluß der arbeitgeberischen Fürsorgepflicht an, Lohn und Gehalt ebenso wie die abzuführende Lohnsteuer und Sozialversicherung richtig (und zwar weder zu hoch noch zu niedrig!) zu ermitteln und auszuzahlen; danach bedeutet jede falsche Ermittlung der Bezüge (etwa infolge irrtümlich zu hoher Eingruppierung) eine objektive Verletzung arbeitsvertraglicher Pflichten, die als positive Vertragsverletzung grundsätzlich zur Schadensersatzpflicht führen kann.

### b) Verschulden

Das erforderliche Verschulden des Arbeitgebers oder seiner Erfüllungsgehilfen (§ 278 BGB) hinsichtlich der zu hohen Eingruppierung wird vermutet. Dies ergibt eine analoge Anwendung der §§ 282, 285 BGB. Die dortige Beweislastumkehr gilt nach gefestigter Rechtsprechung des Bundesgerichtshofes[184] und des Bundesarbeitsgerichtes[185] auch in Fällen der positiven Vertragsverletzung, jedenfalls bei bestimmten

---

180 Dolo petit, qui petit, quod statim redditurus est.

181 Vgl. *Palandt / Heinrichs*, § 242, Anm. 4 c, cc.

182 BAG AP Nr. 2 zu § 611 BGB Lohnrückzahlung; BAG AP Nr. 1, 2, 4, 5, 7 und 8 zu § 670 BGB; BAG AP Nr. 41 zu § 256 ZPO; BAG NJW 70, 1654.

183 *Hueck / Nipperdey* I, S. 288 ff.; *Nikisch* I, S. 346 ff.; *Schaub*, ArbR Hdb., S. 257 f.

184 BGHZ 8, 241; 23, 290; 27, 236 (238); 48, 312.

185 Nach BAG zumindest insoweit, als Ansprüche *gegen* den Arbeitgeber in Frage stehen; vgl. die ausführlichen Nachweise bei *Stehl*, AuR 70, 257 ff.

Vertragstypen, zu denen auch der Dienstvertrag (Arbeitsvertrag) zählt[186]. Es ist Sache des Arbeitgebers zu beweisen, daß er die Pflichtverletzung nicht zu vertreten hat, etwa weil der Irrtum unvermeidbar war oder weil der Arbeitnehmer selbst die zu hohe Einstufung verursacht hat. Dies rechtfertigt sich aus dem Gedanken, daß der Arbeitgeber in seiner Betriebssphäre mit den Schadens- und Verschuldensursachen besser vertraut ist und daher leichter in der Lage ist, sich zu entlasten.

#### c) Schadensproblematik

Schließlich müßte der Arbeitnehmer, der zur Rückzahlung verpflichtet ist, weil entweder kein Wegfall der Bereicherung eingetreten oder die Rückerstattung vertraglich ausbedungen ist, durch die Erfüllung dieser Pflicht einen Schaden erleiden.

Diese Voraussetzung wird aber nur selten erfüllt sein, da ein Schaden des Arbeitnehmers nach richtiger Ansicht[187] nicht schon deshalb eintritt, weil er infolge der Rückzahlung oder Lohneinbehaltung jetzt weniger Lohn zur Verfügung hat als bei von vornherein richtiger Lohnermittlung und sich nunmehr in seiner Lebenshaltung einschränken muß.

Die gegenteilige Auffassung[188], die die bloße Belastung mit der Rückzahlungspflicht als Schaden ansieht, verkennt das Wesen des Schadensbegriffes. Bei der Schadensfeststellung ist auf die Differenz zwischen der jetzigen Vermögenslage des Arbeitnehmers (nach Erstattung der Überzahlung) und derjenigen, die ohne den die Ersatzpflicht begründenden Umstand (fehlerhafte Ermittlung der Bezüge) bestehen würde, abzustellen. Bei richtiger Festsetzung der Bezüge hätte der Arbeitnehmer im Ergebnis aber die gleichen Beträge erhalten, die ihm nach der Rückerstattung verbleiben; rechnerisch ergibt sich somit im Normalfall keine Vermögensminderung, ein Schaden im Rechtssinne liegt daher nicht vor[189]. Daß der Arbeitnehmer zum Zweck der Rückzahlung Einsparungen an seinen laufenden Bezügen vornehmen muß und dadurch in seiner wirtschaftlichen Bewegungsfreiheit eingeengt wird, bedeutet einen immateriellen Schaden, der nach § 253 BGB mangels gesetzlicher Grundlage nicht zu ersetzen ist[190].

---

186 Vgl. BGHZ 28, 252 (254).

187 RGZ 154, 209 (212); BAG AP Nr. 2 zu § 611 BGB Lohnrückzahlung; BAG AP Nr. 1, 2, 4 und 5 zu § 670 BGB. *Hueck / Nipperdey* I, S. 289; *Nikisch* I, S. 364 ff.; *Schaub*, ArbR Hdb., S. 257.

188 LAG Frankfurt/M. DB 56, 403; ähnlich *A. Hueck* in Anm. zu RAG ARS 37, 38 ff.; *Gaul* in Dietz / Gaul / Hilger, S. 140 f.

189 Nachweise siehe oben FN 187.

190 *Stiller* in Anm. zu BAG AP Nr. 4 zu § 670 BGB. Nach BAG AP Nr. 1 zu § 670 BGB handelt es sich um eine „Saldierung von erhöhtem und vermindertem Lebensgenuß“.

Ein Schaden im Rechtssinne läge nur vor, wenn dem Arbeitnehmer durch die Rückzahlung ein über die hierdurch eintretende Belastung hinausgehender Nachteil entstehen würde. Dies kann der Fall sein, wenn er im berechtigten Vertrauen auf die Richtigkeit der Lohnhöhe besondere Dispositionen getroffen hat oder Verpflichtungen eingegangen ist, die er nur unter Verlusten rückgängig machen kann[191].

Dieser Nachweis eines Vermögensschadens wird dem Arbeitnehmer aber nur in Ausnahmefällen gelingen. Der dolo-petit-Gedanke ist daher kaum in der Lage, einen angemessenen Vertrauensschutz des Arbeitnehmers zu gewährleisten[192].

### 2. *Der Einwand der Verwirkung*

Dem Anspruch des Arbeitgebers auf Erstattung von Überzahlungen kann unter bestimmten Voraussetzungen mit dem Einwand der Verwirkung begegnet werden[193].

Die Verwirkung stellt, jedenfalls soweit sie als illoyal verspätete Geltendmachung eines Rechts oder Anspruchs verstanden wird[194], nach ganz überwiegender Auffassung einen Sonderfall des Verbots widersprüchlichen Verhaltens dar (venire contra factum proprium)[195]. Sie unterscheidet sich von den typischen Fällen eines venire contra factum proprium[196] in erster Linie durch das Zeitmoment, das für die Verwirkung im oben genannten Sinne kennzeichnend ist. Hat der Arbeitgeber infolge der fehlerhaften Einstufung den Arbeitnehmer längere Zeit hindurch regelmäßig und vorbehaltlos nach der höheren Vergütungsgruppe entlohnt, erweckt er beim Arbeitnehmer die begründete Annahme vom Bestehen einer bestimmten Rechtslage und kann sich mit

---

[191] Vgl. *Hueck / Nipperdey* I, S. 289, FN 120.

[192] Unzutreffend daher *Gaul* in Dietz / Gaul / Hilger, S. 140 f.

[193] Die Möglichkeit der Verwirkung von Bereicherungsansprüchen ist nach anfänglich zweifelnder Stellungnahme des Reichsgerichts heute weitestgehend anerkannt. Vgl. die Nachweise bei *Staudinger / Weber,* § 242, Rdn. D 722.

[194] Zu der unterschiedlichen Bedeutung, in der der Begriff „Verwirkung" verwandt wird, vgl. *Staudinger / Weber,* § 242, Rdn. D 564 ff.

[195] *Hueck / Nipperdey* II, S. 626; *Lehmann / Hübner,* S. 369 f.; *Siebenhaar,* JR 62, 88 ff.; *Soergel / Siebert / Knopp,* § 242, Rdn. 281; *Staudinger / Weber,* § 242, Rdn. D 602; alle m. w. N.

[196] Ein solcher liegt etwa vor, wenn der Arbeitgeber Erstattung von Zuvielzahlungen verlangt, obwohl dem Arbeitnehmer die Richtigkeit der Lohnberechnung, Eingruppierung etc. ausdrücklich zugesichert worden oder es ihm unmöglich gemacht worden ist, sich über deren Richtigkeit zu informieren (RAG ARS 37, 38/41; LAG Frankfurt/M. AP Nr. 1 und BAG AP Nr. 2 zu § 611 BGB Lohnrückzahlung). Zur Pflicht des tarifgebundenen Arbeitgebers, die einschlägigen Tarifverträge an geeigneter Stelle im Betrieb auszulegen, vgl. § 8 TVG i. d. F. vom 25. 8. 1969. Zur Pflicht des Arbeitgebers, dem Arbeitnehmer auf Verlangen die Berechnung des Arbeitsentgeltes zu erläutern, vgl. § 82 Abs. 2, Satz 2 BetrVG 1972.

diesem seinem Vorverhalten in einen mit Treu und Glauben nicht zu vereinbarenden Widerspruch setzen, wenn er plötzlich mit Rückforderungsansprüchen für die ganze Dauer der verflossenen Zeit an den Arbeitnehmer herantritt.

Die Annahme der Verwirkung ist nicht etwa bereits deshalb ausgeschlossen, weil der Arbeitgeber vor Entdeckung des Irrtums von dem Bestehen seines Rückforderungsrechts keine Kenntnis gehabt hat. Zwar ist in den der Zivilrechtspraxis geläufigsten Verwirkungsfällen der Anspruchsberechtigte sich seines Anspruchs bewußt gewesen. Gleichwohl kommt es für die Verwirkung nach zutreffender Ansicht nicht entscheidend darauf an, ob der Gläubiger sein Recht wissentlich nicht früher ausgeübt hat oder ob ihm der Anspruch — sei es auch schuldlos — unbekannt geblieben ist[197]. Diese „Erweiterung" des Verwirkungstatbestandes ist innerlich gerechtfertigt. Die Frage, ob die Geltendmachung des Anspruchs unangebracht verspätet und daher verwirkt ist, muß nach *objektiven* Gesichtspunkten beurteilt werden, weil der Verwirkungseinwand letztlich das durch die lange Untätigkeit des Berechtigten hervorgerufene Vertrauen des Verpflichteten darauf schützen soll, nicht mehr in Anspruch genommen zu werden[198].

Diesem Zeitmoment kommt bei der Verwirkung zwar eine ganz überragende Bedeutung zu, dennoch rechtfertigt nach einhelliger Meinung der bloße Zeitablauf allein — anders als bei der Verjährung — noch nicht die Annahme der Verwirkung[199]. Zum Zeitablauf müssen weitere besondere Umstände hinzutreten, die die Geltendmachung des Anspruchs als mit Treu und Glauben unvereinbar erscheinen lassen[200]. Solche Umstände liegen insbesondere vor, wenn der Verpflichtete sich im Hinblick auf das Verhalten des Berechtigten darauf einrichten durfte und auch eingerichtet hat, daß er mit einer Rechtsausübung nicht mehr zu rechnen brauche, und deshalb die Leistung für den Verpflichteten nicht mehr zumutbar ist[201].

Wann dieser Fall vorliegt, läßt sich grundsätzlich nicht generell, sondern nur nach Abwägung sämtlicher Umstände des Einzelfalls beurteilen. Zu den in die Abwägung einzubeziehenden Umständen zählen namentlich die Art und der Gegenstand des dem Anspruch zu-

---

[197] Ganz h. M.: RGZ 134, 38 (41); BGHZ 1, 31; BAG DB 69, 1996; *Nikisch* II, S. 374; *Siebert*, Verwirkung, S. 173; *Staudinger / Weber*, § 242, Rdn. D 617 m. w. N.

[198] Vgl. BGH DNotZ 73, 379 (380); *Larenz* BGB AT, S. 185.

[199] *Soergel / Siebert / Knopp*, § 242, Rdn. 289; *Staudinger / Weber*, § 242, Rdn. D 613 m. w. N.

[200] RGZ 155, 148 (151); 158, 100 (107); BGH LM Nr. 6 zu § 242 BGB (Cc); Nr. 2 zu § 164 BGB; BGHZ 25, 47 (52).

[201] BGHZ 25, 47 (52); BAGE 6, 165 (167 f.).

grundeliegenden Rechtsgeschäfts (normaler Austauschvertrag oder Dauerschuldverhältnis), die rechtlichen Beziehungen zwischen den Beteiligten (Rechtsverhältnis mit personenrechtlichem Einschlag), ihre wirtschaftlichen Verhältnisse, persönliche Merkmale, wie allgemeine rechtliche Unerfahrenheit, Kenntnis, Kennenmüssen oder Unkenntnis des Anspruchs sowie Verschuldensgesichtspunkte[202].

Während im allgemeinen in der Annahme der Verwirkung Zurückhaltung angebracht ist, lassen sich unter Berücksichtigung der genannten Merkmale für die Fallgruppe der längerdauernden Überzahlung im Arbeitsverhältnis in generalisierender Weise etliche verwirkungsfreundliche Umstände feststellen:

Bei schnellebigen Rechtsgeschäften des täglichen Lebens tritt eine Verwirkung anerkanntermaßen eher ein als bei rechtlich und tatsächlich schwierigen und wirtschaftlich bedeutsamen Geschäften[203]. Zu den erstgenannten Geschäften rechnet im Arbeitsverhältnis insbesondere die wöchentliche oder monatliche Lohn- bzw. Gehaltszahlung, auf der der Bereicherungsanspruch des Arbeitgebers beruht. Diese Geschäfte verlangen aus der Natur der Sache heraus nach alsbaldiger Klarstellung der gegenseitigen Ansprüche.

Ferner spricht die dem Arbeitsentgelt immanente Zweckbestimmung für eine erleichterte Verwirkungsmöglichkeit. Das durchschnittliche Arbeitnehmereinkommen dient überwiegend der Bestreitung der laufenden Bedürfnisse. Der Arbeitnehmer muß sich daher grundsätzlich darauf verlassen können, den Arbeitslohn vollständig verbrauchen zu dürfen, ohne sich noch nach längerer Zeit mit Rückforderungsansprüchen konfrontiert zu sehen.

Die von der Rechtsprechung aufgestellte Verwirkungsvoraussetzung, der Anspruchsgegner müsse sich auf die Nichtgeltendmachung in besonderem Maße eingerichtet haben[204], ist in Fällen der Dauerüberzahlung regelmäßig erfüllt. Erfahrungsgemäß richtet sich der Arbeitnehmer im Laufe der Zeit in seinem Lebenszuschnitt immer nachhaltiger auf die gleichbleibende Lohnhöhe ein. Es trifft ihn daher schon hart, daß er sich in Zukunft mit einem geringeren Lohn oder Gehalt abfinden soll[205]. Die Grenze des ihm wirtschaftlich und sozial Zumutbaren wird aber überschritten, wenn er sich darüber hinaus noch weiter-

---

[202] Vgl. im einzelnen die Übersicht bei *Staudinger / Weber*, § 242, Rdn. D 607 ff.

[203] BGH WM 66, 1104 (1107); BAGE 6, 166 (168).

[204] Siehe die Nachweise oben FN 201.

[205] Zur Problematik, ob der Arbeitgeber ausnahmsweise auch zur *Fortsetzung* der irrtümlichen Leistungen gezwungen sein kann, vgl. die Ausführungen in Teil 2 der Arbeit.

gehende Beschränkungen auferlegen müßte, weil der Arbeitgeber die Zuvielzahlungen vom laufenden Arbeitsentgelt einbehalten darf.

Nicht unmaßgeblich ist zugunsten des Arbeitnehmers ferner zu berücksichtigen, daß die falsche Eingruppierung in aller Regel auf eine schuldhafte Verletzung der Fürsorgepflicht durch den Arbeitgeber oder seiner Erfüllungsgehilfen zurückgeht, die nur deswegen regelmäßig nicht zu einer Schadensersatzpflicht des Arbeitgebers führt, weil rein rechtlich durch die Belastung mit der Rückzahlungspflicht kein Vermögensschaden des Arbeitnehmers eintritt[206].

Schließlich und endlich sind die vorliegenden Überzahlungssachverhalte auch deshalb einer Verwirkung eher zugänglich, weil der Arbeitgeber durch jede einzelne Folgezahlung das Vertrauen des Arbeitnehmers in die Rechtsbeständigkeit des Gelderwerbs von neuem bekräftigt, während es sich in den „üblichen" Verwirkungsfällen um eine Einzelforderung handelt, bei der anders als in Dauerüberzahlungsfällen kein in gleichem Maße typisierter Vertrauenstatbestand vorliegt.

Es dürfte sich daher trotz aller Vorbehalte gegen eine generalisierende Handhabung der Grundsätze von Treu und Glauben der Satz aufstellen lassen:

Hat der zu hoch eingestufte Arbeitnehmer den Irrtum weder verschuldet noch verursacht und konnte er die Überzahlung unter Anwendung der ihm zumutbaren Sorgfalt nicht erkennen, darf im Regelfall von einer Verwirkung des Rückzahlungsanspruches ausgegangen werden, wobei je nach Lage des Einzelfalles schon eine mehrere Monate dauernde ständige Überzahlung für den Eintritt der Verwirkung ausreichen kann[207].

*4. Abschnitt*

## Zusammenfassung und Schlußfolgerung zur Tauglichkeit der rechtsgeschäftlichen Betrachtungsweise, dem Vertrauensschutzgedanken Rechnung zu tragen

Die herrschende Meinung, die eine Bindung des Arbeitgebers an irrtümliche Zahlungen infolge fehlerhafter Normenanwendung einzig und allein auf rechtsgeschäftlicher Grundlage für möglich hält[208], kann

---

206 Vgl. insoweit oben 3. Abschnitt, B IV 1 c.

207 Vgl. LAG Saarland AuR 72, 222; *Grub*, AR-Bl. Verwirkung I (C II 3).

208 Die h. M. bedient sich der stereotyp wiederkehrenden Formel, ein rein tatsächliches, noch so oft wiederholtes Verhalten des Arbeitgebers könne

dem Vertrauensschutzgedanken nicht gerecht werden, wenn — wie es gerade bei der Fehleingruppierung häufig der Fall ist — die Überzahlungen zu einer ständigen, unter Umständen jahrelangen Übung erstarrt sind.

Lag der langdauernden Bezahlung nach der höheren Vergütungsgruppe eine rechtsgeschäftliche Eingruppierungserklärung zugrunde, hat dies eine weitreichende vertragliche Bindung zur Folge:

Die Rückforderung des ‚überzahlten' Arbeitsentgeltes ist in aller Regel ausgeschlossen, da eine rückwirkende Beseitigung der vertraglichen Bindung durch Anfechtung ex tunc nur in Fällen arglistiger Täuschung möglich ist[209]. Selbst die sofortige Einstellung der Überzahlung durch Anfechtung ex nunc wird häufig in Ermangelung eines Anfechtungsgrundes ausgeschlossen sein[210]. Regelmäßig bleibt dem Arbeitgeber nur der Weg einer Änderungskündigung, um die Herabstufung durchzusetzen. Für die Änderungskündigung gelten die allgemeinen Kündigungsfristen. Sonderkündigungsschutzbestimmungen sind ebenso wie die Beteiligungsrechte von Betriebs- und Personalrat zu beachten.

Eine rechtsgeschäftlich irrelevante Eingruppierungserklärung dagegen soll zu keiner irgendwie gearteten Bindung des Arbeitgebers führen, auch wenn der Arbeitnehmer lange Zeit nach der zu hohen Vergütungsgruppe entlohnt worden ist. Danach kann der Arbeitgeber den Irrtum jederzeit richtigstellen, wobei sich der Arbeitnehmer überdies der Gefahr einer Rückzahlungspflicht ausgesetzt sieht.

In dem einen wie dem anderen Fall hat jedoch der Arbeitgeber durch die ständig wiederholten, vorbehaltlosen Zahlungen einen Vertrauenstatbestand geschaffen, auf den sich der betroffene Arbeitnehmer erfahrungsgemäß nachhaltig eingestellt hat. Wenn sich die übertarifliche Bezahlung einmal zu einer ständigen Übung verfestigt hat, ist der Vertrauenstatbestand von gleich hoher Intensität, ob der Arbeitgeber nun eine konstitutive oder nur eine deklaratorische Erklärung abgegeben hat.

---

allein noch keine Rechtspflichten erzeugen; anders sei es nur, wenn das Verhalten beim Arbeitnehmer den nach den Umständen gerechtfertigten Schluß auf einen rechtlich verbindlichen Willen des Arbeitgebers zulasse, sich zu der übertariflichen Leistung verpflichten zu wollen. So z. B. BAG AP Nr. 7 zu Art. 3 GG (Bl. 2R); BAG AP Nr. 9 zu § 242 BGB Betriebliche Übung.

[209] Siehe oben 3. Abschnitt, A I 3. Eine weitere Ausnahme vom Rückwirkungsverbot der Anfechtung kann nicht zugelassen werden. Insbesondere ist die isolierte rückwirkende Anfechtung der Vergütungsvereinbarung entgegen der h. M. unzulässig (siehe oben 3. Abschnitt, A I 2 b).

[210] Meist liegt ein unbeachtlicher Motivirrtum vor. In der Annahme eines beachtlichen Eigenschaftsirrtums (§ 119 Abs. 2 BGB) ist dagegen äußerste Zurückhaltung angebracht (siehe oben 3. Abschnitt, A II 2).

Dem kann die rechtsgeschäftliche Betrachtungsweise nicht Rechnung tragen, weil sie das Vertrauen des Arbeitnehmers in die richtige Normenanwendung (Eingruppierung) nur dann schützt, wenn das Verhalten des Arbeitgebers rechtsgeschäftliche Symptome aufweist. Sie muß in sachlich und wertungsmäßig völlig gleichgelagerten Sachverhalten zu gänzlich unterschiedlichen Ergebnissen gelangen.

Diese Divergenz der Ergebnisse erscheint vor allem deshalb fragwürdig, weil es von den Zufälligkeiten der jeweiligen Fallgestaltung abhängt, ob der Arbeitgeber eine rechtsverbindliche oder bloß deklaratorische Eingruppierungserklärung abgibt. Der Arbeitnehmer, der lange Zeit nach der überhöhten Vergütungsgruppe bezahlt worden ist, wird schwerlich verstehen können, warum sein Vertrauen in die Rechtsbeständigkeit seines Einkommens nur deshalb Schutz verdienen soll, weil der Arbeitgeber — wie z. B. in dem früher geschilderten Umgruppierungsfall[211] — eine tariflich vorgesehene Höhergruppierung zufälliger- und entbehrlicherweise durch Abschluß eines neuen Arbeitsvertrages durchgeführt hat, nicht aber im Fall einseitiger Höhergruppierung[212].

Zwar wird für die in der Vergangenheit geleisteten Zahlungen das Vertrauen des Arbeitnehmers in die Rechtmäßigkeit seiner Bezüge durch § 818 Abs. 3 BGB und das Institut der Verwirkung weitgehend geschützt[213]; der Vertrauensschutzgedanke muß aber im Einzelfall — wenigstens für eine Übergangszeit — auch zu einer *künftigen* Bindung des Arbeitgebers an die fehlerhafte Eingruppierung führen können, so als hätte sich der Arbeitgeber vertraglich auf die zu hohe Vergütungsgruppe festgelegt.

Im Verwaltungsrecht, insbesondere im Beamtenrecht, ist es eine durchaus geläufige Erscheinung, daß die Behörde in Fällen der fehlerhaften Festsetzung und Auszahlung von Dienst- und Versorgungsbezügen aus Gründen des Vertrauensschutzes ausnahmsweise gezwungen ist, die gesetzlich nicht oder nicht in dieser Höhe vorgesehenen Bezüge auch in Zukunft weiter zu gewähren[214]. Das Beamtenrecht anerkennt diese Möglichkeit, obwohl sie dort zu einer endgültigen und dauerhaften Bindung der Behörde an ihren Irrtum führt.

Im Arbeitsrecht dagegen soll die Möglichkeit einer künftigen Bindung generell ausgeschlossen sein, obwohl sie längst nicht so weitreichend ist wie im Beamtenrecht; denn der Arbeitgeber kann die Bindung immerhin wieder beseitigen.

---

211 AP Nr. 42 zu §§ 22, 23 BAT.

212 Siehe oben 2. Abschnitt, A II einerseits und B II andererseits.

213 Wohl a. A. *Wiedemann* in Anm. zu BAG AP Nr. 121 zu § 242 BGB Ruhegehalt (unter Ziffer 3).

214 BVerwGE 9, 251 (254); 11, 136; BSG NJW 73, 871.

Soweit ersichtlich, ist die Notwendigkeit einer derartigen Gleichbehandlung von vertraglicher Einstufung und ständiger Bezahlung nach der höheren Vergütungsgruppe in der Rechtsprechung nur ein einziges Mal ausdrücklich anerkannt worden. Nach Ansicht des LAG Frankfurt/M.[215] schafft die rechtsgeschäftlich irrelevante[216] ‚Einstufung in eine bestimmte tarifliche Lohngruppe durch den Arbeitgeber und der Fortbestand dieser Lage über mehr als ein Jahr hinweg für den Arbeitnehmer eine Vertrauenslage im Sinne einer endgültigen lohnlichen Bewertung'. Habe sich der Arbeitgeber geirrt, so könne er allenfalls versuchen, den Anspruch des Arbeitnehmers im Wege der Änderungskündigung zu beseitigen. Da der Arbeitnehmer selbst zu der unrichtigen Anwendung des Tarifvertrages nichts beigetragen habe, habe er auch darauf vertrauen dürfen, daß die Einstufung richtig vorgenommen worden sei.

Eine dogmatische Untermauerung der anspruchsbegründenden Wirkung der ständigen irrtümlichen Leistungserbringung läßt das Urteil allerdings vermissen[217].

Der Vertrauensschutzgedanke als solcher ist für sich allein zu unbestimmt und zu wenig justiziabel. Er bedarf einer ausführlichen Konkretisierung in rechtsdogmatischer und tatsächlicher Hinsicht.

Der Versuch einer solchen Präzisierung soll im folgenden Teil 2 der Arbeit unternommen werden.

---

[215] Urteil vom 24. 3. 1971 (6 Sa 622/70) rechtskräftig in AuR 72, 219 = BB 72, 359 = ARSt. 1972, Nr. 1064 und 1068 (jeweils nur im Leitsatz veröffentlicht).

[216] Ausweislich der Urteilsgründe (unveröffentlicht) lag eine verwaltungsinterne Eingruppierung nichtrechtsgeschäftlicher Art vor.

[217] LAG Frankfurt/M., a.a.O., S. 9 der Urteilsgründe (unveröffentlicht) beschränkt sich auf die Feststellung, daß das zurechenbare Verhalten des Arbeitgebers die höhere Vergütungsgruppe zum Vertragsinhalt hat werden lassen.

TEIL II

# Die Rechtsverbindlichkeit einer ständigen Übung, die sich aus der fehlerhaften Handhabung kollektiver Normen entwickelt hat — insbesondere ihre dogmatische Begründung

Die bisherigen Ausführungen zur fehlerhaften Eingruppierung ergaben, daß der Vertrauensschutzgedanke im Einzelfall auch die Beibehaltung der in der Vergangenheit ständig erbrachten Leistungen fordern kann. Dieses Postulat wird zwar am Beispiel der irrtümlich zu hohen Einstufung besonders deutlich, da dort die Grenzen zwischen einzelvertraglich bindendem und rechtsgeschäftlich irrelevantem Verhalten des Arbeitgebers fließend sind und Zufälligkeiten des Einzelfalles entscheiden, ob der eine oder der andere Fall vorliegt.

Der Eintritt einer Bindung des Arbeitgebers sollte aber über diese Fälle hinaus überall dort nicht grundsätzlich ausgeschlossen sein, wo der Arbeitnehmer berechtigterweise darauf vertraut hat, der Arbeitgeber erbringe die ständigen Zahlungen in richtiger Beurteilung der kollektiven Rechtslage.

Da der Arbeitnehmer gegen die *Rückforderung* von Leistungen, die längere Zeit hindurch erbracht wurden, weitgehend durch die anerkannten Rechtsinstitute des Bereicherungswegfalls und der Verwirkung geschützt ist, werden sich die weiteren Ausführungen auf die Problematik der *künftigen* Bindung des Arbeitgebers an die ständig wiederholte fehlerhafte Anwendung von Kollektivnormen und insbesondere ihre Vereinbarkeit mit der allgemeinen Privatrechtsdogmatik beschränken.

*1. Abschnitt*

# Der Meinungsstand zum Problem der irrtümlich eingeführten Übung

## A. Rein rechtsgeschäftlich orientierte Auffassungen

Nicht anders als in den beschriebenen Eingruppierungssachverhalten sieht die ganz überwiegende, insbesondere in der Rechtsprechung vertretene Meinung die Problematik der irrtümlich entstandenen Übung ausschließlich unter dem Blickwinkel der Rechtsgeschäftslehre.

### I. Rechtsprechung

Schon das Reichsarbeitsgericht[1] hatte den kategorischen Satz aufgestellt: Voraussetzung einer Bindung des Arbeitgebers an seine vorbehaltlosen, fortgesetzten Zuwendungen sei stets, daß diese mit Wissen und Willen des Arbeitgebers und nicht etwa nur irrtümlich erfolgt seien. In dem dem Reichsarbeitsgericht zur Entscheidung vorliegenden Sachverhalt bestand ursprünglich eine tarifvertragliche Verpflichtung, Beiträge an eine Pensionskasse ohne finanzielle Beteiligung der Arbeitnehmer abzuführen.

Nach Wegfall dieser Pflicht führte der zuständige Kassenbeamte die Beiträge über einen Zeitraum von 7 Jahren hinweg versehentlich in vollem Umfang weiter ab, ohne sie vom Lohn einzubehalten. Das Reichsarbeitsgericht hielt den Arbeitgeber trotz der langjährigen Übung für berechtigt, diese ohne weiteres abzubrechen, weil die Leistungen irrtümlich, nicht dagegen wissent- oder willentlich erfolgt seien.

In einem Fall des Landesarbeitsgerichts Frankfurt/M.[2] aus dem Jahre 1952 hatte die Beklagte sechs Jahre hindurch Ruhegeld an die Klägerin in der irrtümlichen Annahme gezahlt, hierzu gesetzlich verpflichtet zu sein. Die Klage auf Weitergewährung wurde mit der Begründung abgewiesen, die bloße Tatsache der mehrjährigen vorbehaltlosen Rentenzahlung reiche nicht aus, eine diesbezügliche Verpflichtung zu begründen. Den Parteien habe ein dahingehender Wille gefehlt, weil sie vom Bestehen einer Rechtspflicht zur Ruhegeldzahlung ausgegangen seien[3].

---

1 RAG ARS 18, 39 (41).

2 Urteil vom 26. 6. 1952 — III LA 161/52 — zitiert nach *Wetzmüller*, RdA 53, 99 f.

3 Das Urteil läßt anklingen, daß die Klägerin sogar zur Rückzahlung der Ruhegelder verpflichtet sei.

Auch die einschlägige Rechtsprechung des Bundesarbeitsgerichts zum Problem der Bindung an irrtümliche Zahlungen bewegt sich fast durchweg in den engen Bahnen rechtsgeschäftlicher Konstruktionen[4].

Im Urteil des 4. Senats des Bundesarbeitsgerichts vom 2. 4. 1958[5] zahlten die Städtischen Krankenanstalten ihren angestellten Ärzten für jede polizeilich veranlaßte Blutalkoholuntersuchung eine besondere Vergütung in der irrigen Annahme, hierzu nach den — insoweit nicht ganz eindeutigen — tariflichen Bestimmungen verpflichtet zu sein. Der Tarifvertrag wurde über sechs Jahre hinweg in dieser Weise gehandhabt. Dann entdeckte die Arbeitgeberin den Irrtum und stellte — nach Ansicht des Bundesarbeitsgerichts zu Recht — ab sofort diese Zahlungen ein.

Die Arbeitgeberin habe mit der Zahlung der Sondervergütung lediglich eine vermeintlich bestehende Rechtspflicht erfüllen, nicht dagegen sich auch und gerade für den Fall vertraglich verpflichten wollen, daß sie nach den einschlägigen normativen Bestimmungen zur Zahlung nicht verpflichtet sein sollte.

Da auch der klagende Arzt selbst nicht angenommen habe, die Arbeitgeberin habe über den im Tarifvertrag bestimmten Umfang hinaus eine Vergütung gewähren wollen, verbiete sich die Annahme einer das Vertragsverhältnis gestaltenden Willenserklärung der Arbeitgeberin.

In der Entscheidung vom 7. 8. 1967[6] machte sich der 3. Senat des Bundesarbeitsgerichts die Argumentation der vorzitierten Entscheidung zu eigen. Hier hatte der Arbeitgeber für einen Angestellten jahrelang Beiträge der zusätzlichen Alters- und Hinterbliebenenversorgung geleistet, weil er irrigerweise davon ausging, hierzu auf Grund eines Tarifvertrages verpflichtet zu sein. Nach Ansicht des Senats entsteht aus einem solchen Verhalten regelmäßig kein Anspruch des Arbeitnehmers.

Dem Arbeitgeber, der sich lediglich tarifgemäß habe verhalten wollen, fehle es an dem für die Begründung eines Anspruches auf Aufrechterhaltung der Zusatzversicherung erforderlichen Verpflichtungswillen.

---

[4] Bezeichnend — wenn auch nur beiläufig geäußert — das Urteil des BAG vom 6. 4. 1955 in AP Nr. 7 zu Art. 3 GG (Bl. 2 R.): Auch wenn der Arbeitgeber monate- oder gar jahrelang irrigerweise einen übertariflichen Lohn gezahlt habe, sei er jederzeit ohne Verstoß gegen Treu und Glauben berechtigt, durch schlichte Berichtigung des Irrtums den Lohn auf den vertraglich vereinbarten tariflichen Lohn zu kürzen. Vgl. auch BAG AP Nr. 2 zu § 27 BAT, Bl. 2 *(Crisolli)*.

[5] BAG AP Nr. 11 zu § 611 BGB Ärzte, Gehaltsansprüche *(Larenz)* = SAE 58, 193 *(Molitor)* = BArbBl. 58, 622 *(Trieschmann)*.

[6] BAG AP Nr. 121 zu § 242 BGB Ruhegehalt *(Wiedemann)*.

Daher sei der Arbeitgeber, sobald er den Irrtum erkannt habe, berechtigt, mindestens für die Zukunft die Leistungen einseitig einzustellen.

Auf der gleichen Linie bewegt sich das Urteil des 5. Senats des Bundesarbeitsgerichts vom 30. 9. 1968[7]. Der Arbeitgeber hatte dem Arbeitnehmer schriftlich mitgeteilt, bestimmte Vordienstzeiten würden auf sein Lohndienstalter angerechnet. Dementsprechend erhielt er etwa 5 Jahre lang eine tariflich vorgesehenen Dienstzeitzulage, auf die in Wirklichkeit aber ein Anspruch nicht bestand, weil die Vorbeschäftigungszeiten dieses Arbeitnehmers keine anerkannten Vordienstzeiten im Sinne des Tarifvertrages waren.

Das Bundesarbeitsgericht hielt den Arbeitgeber für berechtigt, weitere Zahlungen auch gegen den Willen des Arbeitnehmers schlicht einstellen zu dürfen. Weder durch die ständigen Zahlungen noch durch den Bescheid sei dem Arbeitnehmer ein einzelvertraglicher Anspruch auf die Dienstzeitzulage erwachsen.

Namentlich der Bescheid über die Festsetzung des Lohndienstalters habe nur Hinweischarakter; aus ihm habe der Arbeitnehmer nicht auf den Willen des Arbeitgebers schließen dürfen, ihm unabhängig von den tariflichen Voraussetzungen die Zulage gewähren zu wollen.

In Bestätigung der vorhergegangenen Urteile entschied der 3. Senat des Bundesarbeitsgerichts unter dem 31. 1. 1969[8] wiederum, ein Arbeitgeber, der infolge der Fehlinterpretation eines Tarifvertrages jahrelang übertarifliche Feiertagszuschläge gezahlt habe, dürfe nach Entdeckung seines Irrtums diese Zahlungen ohne weiteres einstellen.

Da der Arbeitgeber sich lediglich tarifgerecht habe verhalten wollen und der Arbeitnehmer diese Willensrichtung gekannt habe, sei mangels eines entsprechenden Verpflichtungswillens kein einzelvertraglicher Anspruch auf übertarifliche Feiertagsvergütung begründet worden.

## II. Literatur

*Bydlinski*[9] spricht dem Vertrauen des Arbeitnehmers nur Schutz zu, wenn das wiederholte Verhalten des Arbeitgebers den Schluß auf dessen Verpflichtungswillen rechtfertige. Wo aber der Arbeitgeber erkennbar nur eine vermeintlich schon bestehende Pflicht erfülle, könne aus der Gewährung der Leistungen niemals eine rechtsverbindliche Zusage der betreffenden Leistung entnommen werden. Das Vertrauen auf

---

[7] AP Nr. 1 zu § 9 TV Arb Bundespost *(Wiedemann).*

[8] AP Nr. 26 zu § 1 FeiertagslohnzahlungsG *(Canaris).*

[9] S. 20 ff. (23 f.) zu ähnlichen Fällen aus der Österreichischen Rspr.

eine in Wirklichkeit nicht bestehende Rechtslage könne keinesfalls geschützt werden[10].

Eine Ausnahme soll nach *Wendel* und *Neumann-Duesberg*[11] nur dann gelten, wenn der Arbeitgeber die verschiedenen Auslegungsmöglichkeiten einer Norm, also die Zweifelhaftigkeit der Rechtslage kennt und in Kauf nimmt, daß seine Auslegung falsch sein könnte. In diesem Fall zeige er, daß er die Leistung selbst für den Fall der falschen Normenauslegung erbringen wolle. Solche Leistungen könnten, wenn sie üblich geworden seien, zu einer bindenden Übung werden, die den Arbeitgeber einzelvertraglich verpflichte.

*Eberle*[12] nimmt eine Differenzierung nach dem Gegenstand der Leistung vor. Ein Arbeitnehmer könne — wenn überhaupt — nur bei *zusätzlichen* Leistungen aus deren üblicher Gewährung auf einen Verpflichtungswillen des Arbeitgebers schließen, nicht dagegen bei Lohn und Gehalt. Der Arbeitnehmer dürfe hier anders als bei Gratifikationen etc. die Ursache der Überzahlung nicht in einem Verhalten des Arbeitgebers bzw. seines Bevollmächtigten sehen und deshalb auch nicht auf dessen Verpflichtungswillen schließen. Er wisse nämlich sehr genau, daß nicht der Arbeitgeber, sondern nur ein untergeordneter Angestellter die Bezüge ermittele. Anders z. B. bei Gratifikationen, hier sei kaum denkbar, daß sie ohne Anordnung des Arbeitgebers nur auf Grund eines Versehens eines untergeordneten Angestellten eingeführt wurden.

### III. Kritische Würdigung

Selbst die jahrelange Gewährung vermeintlich tariflicher Leistungen führt nach herrschender Meinung nicht zu einem einzelvertraglichen Anspruch auf Weitergewährung. Vom rein rechtsgeschäftlichen Standpunkt aus ist diese Auffassung folgerichtig, wenn der Arbeitgeber wie in den entschiedenen Fällen *erkennbar* keine einzelvertragliche Verpflichtung übernehmen wollte.

In jedem einzelnen Fall hätte jedoch die Anschlußfrage lauten müssen, ob das Vertrauensschutzprinzip nicht ausnahmsweise eine Beibehaltung der langjährigen Übung forderte. Diese Frage wird in den Entscheidungsgründen jedoch teilweise nicht einmal am Rande erwähnt[13].

---

[10] In diesem Sinne äußern sich gleichfalls *Wendel*, BetrRat 1958, 187 ff.; *Neumann-Duesberg*, BetrVerfR, S. 288.

[11] BetrVerfR, S. 288· ebenso BAGE 6, 59 (61) = AP Nr. 11 zu § 611 BGB Ärzte, Gehaltsansprüche.

[12] Diss., S. 53 ff.; ebenso *Bydlinski*, S. 23 f.

[13] RAG ARS 18, 39 (siehe oben FN 1); LAG Frankfurt/M. (siehe oben FN 2). Gerade beim hier vorliegenden Sachverhaltstyp der jahrelangen Ruhegeldzahlung mußte sich der Vergleich mit irrtümlichen öffentlich-rechtlichen

In seiner Entscheidung vom 7. 8. 1967[14] erwägt der 3. Senat zwar, ob die Zusatzversicherung für die *vergangenen*[15] Leistungsperioden nach den Grundsätzen des Vertrauensschutzes, der Fürsorgepflicht oder nach Treu und Glauben aufrechtzuerhalten war. Eine künftige Bindung des Arbeitgebers lehnt der Senat jedoch kurzerhand mit der Bemerkung ab, die genannten Grundsätze könnten jedenfalls einen Anspruch auf *künftige* Beiträge des Arbeitgebers zur Zusatzversicherung nicht begründen. Wie *Wiedemann* in der Anmerkung zu diesem Urteil zutreffend hervorhebt, verlangt aber gerade bei Versorgungsleistungen der Vertrauensschutzgedanke besondere Beachtung.

In der Entscheidung des Bundesarbeitsgerichts vom 30. 9. 1968[16] meint der 5. Senat in der Entziehung der Dienstzeitzulage nach über fünf Jahren allein deshalb keinen Widerspruch zum Vertrauensgrundsatz erkennen zu können, weil sich der für die falsche Berechnung der Dienstzeit verantwortliche Irrtum allein auf den zu subsumierenden Sachverhalt bezogen habe. Ein derartiger Irrtum im Sachverhalt stehe anders als die Fehlinterpretation einer Tarifnorm sonstigen rechnerischen Fehlern in der Berechnung der Dienstzeit bzw. Lohnhöhe gleich, die jederzeit entsprechend der gewollten Vertragslage berichtigt werden könnten.

Das Urteil läßt ausdrücklich — unter Bezugnahme auf die zuvor zitierte Entscheidung des 3. Senats[17] — dahingestellt, ob ebenso zu entscheiden wäre, wenn der Irrtum nicht auf Unkenntnis des Sachverhalts, sondern auf unrichtiger Auslegung von Tarifnormen beruhte.

Wieso es allerdings für die Frage des Vertrauensschutzes eine Rolle spielen soll, ob es sich um einen Irrtum im Sachverhalt oder einen Rechtsirrtum handelt, vermag nicht recht einzuleuchten[18]. Diese Unterscheidung wird im Zivilrecht nirgendwo relevant, zumal es häufig im Nachhinein gar nicht feststellbar sein wird, ob nun der an sich einschlägigen Norm ein falscher Sachverhalt zugrundegelegt worden ist oder ob der richtige Sachverhalt falsch subsumiert worden ist[19].

---

Versorgungsleistungen, bei denen der Vertrauensschutzgedanke eine hervorragende Rolle spielt, förmlich aufdrängen. Auch BAG AP Nr. 11 zu § 611 BGB Ärzte, Gehaltsansprüche verliert kein Wort über den Vertrauensgedanken.

14 AP Nr. 121 zu § 242 BGB Ruhegehalt *(Wiedemann).*

15 Die Frage der Rückforderung der bereits gezahlten Beiträge war nicht mehr Streitgegenstand. Die obiter dicta des BAG (s. o. FN 14) deuten allerdings darauf hin, daß der Senat sogar der Annahme einer Rückzahlungspflicht zuneigte.

16 Siehe oben FN 7.

17 AP Nr. 121 zu § 242 BGB Ruhegehalt.

18 In diesem Sinne auch *Wiedemann* in Anm. zu BAG AP Nr. 1 zu § 9 TV Arb Bundespost und *Säcker,* Gruppenautonomie, S. 196, FN 25.

In jedem Fall ist es aus der Sicht des betroffenen Arbeitnehmers für den Vertrauensschutz wertungsmäßig völlig gleichgültig, ob der Irrtum auf unvollständiger Kenntnis des Sachverhalts oder auf unrichtiger Anwendung von Rechtsnormen beruht.

Durch den vermeintlichen Kunstgriff „Sachverhaltsirrtum" hat sich der Senat erspart, auf die Frage näher einzugehen, ob durch die Gewährung übertariflicher Leistungen über Jahre hinweg der Arbeitgeber nicht einen Vertrauenstatbestand geschaffen hat, kraft dessen er verpflichtet sein könnte, diese Leistungen auch in Zukunft beizubehalten.

Im Urteil vom 31. 1. 1969[20] verneinte der 3. Senat einen Verstoß gegen das Vertrauensschutzprinzip mit der Begründung, der Kläger habe nicht erwarten können, mehr als die tarifliche Leistung zu erhalten. Damit lehnt er eine Bindung aus Gründen des Vertrauensschutzes allein unter *dem* Gesichtspunkt ab, an dem bereits die rechtsgeschäftliche Bindung gescheitert ist[21].

Die richtige Fragestellung muß aber lauten, ob das Vertrauen des Arbeitnehmers in die Richtigkeit der Anwendung kollektiver Normen durch den Arbeitgeber Schutz verdient[22].

## B. Außerrechtsgeschäftlich orientierte Auffassungen

### I. Rechtsprechung

In der höchstrichterlichen Rechtsprechung ist ersichtlich nur ein einziges Mal eine Verpflichtung des Arbeitgebers zur Fortsetzung von jahrelang irrtümlich gewährten Leistungen anerkannt worden, obwohl sein Verhalten keinerlei rechtsgeschäftliche Symptome aufwies:

Im sog. ‚Doppeldienstentschädigungsurteil' des 1. Senates des Bundesarbeitsgerichtes vom 8. 11. 1957[23] erhielten die Mitglieder eines Staatsorchesters eine Doppeldienstentschädigung, wenn sie an demselben Tag an einer zweiten Aufführung mitwirken mußten. Die einschlägige

---

19 Im übrigen trifft es, worauf *Wiedemann*, in Anm. zu BAG AP Nr. 1 zu § 9 TV Arb Bundespost, zutreffend hinweist, nicht zu, daß es sich im Fall des BAG AP Nr. 121 zu § 242 BGB, Ruhegehalt, um einen Rechtsirrtum gehandelt habe. Dort war dem Arbeitgeber die anderweitige Versorgungsberechtigung des Arbeitnehmers unbekannt geblieben; allein deshalb hatte der Arbeitgeber die Leistungen der zusätzlichen Alters- und Hinterbliebenenversorgung erbracht.

20 BAG AP Nr. 26 zu § 1 FeiertagslohnzahlungsG.

21 *Canaris* in Anm. zu BAG, a.a.O.

22 *Larenz* in Anm. zu BAG AP Nr. 11 zu § 611 BGB Ärzte, Gehaltsansprüche.

23 AP Nr. 2 zu § 242 BGB Betriebliche Übung = BAGE 5, 44.

Tarifordnung sah jedoch im Gegensatz zu dem durch sie abgelösten Tarifvertrag eine derartige Sondervergütung nicht mehr vor. Der Arbeitgeber hatte diese tarifliche Änderung übersehen und infolgedessen jahrzehntelang das Zusatzentgelt für Doppelvorstellungen weitergewährt. Auf die wiederholten Beanstandungen durch den Rechnungshof hin stellte der Arbeitgeber die Zahlung des Sonderentgeltes unter Berufung auf seinen Irrtum ein.

Das Bundesarbeitsgericht hielt den Arbeitgeber gleichwohl für verpflichtet, die Doppeldienstentschädigung auch weiterhin zu zahlen, da das Arbeitsverhältnis „eine auf Gewährung der Entschädigung gerichtete Gestaltung" erfahren habe. Der Senat stellte in seiner Begründung das die Entscheidung tragende Vertrauensschutzprinzip deutlich heraus. Infolge der jahrelangen Zahlungen, die ständig und ohne jeden Vorbehalt erfolgt waren, hätten sich nach aller Erfahrung die Arbeitnehmer darauf verlassen und eingestellt, daß die Zahlungen auch weiterhin geleistet würden. Der Arbeitgeber verstoße deshalb gegen Treu und Glauben, wenn er sich ohne Rücksicht auf die langjährige Übung einseitig von dieser lossagen wolle.

Die grundlegende Bedeutung des Urteils muß in der Tatsache gesehen werden, daß an keiner Stelle der Entscheidungsgründe auch nur der Versuch gemacht wird, auf den rechtsgeschäftlichen Willen des Arbeitgebers abzustellen. Die bewußte Herleitung der Bindung allein aus dem Vertrauensschutzprinzip erlaubte dem Senat, die irrtümliche Annahme des Arbeitgebers, zu der ständigen Leistung tariflich verpflichtet zu sein, für unbeachtlich zu erklären[24].

Zur Begründung des Vertrauensschutzerfordernisses zog das Gericht eine Parallele zur Verwirkung heran. Bei dieser werde der Schuldner durch das Verhalten des Gläubigers veranlaßt, darauf zu vertrauen, daß der Gläubiger Ansprüche aus dem Rechtsverhältnis nicht mehr geltend mache. Dieses Vertrauen werde dadurch geschützt, daß dem dennoch erhobenen Anspruch des Gläubigers der von Amts wegen zu beachtende Einwand der Verwirkung entgegenstehe.

Umgekehrt könne im Falle einer längeren Übung der Arbeitnehmer darauf vertrauen, daß der Arbeitgeber eben wegen seiner gleichbleibenden vorbehaltlosen Praxis auch in Zukunft diese Praxis beibehalten werde.

Der somit erwachsene Anspruch des Arbeitnehmers könne nur im Wege einer Gesamt- oder Änderungskündigung beseitigt werden[25].

[24] BAG, ebd., Bl. 2 a. E.
[25] BAG, ebd., Bl. 4.

### II. Literatur

In seiner umfassenden und gehaltvollen Darstellung der betrieblichen Übung hat erstmalig *Seiter*[26] das Problem der Bindung an die ständige irrtümliche Zahlung tariflicher Leistungen einer gesonderten, allerdings mehr beiläufigen Betrachtung unterzogen. Er hält in Übereinstimmung mit dem ‚Doppeldienstentschädigungsurteil' den Arbeitgeber an eine dem Arbeitnehmer günstige Übung gebunden, wenn wegen dessen Vertrauen in die Beibehaltung der Übung ihr einseitiges Abbrechen in einem mit dem bisherigen Verhalten des Arbeitgebers nicht zu vereinbarenden Widerspruch gegen die Grundsätze von Treu und Glauben stehen würde[27].

Da das Verbot widersprüchlichen Verhaltens unabhängig vom Willen des Arbeitgebers gilt, kann nach Seiter eine Bindung an üblich gewordene Leistungen auch dann eintreten, wenn der Arbeitgeber keine Dauerbindung gewollt hat; unter bestimmten Voraussetzungen werde der Arbeitgeber deshalb auch durch solche Leistungen verpflichtet, die er in der irrtümlichen Annahme einer bestehenden Rechtspflicht ständig erbracht habe[28].

Im Anschluß an Seiter bejaht *Canaris*[29] gleichfalls die Möglichkeit einer willensunabhängigen Bindung des Arbeitgebers an übliche Leistungen, und zwar unter dem Aspekt einer „Vertrauenshaftung kraft Erwirkung". Canaris unterscheidet allerdings in Voraussetzungen und Rechtsfolgen schärfer als Seiter zwischen irrtümlich begonnenen Übungen einerseits[30] und bewußt eingeführten andererseits[31].

*2. Abschnitt*

## Irrtümliche Übung und Betriebsübung

Die geschilderten Irrtumsfälle einschließlich der Eingruppierungssachverhalte weisen trotz aller äußerlichen Unterschiede die entscheidende Gemeinsamkeit auf, daß der Arbeitgeber in ständiger Wiederholung Leistungen in der irrigen Annahme einer normativen Verpflichtung

---

[26] *Seiter*, S. 78, 100 f., 112.

[27] *Seiter*, S. 92 ff.

[28] *Seiter*, S. 100 f., 112.

[29] Vertrauenshaftung, S. 381 ff.

[30] *Canaris*, S. 386 ff.

[31] *Canaris*, S. 403 ff.

erbracht hatte. Diese Erscheinung läßt sich deshalb unter dem Oberbegriff „irrtümliche Übung“ zusammenfassen.

Diese irrtümlichen Übungen unterscheiden sich rein äußerlich vor allem dann nicht von einer Betriebsübung im herkömmlichen Sinne, wenn der Arbeitgeber die irrtümliche Leistung allen Arbeitnehmern oder einer nach sachlichen Merkmalen abgegrenzten Gruppe von Arbeitnehmern gewährt hat[32], die Übung also kollektive Züge trägt. Die irrtümliche Übung wird daher überwiegend als Unterfall der Betriebsübung begriffen[33] und den für sie entwickelten Regeln unterstellt.

Allerdings ist für die Betriebsübung charakteristisch, und darin liegt der Hauptunterschied zur irrtümlichen Übung, daß der Arbeitgeber die üblichen Leistungen bewußt freiwillig erbracht hat.

Am Sachverhaltstyp der alljährlichen vorbehaltlosen Gratifikationszahlung ist der Grundsatz entwickelt worden, der Arbeitgeber sei nach mindestens dreimaliger vorbehaltloser Zahlung verpflichtet, die Gratifikation auch weiterhin zu gewähren[34], sofern nicht ganz besondere Umstände gegen eine Verpflichtung sprächen[35]. Dieser Grundsatz hat sich im Laufe von Jahrzehnten zu einem feststehenden Rechtssatz entwickelt[36]. Die verpflichtende Wirkung betriebsüblicher Leistungen wurde ausgedehnt auf weitere, die Rechtsposition des Arbeitnehmers verbessernde, regelmäßig wiederholte Verhaltensweisen des Arbeitgebers wie z. B. die Gewährung von Wohngeldern[37], Pensionskassenbeiträgen[38], Überstundenpauschalvergütungen[39], Direktgeschäftsprovisionen[40] oder die Zahlung von betrieblichen Ruhegeldern[41] usw.

Dem Grunde nach ist die verpflichtende Wirkung der Betriebsübung heute fast allgemein anerkannt[42]. Nach wie vor heftig umstritten ist jedoch die rechtsdogmatische Begründung dieser Bindungswirkung, insbesondere die rechtliche Konstruktion der aus der Betriebsübung resul-

---

[32] So z. B. in den BAG-Entscheidungen: AP Nr. 11 zu § 611 BGB Ärzte, Gehaltsansprüche; AP Nr. 26 zu § 1 FeiertagslohnzahlungsG; AP Nr. 2 zu § 242 BGB Betriebliche Übung.

[33] *Seiter,* S. 78; *Eberle,* BB 72, 1326; *Wendel,* Betriebsrat 58, 187; ferner die BAG-Entscheidungen oben FN 32.

[34] Ausgangsentscheidung war das Urteil des RAG vom 15. 6. 1929 in ARS 6, 203 f.

[35] Vgl. RAG ARS 10, 539 (542).

[36] Vgl. die umfassende Darstellung der Entwicklung bei *Seiter,* S. 21 ff.

[37] RAG ARS 13, 543.

[38] RAG ARS 18, 39.

[39] RAG ARS 39, 458; 40, 356.

[40] RAG ARS 47, 221.

[41] RAG ARS 23, 37; 35, 101.

[42] Ihre Rechtsverbindlichkeit anzweifelnd in neuerer Zeit allerdings *Wolf,* JZ 71, 273 ff.

tierenden Arbeitnehmeransprüche und ihre Einordnung in das bestehende System der Schuldentstehungsgründe[43]. Von dieser Einordnung hängt aber die Behandlung des weiteren Sachproblems ab, unter welchen Voraussetzungen eine Bindung des Arbeitgebers erstmalig eintritt und damit zusammenhängend, ob überhaupt eine Bindung an die irrtümliche Übung möglich ist. Wenn die herrschende Meinung auf der Grundlage einer rein rechtsgeschäftlichen Betrachtungsweise die Bindung an eine *irrtümliche* Übung durchweg verneint, folgt für sie dieses Ergebnis zwingend aus ihrem zur rechtlichen Erfassung der *Betriebsübung* vertretenen Standpunkt, der sog. Vertragstheorie[44].

Danach beruht die rechtliche Bedeutung einer Betriebsübung auf der Möglichkeit, ihren Inhalt, d. h. die Gewährung zusätzlicher Leistungen, zur Grundlage einer ausdrücklichen oder stillschweigenden Vereinbarung zu machen[45]. In der kollektiv gehandhabten Betriebsübung soll eine Fülle gleichlautender, stillschweigend individualvertraglicher Vereinbarungen zwischen Arbeitgeber und dem einzelnen Arbeitnehmer zu sehen sein. Die wiederholte Erbringung zusätzlicher Leistungen wird als ein konkludent erklärtes Vertragsangebot an die Arbeitnehmer gedeutet, diese Leistungen auch weiterhin zu gewähren. Die Arbeitnehmer nähmen dieses Angebot stillschweigend an, wobei der Zugang der Annahmeerklärung gemäß § 151 BGB entbehrlich sei[46].

Da nach dieser Auffassung die Betriebsübung Rechtsverbindlichkeit allein auf individualvertraglicher Grundlage erlangt, soll sie auch auf das Verhältnis des Arbeitgebers zu einem einzelnen Arbeitnehmer beschränkt sein können[47], obwohl die Betriebsübung — anders als die irrtümliche Übung[48] — ihr typisches Gepräge erst durch das Moment des Kollektiven erhält.

Die Anhänger der Vertragstheorie müssen der irrtümlichen Übung, mag sie auch noch so lange gedauert haben, grundsätzlich jede Rechts-

---

[43] Ausführlich zum Streitstand: *Seiter*, S. 48 ff. und zuletzt *Säcker*, S. 464 ff.

[44] Vollständige Nachweise bei *Bollacher*, S. 59, FN 1 und *Seiter*, S. 59, FN 227. Aus der neueren Rspr. vgl. BAG AP Nr. 5, 8, 10 und 11 zu § 242 BGB Betriebliche Übung; LAG Niedersachsen, AP Nr. 7 zu § 242 BGB Betriebliche Übung.

[45] BAG AP Nr. 30 zu § 242 BGB Gleichbehandlung; AP Nr. 5 zu § 242 BGB Betriebliche Übung.

[46] Vgl. BAG AP Nr. 21 zu § 242 BGB Ruhegehalt.

[47] Vgl. RAG ARS 13, 543 (545); *Richardi* in Anm. zu BAG AP Nr. 6 zu § 242 BGB Betriebliche Übung; *Seiter*, S. 79 prägte den Begriff der ‚Individualübung'; *Söllner*, Leistungsbestimmung, S. 35.
Nur als kollektive Erscheinung wird die Betriebsübung gesehen von *Hilger*, S. 56; *Mengel*, S. 24; *Eberle*, Diss., S. 42, 59.

[48] Man denke an die Eingruppierungsfälle oder an die Sachverhalte in BAG AP Nr. 121 zu § 242 BGB Ruhegehalt; AP Nr. 1 zu § 9 TV Arb Bundespost.

verbindlichkeit absprechen. Auch bei großzügigster Handhabung des Willenserklärungsbegriffes läßt sich aus ständigen Zahlungen, durch die in der Vorstellung der Beteiligten lediglich eine vermeintlich bestehende Rechtspflicht erfüllt wird, nicht auf ein Angebot des Arbeitgebers schließen, diese Leistungen auch in Zukunft beibehalten zu wollen.

Wenn wie in aller Regel weder beim Arbeitgeber noch beim Arbeitnehmer der geringste Zweifel an der Richtigkeit der Anwendung der Kollektivnorm besteht, wäre es völlig abwegig, dem Arbeitgeber hier zu unterstellen, er habe zugleich eine einzelvertragliche Verpflichtung für den Fall übernehmen wollen, daß seine Ansicht vom Umfang der tariflichen Ansprüche unzutreffend sei.

Trotz der rechtsdogmatischen Einordnung der Betriebsübung in die Rechtsgeschäftslehre war von Anfang an der Vertrauensschutzgedanke der eigentliche Grund, der Betriebsübung verpflichtende Wirkung beizumessen[49]. Der rechtsdogmatische Ausgangspunkt der Vertragstheorie versperrt ihr aber den Blick dafür, daß im Einzelfall das Vertrauen auf die Fortsetzung vermeintlich tariflicher Leistungen ebenso schutzwürdig sein kann wie das auf die Beibehaltung freiwilliger zusätzlicher Leistungen.

Die Vertragstheorie muß, da sie dieses Vertrauen zu schützen nicht in der Lage ist, einer kritischen Überprüfung unterzogen werden.

## *3. Abschnitt*

# Die dogmatische Begründung der Rechtsverbindlichkeit von Betriebsübungen im Bereich zusätzlicher Leistungen

Weitestgehende Einigkeit über den Geltungsgrund der Betriebsübung besteht heute dahingehend, daß ihr keine normative Kraft innewohnt, und sie auch kein betriebliches Gewohnheitsrecht darstellt.

Als überholt angesehen werden dürfen namentlich die Lehre von der „konkreten Ordnung des Betriebs“[50], der „autonomen Betriebsordnung mit normativer Wirkung“[51] sowie von der „normativen Kraft des Typischen oder Faktischen“[52].

---

49 Vgl. die Ausgangsentscheidung zur Gratifikationsrechtsprechung RAG ARS 6, 203 f.

50 RAG ARS 33, 172 (176); 34, 180 (185); 42, 287 (290 f.).

51 LAG Bremen SAE 51, 141 ff.; *Brecht*, BB 51, 965.

Die Auffassung, die die Betriebsübung als betriebsbeschränktes Gewohnheitsrecht wertet[53], hat sich zu Recht nicht durchsetzen können. Zum einen wird es regelmäßig an den tatsächlichen Voraussetzungen fehlen, die für die Bildung von Gewohnheitsrecht zu fordern sind[54], zum anderen ist fraglich, ob ein betriebsbeschränktes Gewohnheitsrecht überhaupt mit dem Betriebsverfassungsrecht (§ 52 BetrVG 1952; § 77 BetrVG 1972) vereinbar wäre[55].

Die Betriebsübung erlangt vielmehr nach heute fast allgemeiner Meinung Verbindlichkeit erst auf individualrechtlicher Ebene. Darin sind sich sowohl die Vertreter der Vertragstheorie[56] wie auch ihre Gegner einig[57].

Gegenstand des Meinungsstreites ist allein die Frage, ob sich die verpflichtende Wirkung der Betriebsübung mit den Mitteln der Rechtsgeschäftslehre oder nur auf außerrechtsgeschäftlichem Wege erklären läßt.

## A. Die Vertragstheorie

### I. Grundzüge der klassischen Vertragstheorie[58]

Der Betriebsübung selbst als einer tatsächlichen Erscheinung des Arbeitslebens kommt nach der Vertragstheorie keine eigenständige rechtliche Bedeutung zu[59]. Rechtsverbindlichkeit soll sie allein dadurch erlangen können, daß ihr Inhalt kraft „stillschweigender" einzelvertraglicher Vereinbarung nach den Grundsätzen des Vertragsrechts in die einzelnen Arbeitsverhältnisse eingehen und die Arbeitsverträge ergänzen kann[60].

Allerdings gibt der Arbeitgeber, wenn er der Belegschaft, Teilen von ihnen oder einem einzelnen Arbeitnehmer freiwillig zusätzliche Lei-

---

52 *Galperin / Siebert*, BetrVG, § 1, Anm. 122 ff.; ähnlich *Fechner*, ZgStW Bd. 102, 78 ff. In jüngster Zeit wird iene (modifizierte) Normtheorie nur noch von *Füllkrug*, S. 57 ff., 90 ff. vertreten. Hiergegen zu Recht *Säcker*, S. 481; *Eberle*, Diss., S. 7 f.

53 *Steinwedel*, DB 63, 1572 f.; ähnlich bereits *Denecke*, DAR 40, 141.

54 *A. Hueck*, Festschr. Lehmann, S. 634, FN 9; *Nikisch* I, S. 269; *Bollacher*, S. 50 ff. m. w. N.

55 Vgl. dazu näher *Seiter*, S. 52 f.; *Richardi*, in Anm. zu BAG AP Nr. 6 zu § 242 BGB Betriebliche Übung.

56 Für alle: *A. Hueck*, Festschr. Lehmann, S. 633 ff. Aus der neueren Rspr.: BAG AP Nr. 8 und 11 zu § 242 BGB Betriebliche Übung.

57 *Seiter*, S. 83 ff.; *Canaris*, Vertrauenshaftung, S. 404 ff.; *Wiedemann*, in Anm. zu BAG AP Nr. 8 zu § 242 BGB Betriebliche Übung; *Richardi*, Fälle, S. 12 ff.

58 Zu den einzelnen Modifikationen der Vertragstheorie *Seiter*, S. 63 f.

59 *A. Hueck*, Festschr. Lehmann, S. 643 trennt bewußt scharf zwischen der Übung als solcher und den aus ihr erwachsenden Ansprüchen.

60 Vgl. zuletzt BAG AP Nr. 11 zu § 242 BGB Betriebliche Übung.

stungen zukommen läßt, in aller Regel keine ausdrückliche Erklärung ab, auch in Zukunft so verfahren zu wollen. Auch wenn er diese Leistungen zum wiederholten Male gewährt, fehlt ihm regelmäßig der innere Wille, eine entsprechende Bindung für die Zukunft einzugehen.

Darauf soll es jedoch nicht ankommen. Gewähre der Arbeitgeber regelmäßig seinen Arbeitnehmern ohne den Vorbehalt der Freiwilligkeit oder Widerruflichkeit etwa Gratifikationen oder zahle er üblicherweise betriebliche Ruhegehälter, ergebe die Auslegung dieses Verhaltens, daß der Arbeitgeber auch in Zukunft diese Übung beibehalten werde[61]. Maßgeblich für eine vertragliche Bindung sei nicht der innere Wille, sondern das nach außen gezeigte Verhalten des Arbeitgebers, aus dem die Arbeitnehmer nach Treu und Glauben schließen durften, es liege eine entsprechende Willensentschließung vor. Dieses Vertragsangebot werde von den Arbeitnehmern stillschweigend angenommen[62].

Die einschlägige Rechtsprechung verselbständigte diese Auslegungsregel alsbald schematisch dahin, daß die mehrmalige Gewährung sozialer Leistungen als Ausdruck eines Verpflichtungswillens gewertet wurde, sofern nur keine besonderen Umstände dieser Annahme entgegenstanden[63]. An dieser schematischen Beurteilung hat sich bis heute wenig geändert. So sieht das Bundesarbeitsgericht[64] einen „Verpflichtungswillen“ des Arbeitgebers schon dann als vorliegend an, wenn er „den objektiven Tatbestand einer betrieblichen Handhabung wissentlich gesetzt“ habe. Er brauche nicht zu wissen, daß sich aus diesem Tatbestand für ihn eine Dauerbindung ergebe, oder gar diese Dauerbindung gewollt zu haben.

Der Standpunkt der einzelnen Senate des Bundesarbeitsgerichts zur dogmatischen Begründung der Rechtsgeltung einer Betriebsübung ist zwar nicht einheitlich; überwiegend beherrscht jedoch nach wie vor die rein rechtsgeschäftliche Deutung das Feld[65]. Der 4. und 5. Senat des Bundesarbeitsgerichtes halten konsequent an der traditionellen Vertragskonstruktion[66] fest.

---

[61] So schon sinngemäß die Ausgangsentscheidung des RAG in ARS 6, 203 f.

[62] BAG AP Nr. 21 zu § 242 BGB Ruhegehalt.

[63] RAG ARS 9, 357 f.; 29, 3; 15, 138.

[64] Urteil vom 5. 2. 1971 AP Nr. 10 zu § 242 BGB Betriebliche Übung (Leitsatz).

[65] Die einzige wirkliche Ausnahme bildet das ‚Doppeldienstentschädigungsurteil‘ des BAG in AP Nr. 2 zu § 242 BGB Betriebliche Übung.

[66] *4. Senat:* Urteil vom 1. 3. 1972 AP Nr. 11 zu § 242 BGB Betriebliche Übung.

*5. Senat:* Urteile vom 13. 10. 1960 AP Nr. 30 zu § 242 BGB Gleichbehandlung; vom 9. 3. 1961 AP Nr. 5 zu § 242 BGB Betriebliche Übung; vom 15. 2. 1965 AP Nr. 6 zu § 13 BUrlG; vom 18. 7. 1968 AP Nr. 8 und vom 17. 9. 1970 AP Nr. 9 zu § 242 BGB Betriebliche Übung. Wenn *Seiter* (Anm. zu BAG AP Nr. 11 zu § 242 BGB Betriebliche Übung) meint, der 5. Senat habe in seiner Ent-

Der 3. Senat des Bundesarbeitsgerichts zeigt dagegen mehr dogmatische Enthaltsamkeit[67]. Zwar deutet er die Betriebsübung zuweilen als einen Vertrauenstatbestand, den sich der Arbeitgeber aus Gründen des Vertrauensschutzes im Sinne einer Bindung für die Zukunft zurechnen lassen müsse[68]. Zumeist wird das Vertrauen aber auf das Vorliegen eines rechtsgeschäftlichen Verpflichtungswillens des Arbeitgebers bezogen[69].

Daß auch der 3. Senat die Vertragstheorie nicht aufgegeben hat, beweist sein Urteil vom 5. 2. 1971[70]; dort läßt er ausdrücklich dahingestellt, ob die herkömmliche Vertragskonstruktion den Vorzug verdient oder ob dem Arbeitgeber allein der durch die Betriebsübung erzeugte Vertrauenstatbestand als Haftungsgrund zugerechnet werden sollte[71].

Die in der Rechtsprechung bislang vorherrschende Vertragstheorie wird auch von einem Teil der neueren Literatur gegen alle Einwände verteidigt[72].

## II. Kritik der Vertragstheorie

Die Vertragstheorie ist im Schrifttum auf vielfachen Widerspruch gestoßen.

Der Haupteinwand, dem sich die Vertragstheorie ausgesetzt sieht, betrifft die Frage, ob der Arbeitgeber mit der wiederholten vorbehaltlosen Leistungserbringung wirklich eine stillschweigende Willenserklärung des Inhalts abgibt, auch in Zukunft diese Übung beibehalten zu wollen.

---

scheidung vom 15. 6. 1972 (AP Nr. 74 zu § 611 BGB Gratifikation) die rechtsgeschäftliche Deutung offenbar aufgegeben, so trifft das nicht zu. Denn dort ging es der Sache nach nicht um die Entstehung von Gratifikationsansprüchen aus Betriebsübung, sondern allein um den Gleichbehandlungsgrundsatz; so richtig *Bernert* in Anm. zu BAG AP Nr. 74 zu § 611 BGB Gratifikation.

[67] Vgl. BAG AP Nr. 128 zu § 242 BGB Ruhegehalt (Bl. 3 R.).

[68] BAG AP Nr. 26 zu § 611 BGB Gratifikation; BAG AP Nr. 6 zu § 242 BGB Betriebliche Übung.

[69] Vgl. BAG AP Nr. 26 zu § 611 BGB Gratifikation unter Berufung auf *Müller*, BetrVerf 58, 201 (203); *G. Hueck* in Anm. zu BAG AP Nr. 9 zu § 242 Betriebliche Übung.

[70] AP Nr. 10 zu § 242 BGB Betriebliche Übung.

[71] Im letzteren Sinne: *Canaris*, Vertrauenshaftung, S. 257 ff.; *Hanau*, AcP 165, 220 (261 ff.); *Richardi* in Dietz / Richardi, BetrVG, § 77, Rdn. 166 ff.; *Seiter*, S. 92 ff.; *Wiedemann* in den Anmerkungen zu AP Nr. 121 zu § 242 BGB Ruhegeld; AP Nr. 1 zu § 9 TV Arb Bundespost und AP Nr. 8 zu § 242 BGB Betriebliche Übung.

[72] Namentlich von *Eberle*, Diss., S. 28 ff. und *Säcker*, S. 461 ff. (485 ff.); ebenso *G. Hueck* in Anm. zu BAG AP Nr. 9 zu § 242 BGB Betriebliche Übung und *Buchner*, AP Nr. 10 zu § 242 BGB Betriebliche Übung.

Auch die Gegner der Vertragskonstruktion, die die bindende Wirkung der Betriebsübung außerrechtsgeschäftlich erklären, heben ausdrücklich hervor, daß für ihre Erklärung der Betriebsübung immer nur dort Raum ist, wo sich eine befriedigende Lösung nicht schon aus den Regeln der Rechtsgeschäftslehre ergibt[73].

Bei betrieblichen Übungen, die zusätzliche soziale Leistungen des Arbeitgebers zum Inhalt haben, wird jedoch für den Regelfall das Vorliegen einer rechtsgeschäftlichen Bindungserklärung geleugnet und deshalb die Annahme einer arbeitsvertragsergänzenden Vereinbarung als reine Unterstellung und unzulässige Fiktion abgelehnt[74].

Damit wird im Zusammenhang mit der Betriebsübung die Kernproblematik der Rechtsgeschäftslehre, nämlich die Diskussion um die sog. „stillschweigenden" Willenserklärungen angesprochen.

Die Frage nach den essentiellen Mindestvoraussetzungen einer Willenserklärung ist gerade in jüngster Zeit wieder Gegenstand eines neu entbrannten Streits zwischen den Anhängern der — vereinfacht ausgedrückt — Willenstheorie[75] einerseits und der Erklärungstheorie[76] andererseits[77].

Die Kritiker der Vertragstheorie befinden sich in Übereinstimmung mit der modernen Zivilrechtsdogmatik, die sich zunehmend dagegen verwahrt, wünschenswerte Ergebnisse mit der Fiktion stillschweigender Willenserklärungen zu erreichen. Die Rechtsgeschäftslehre verliere ihren Sinn, wenn das Rechtsgeschäft nicht mehr als Akt privatautonomer Selbstbestimmung begriffen werde; der auf die Gestaltung von

---

73 Insbesondere *Canaris* betont die nur subsidiäre Rolle der sog. „Vertrauenshaftung" (*Canaris,* Vertrauenshaftung, S. 254 f.; 387; 529; 542).

74 Aus der neueren Literatur: *Adomeit,* Rechtsquellenfragen, S. 61; *Bollacher,* S. 65; *Canaris,* Vertrauenshaftung, S. 258 f.; 403 ff.; ders. in Anm. zu BAG AP Nr. 26 zu § 1 FeiertagslohnzahlungsG; *Füllkrug,* S. 28; *Hanau,* AcP 165, 220 (260 ff.); *Richardi,* RdA 70, 208 f.; ders. in Dietz / Richardi, BetrVG, § 77 Rdn. 66 (anders noch in RdA 60, 401, 403); *Seiter,* S. 89 ff.; ders., in SAE 69, 22 ff.; *Söllner,* Leistungsbestimmung, S. 34; ders. in SAE 69, 19; *Wiedemann* in Anm. zu BAG AP Nr. 121 zu § 242 BGB Ruhegehalt und AP Nr. 8 zu § 242 BGB Betriebliche Übung; *Wimmer,* S. 25 f.; selbst *Mengel,* S. 72, der der Vertragstheorie anhängt, spricht offen von einem „fingierten" Verpflichtungswillen.

75 *Enneccerus / Nipperdey,* § 145 II A 4, S. 901; *Lehmann / Hübner,* § 34 III 1 b, S. 260; *Staudinger / Coing,* § 119, Rdn. 12. Aus der neueren Literatur: *Flume,* AcP 161, 52; *Hübner,* Festschrift Nipperdey, S. 373 ff.; *Hanau,* AcP 165, 220 ff.; *Fabricius,* JuS 1966, 1; *Wieacker,* JZ 67, 385 (389); *Canaris,* Vertrauenshaftung, S. 427 f.

76 Mit unterschiedlicher Begründung, doch im Ergebnis übereinstimmend: *v. Craushaar,* AcP 1974, 2 ff. (5, 7); *Brox,* S. 50 ff.; *Bydlinski,* S. 159 ff.; *Gudian,* AcP 169, 232 ff. (235); *Kellmann,* JuS 1971, 609 ff. (615 f); *Larenz,* BGB AT, § 19 III, S. 294 ff.; *Säcker,* S. 161 ff.

77 Die Begriffe Willens- und Erklärungstheorie sollen hier als Zusammenfassung von im Detail äußerst differenzierten Einzeltheorien verstanden werden.

Rechtsverhältnissen gerichtete Wille sei das Essentiale der Willenserklärung.

Im Anschluß an *Flume*[78] und *Hübner*[79] kritisiert *Hanau*[80], daß unter der Flagge der stillschweigenden Willenserklärung Tatbestände wie unter anderem die Betriebsübung[81] segeln, deren Rechtswirkungen nicht aus der Anerkennung privatautonomer Entschlüsse, sondern nur aus objektiver Zurechnung legitimiert werden können. Er stellt ebenso wie Hübner[82] fest, daß es sich in den von Rechtsprechung und Rechtswissenschaft typisierten Fallgruppen von „stillschweigenden" Vereinbarungen nicht um erklärten, gestaltenden Willen handelt, sondern vielmehr um vertrauenstypische Tatbestände, die auf Grund objektiver Zurechnung zu einer vertragsgleichen Bindung führen (sog. Doppelspurigkeit des Vertragsschlusses).

*Canaris* schließlich hat alle im Privatrecht nur erdenklichen Vertrauenstatbestände, vor allem auch die heterogenen Fallgruppen, in denen — wie bei der Betriebsübung[83] — mit stillschweigenden Willenserklärungen gearbeitet wird, auf ihren einheitlichen Grundgedanken hin überprüft. Auf Grund der hierbei gewonnenen Erkenntnisse entwickelt er ein allgemeines, geschlossenes System einer außerrechtsgeschäftlichen, aber vertragsgleichen Vertrauenshaftung[84].

### III. Säckers „Neubegründung der Lehre von der konkludenten, gleichförmigen Individualvertragsgestaltung"[85]

Den Vorwurf, die Vertragstheorie fingiere Willenserklärungen, um zum Ergebnis einer vertraglichen Bindung des Arbeitgebers an die

---

78 AcP 161, 12 ff.; ders., AT II, S. 113 ff. *Flume* ist zu der klaren Unterscheidung vorgedrungen, daß rechtsgeschäftliche Verpflichtung und Haftung aus einem zurechenbaren Verhalten funktional divergierende Begriffe sind und wendet sich scharf gegen die Einordnung eines lediglich „rechtlich relevanten Verhaltens" in die Lehre vom Rechtsgeschäft.

79 Festschrift Nipperdey, S. 373 ff. *Hübner*, S. 380 teilt den Ausgangspunkt Flumes und unternimmt den — von Flume (S. 62) als mit Selbstverständlichkeit zum Scheitern verurteiten — Versuch, für das Gebiet der objektiven Zurechnung eines Verhaltens einheitliche Zurechnungsfaktoren (Schutzwürdigkeit des Partners, Zurechnungsfähigkeit des Handelnden und das Vorliegen eines Zurechnungsmaßstabes im Sinne eines objektivierten Fahrlässigkeitsvorwurfes als Ersatz für das fehlende Willenselement) herauszuarbeiten.

80 AcP 165, 220 ff.

81 AcP 165, 259 f.

82 AcP 165, 381 ff.

83 Vertrauenshaftung, S. 258 f., 403 ff.

84 Vertrauenshaftung, S. 491 ff.

85 Gruppenautonomie, S. 485.

Betriebsübung zu gelangen, weist *Säcker*[86] entschieden zurück. Er wendet sich nachdrücklich gegen eine Zweispurigkeit der Vertragslehre[87], die neben dem klassischen Vertragsschluß eine im Wege objektiver Zurechnung bewirkte vertragsgleiche Bindung kennt.

Da die Zurechnung der Willenserklärung auf Willens- und Vertrauensmomenten beruhe, müßten beide Momente im Rahmen einer *einheitlichen* Vertragslehre gegeneinander abgewogen werden[88]. Diese im Begriff der Willenserklärung enthaltene Bipolarität von Willens- und Vertrauensschutz sei insofern von fundamentaler Bedeutung, als die Anforderungen an den Willenserklärungstatbestand falltypisch zugunsten eines verstärkten Vertrauensschutzes durch völligen Verzicht auf ein Erklärungbewußtsein zu verringern seien[89].

Die Anerkennung der Verpflichtungswirkung der Betriebsübung sei in der Regel allein in dem unabweisbaren Bedürfnis zu sehen, das Vertrauen der Arbeitnehmer, die sich auf den Fortbestand der vorbehaltlos gewährten Leistungen eingerichtet haben, nicht zu enttäuschen. Da hier der Gedanke des Vertrauensschutzes derart überwiege, müsse die rechtsgeschäftliche Verpflichtungswirkung falltypisch allein an den rechtlich relevanten objektiven Erklärungstatbestand anknüpfen[90].

Diese Zurückdrängung des Willens- zugunsten des Vertrauensschutzes in der Rechtsgeschäftslehre ermögliche ohne Fiktion die Annahme einer vertraglichen Bindung des Arbeitgebers. Das fehlende Erklärungsbewußtsein werde dadurch ersetzt, daß der Arbeitgeber den objektiven Willenserklärungstatbestand in subjektiv zurechenbarer Weise gesetzt habe[91].

## IV. Stellungnahme

Wenn teilweise ohne jegliche Differenzierung die Vertragstheorie als Fiktion abgetan wird[92], bleibt unberücksichtigt, daß es keine Vertragstheorie schlechthin geben kann. Die Berechtigung der Kritik hängt davon ab, welchen Begriff der Willenserklärung man zugrundelegt:

---

86 S. 485 ff. i. V. m. S. 161 ff.; vgl. auch *Eberle*, Diss., S. 31 ff.

87 *Säcker*, S. 161 ff.

88 *Säcker*, S. 173 f.

89 *Säcker*, S. 165 ff.; ders. in JuRA 1971, 509 (527 ff.); ähnlich schon *Bydlinski*, S. 122 ff., 173 ff.

90 *Säcker*, S. 486; in diesem Sinne auch *Buchner* in Anm. zu BAG AP Nr. 10 zu § 242 Betriebliche Übung (Bl. 7); *G. Hueck* in Anm. zu BAG AP Nr. 9 zu § 242 Betriebliche Übung.

91 *Säcker*, S. 487 f.

92 *Hanau*, AcP 165, 260; *Richardi*, RdA 70, 208 f.; *Adomeit*, S. 61; *Söllner*, Leistungsbestimmung, S. 34.

Je geringere Anforderungen an den inneren Willen des Erklärenden gestellt werden, um so zahlreicher werden die Fälle der Bindung an eine Betriebsübung sein, die sich noch mit den Mitteln der Rechtsgeschäftslehre erklären lassen.

Je mehr dagegen die Willenserklärung als privatautonomer Akt final gesteuerter Selbstbestimmung gesehen und daher der innere Wille maßgeblich berücksichtigt wird, um so größer wird naturgemäß der Bereich der schwieriger zu begründenden objektiven Zurechnung, der überdies noch ganz unterschiedlich begriffen und benannt wird. So spricht *Flume*[93] von rechtlich relevantem Verhalten, *Coing*[94] von Vertrauenshaftung kraft schlüssigen Verhaltens, *Manigk*[95] von Haftung für Erklärungsfahrlässigkeit, *Hanau*[96] von Zurechnung kraft Obliegenheitsverletzung oder — wie *Hübner*[97] — kraft Reflexwirkung des eigenen Verhaltens und schließlich *Canaris*[98] von Vertrauenshaftung kraft rechtethischer Notwendigkeit, um nur einige Beispiele zu nennen.

### *1. Die Betriebsübung als objektiver Erklärungstatbestand*

Die Anhänger der Vertragstheorie haben in der Diskussion um die rechtsgeschäftliche Erfassung der Betriebsübung im Wege der Ausweitung der Rechtsgeschäftslehre den Blick meist ausschließlich auf die Problematik des Erklärungsbewußtseins gerichtet. Dabei wird die logisch vorrangige Frage übergangen oder nur am Rande gestreift, ob das üblich gewordene Verhalten des Arbeitgebers überhaupt den ihm entnommenen objektiven Erklärungswert besitzt[99].

Der objektive Tatbestand einer Willenserklärung hat unstreitig zur Mindestvoraussetzung[100], daß das äußere Verhalten einer Person einen feststellbaren Erklärungswert enthält, der auf einen bestimmten Geschäftswillen schließen läßt[101]. Dieser vom Empfängerhorizont her zu bestimmende konkrete Geschäftswille läßt sich aufschlüsseln in den Willen, sich rechtlich *überhaupt* binden zu wollen (Verpflichtungs- oder Bindungswille) und den Willen, eine *bestimmte* Rechtsfolge herbeizuführen (Geschäftswille im eigentlichen Sinne).

---

[93] AcP 161, 52 ff.

[94] Bei Staudinger, Vor § 116, Rdn. 3 ff.

[95] S. 210 ff. (238).

[96] AcP 165, 220 ff.

[97] Festschrift Nipperdey, S. 373 ff. (378).

[98] Vertrauenshaftung, S. 273 ff.

[99] Dieser Vorwurf trifft namentlich Säcker (S. 473), der das Vorliegen des auch von ihm geforderten „objektiven Erklärungstatbestandes" scheinbar für selbstverständlich hält.

[100] *Larenz*, BGB AT, § 19 III, S. 296; *Soergel / Siebert / Hefermehl*, Vor § 116, Rdn. 5.

[101] *Enneccerus / Nipperdey*, § 153 I, S. 942 ff.; *Lehmann / Hübner*, § 25 IV, S. 146 ff. (unstreitig).

Ob das äußere Verhalten den Schluß auf einen bestimmten Geschäftswillen oder auch nur auf einen allgemeinen Verpflichtungswillen zuläßt, ist im Wege der Auslegung zu ermitteln, §§ 133, 157 BGB[102]. Auf die Betriebsübung übertragen muß die Fragestellung daher lauten: Durften der oder die Arbeitnehmer aus der Tatsache, daß der Arbeitgeber wiederholt vorbehaltlos zusätzliche Leistungen erbracht hat, nach Treu und Glauben mit Rücksicht auf die Verkehrssitte schließen, der Arbeitgeber habe sich vertraglich auf die dauernde Gewährung der Leistungen festlegen wollen.

### a) Ablehnung

Diese Folgerung — von der Vertragstheorie meist stillschweigend unterstellt — widerspricht aber jeder Lebenserfahrung. Das ständig wiederholte gleichförmige Verhalten des Arbeitgebers erweckt bei den Arbeitnehmern lediglich die *Erwartung*, die bisherige Übung werde auch in Zukunft beibehalten; nicht jedoch schließen sie aus diesem Verhalten auf einen Verpflichtungswillen des Arbeitgebers[103].

Die Arbeitnehmer wissen im Gegenteil sehr wohl, daß der Arbeitgeber, der ohne ausdrückliche Zusage zusätzliche Leistungen erbringt, sich gerade nicht zu einer ausdrücklichen Dauerverpflichtung entschließen kann[104], weil er die Weitergewährung von den Umständen wie insbesondere der Geschäftslage abhängig machen will. Wie anders sollten sich die Arbeitnehmer die heute weitverbreitete Praxis erklären, zusätzliche Leistungen nur unter dem Vorbehalt der Freiwilligkeit zu erbringen, als daß die Arbeitgeber grundsätzlich bestrebt wären, sich freie Hand zu bewahren.

Darüber hinaus ist der betrieblichen Praxis infolge häufiger Rechtsstreitigkeiten, in denen sich Arbeitgeber gegen die Rechtsverbindlichkeit einer einmal eingerissenen Übung verbissen wehren, hinlänglich bekannt, daß die wenigsten Arbeitgeber durch eine ständige Übung eine Dauerverpflichtung eingehen wollen.

Es ist andererseits eine auch den Arbeitnehmern geläufige Erfahrungstatsache, daß ein Arbeitgeber, der Pflichten für eine unbegrenzte und in ihrer Entwicklung häufig nicht überschaubare Zukunft übernehmen will, seinen Bindungswillen schon aus betriebspsychologischen Gründen ausdrücklich verlautbaren lassen würde[105]. Allein um seine

---

[102] Zur Heranziehung der §§ 133, 157 BGB für die Auslegung, ob überhaupt eine Willenserklärung vorliegt, vgl. *Larenz*, BGB AT, § 19 III, S. 294, 296.

[103] *Seiter*, S. 89 f.; ders., SAE 69, 22 ff.; *Canaris*, Vertrauenshaftung, S. 258; ders., SAE 69, 177 (178); ders., RdA 74, 18 (20); *Söllner*, Leistungsbestimmung, S. 33; ders., SAE 69, 19; *Wimmer*, S. 25 f.

[104] *Seiter*, S. 90.

[105] *Seiter*, S. 73.

Großzügigkeit ins rechte Licht zu rücken, würde der Arbeitgeber beispielsweise eine betriebliche Ruhegeldordnung aufstellen oder eine Betriebsvereinbarung über Gratifikationszahlungen abschließen.

Von nicht verbindlich auf Dauer zugesagten Leistungen dagegen weiß jeder Arbeitnehmer, daß die Betriebe allergrößten Wert darauf legen, daß diese Leistungen, obwohl sie üblich geworden sind, als das empfunden werden, was sie tatsächlich sind, nämlich freiwillige Mehrleistungen des Arbeitgebers.

### b) Gegenargumente der Vertragstheorie

Diesem Einwand, man unterstelle einen objektiven Erklärungswert, der dem Verhalten des Arbeitgebers regelmäßig nicht entnommen werden könne, wollen selbst die Vertreter der Vertragstheorie eine gewisse Berechtigung nicht absprechen. Auch sie äußern Zweifel, ob ein solcher Schluß auf den mutmaßlichen Willen ursprünglich wirklich zutreffend war[106].

Jedoch dürfe man bei der Untersuchung, wie die Arbeitnehmer das Verhalten des Arbeitgebers werten durften, die selten gleichförmige Gratifikationsrechtsprechung nicht außer Betracht lassen[107]. Die Rechtsprechung habe seit Jahrzehnten erklärt, bei regelmäßiger, vorbehaltloser Zahlung einer Weihnachtsgratifikation könnten die Arbeitnehmer mit Recht dem Verhalten des Geschäftsherrn die Erklärung seines Willens entnehmen, ihnen solle die Gratifikation auch in Zukunft gewährt werden. Diese Rechtsprechung habe eine solche Ausstrahlung auf das Rechtsleben entwickelt und sei wenigstens sinngemäß gerade auch in Arbeitnehmerkreisen derart geläufig, daß von der ständigen Übung auf einen Verpflichtungswillen des Arbeitgebers geschlossen werden müsse[108].

### c) Zurückweisung

Gegen diese Argumentation erhebt *Seiter*[109] im Anschluß an *Hanau*[110] den Vorwurf, hier werde unzulässigerweise die Rechtsprechung mit sich selbst begründet und indirekt bescheinigt, sie habe ursprünglich — so lange sich die Unterstellung eines Verpflichtungswillens noch nicht zu einer ständigen Rechtsprechung verfestigt hatte — unrichtig entschieden.

---

106 Vor allem *A. Hueck*, Festschrift Lehmann, S. 633 (638); *Hueck / Nipperdey* I, S. 308; unausgesprochen auch *Eberle*, Diss., S. 33.

107 *A. Hueck*, FN 106; *Eberle*, Diss., S. 33; *Bydlinski*, S. 22.

108 *Hueck / Nipperdey* I, S. 308; *Eberle*, S. 33 f.

109 *Seiter*, S. 90.

110 *Hanau*, AcP 165, 220 ff. (261).

Die Stichhaltigkeit dieses Vorwurfs der Selbstbegründung[111] mag — soweit es sich um die jahrzehntealte Gratifikationsrechtsprechung handelt[112] — dahinstehen. Jedenfalls läßt sich der Satz, daß die dreimalige Gewährung einer Gratifikation den Schluß auf einen Verpflichtungswillen rechtfertige, nicht ohne weiteres auf Übungen anderen Inhalts übertragen[113].

In den anderen vielgestaltigen[114] Fällen einer betrieblichen Übung besteht weder eine derart gefestigte Rechtsprechung, daß man von typisierten Erklärungstatbeständen sprechen könnte, noch läßt sich eine — nach den §§ 157, 133 BGB zu berücksichtigende — dahingehende Verkehrssitte feststellen, daß ganz allgemein ständig wiederholte Zuwendungen als Verpflichtungserklärung gedeutet werden[115].

### *2. Weitere Bedenken gegen die Vertragstheorie*

Der fiktive Charakter der rechtsgeschäftlichen Konstruktion wird besonders daran deutlich, daß die Frage der Anfechtbarkeit des „Vertragsangebotes“ durch den Arbeitgeber geflissentlich übergangen wird[116]. Anerkanntermaßen können auch stillschweigende (schlüssige, konkludente) Willenserklärungen angefochten werden[117], immer vorausgesetzt, es handelt sich um eine wirkliche Willenserklärung.

Selbst wenn man das Vorliegen eines objektiven Erklärungstatbestandes einmal unterstellt, fehlen dem Arbeitgeber immerhin Erklärungsbewußtsein und konkreter Geschäftswille[118]. Dann müßte ihm aber gestattet sein, das in der wiederholten Leistungserbringung liegende „Angebot“ gemäß § 119 Abs. 1 BGB anzufechten, weil unzweifelhaft eine Erklärung dieses Inhalts (künftige Beibehaltung der Leistungen) nicht gewollt war, und sich auf diesem Wege von der Bindung an die Betriebsübung für die Zukunft zu befreien[119].

---

111 Vgl. den Versuch *Eberles* (Diss., S. 33 f.), diesen Vorwurf zu entkräften.

112 Weihnachtsgratifikationen sind heute ohnehin weitgehend tariflich abgesichert oder tauchen in der Form eines 13. oder 14. Monatsgehaltes auf.

113 Das verkennen *A. Hueck* und *Eberle,* FN 107; ebenso *Bydlinski,* S. 22.

114 Vgl. die Aufzählung bei *Seiter,* S. 74 ff.

115 *Seiter,* S. 90; a. A. wohl *Bydlinski,* S. 22 und *Säcker,* S. 473 f.

116 Darauf weisen insbesondere *Hanau,* AcP 165, 220 (261); *Seiter,* S. 91 und *Bollacher,* S. 67 f. hin. Letzterer läßt die rechtsgeschäftliche Deutung der Betriebsübung sogar allein an der fehlenden Anfechtbarkeit scheitern.

117 Vgl. RGZ 134, 195 (197) m. w. N.

118 Das bestreiten auch die Vertreter der Vertragskonstruktion nicht; vgl. *Säcker,* S. 486; *Eberle,* Diss., S. 32.

119 Dazu eingehend *Seiter,* S. 91 f. Bezeichnend, daß *Eberle,* Diss., S. 35 ff., der sämtliche Einwände gegen die Vertragstheorie zu entkräften unternimmt, gerade den bekannten Einwand der fehlenden Anfechtbarkeit übergeht.

Daß diese mehr als naheliegende Möglichkeit aber nicht bestehen soll, spricht zusätzlich gegen die rechtsgeschäftliche Deutung der Betriebsübung.

Die Vertragstheorie vermag darüber hinaus nicht zu erklären, warum die Bindung (bei Gratifikationen) *gerade* mit der dritten Zahlung eintritt[120].

Wenn es darauf ankommen soll, wie die Arbeitnehmer das übliche Verhalten nach Treu und Glauben verstehen durften, müßte der Schluß auf einen Verpflichtungswillen je nach den Umständen des Einzelfalles auch bereits nach zweimaliger[121] oder auch erst nach vier- oder fünfmaliger Gratifikationszahlung gerechtfertigt sein.

Die schematische Anwendung von starren Regeln durch die Rechtsprechung erhärtet daher zusätzlich den Vorwurf, die Vertragstheorie lasse sich nur mit Hilfe von Fiktionen aufrechterhalten.

### V. Zusammenfassende Würdigung der rechtsgeschäftlichen Deutung der Betriebsübung

Die rechtsgeschäftliche Deutung verläßt gerade in den typischsten Fällen der Betriebsübung, der Gewährung zusätzlicher Leistungen, häufig den Boden der Realität und arbeitet mit Unterstellungen, die nur Scheinbegründungen sind und daher nicht zu überzeugen vermögen.

Damit ist zugleich denjenigen Erklärungsversuchen zur Rechtsgeltung der Betriebsübung die Grundlage entzogen, die — in welcher Form auch immer — auf den Willen des Arbeitgebers abstellen, wie z. B. *Hilgers* „einseitige Gesamtzusage“[122] oder *Nikischs* Lehre von der „Konkretisierung der Fürsorgepflicht“[123]. Es ist ein vor allem in der

---

120 So *Hanau*, AcP 165, 220 (261).

121 Die österreichische Rspr. begnügt sich teilweise mit zwei aufeinanderfolgenden Zahlungen. Vgl. die Nachweise bei *Bydlinski*, S. 20.

122 *Hilger* (Ruhegeld, S. 52 ff.; ihm folgend BAG AP Nr. 90 zu § 242 BGB Ruhegehalt) sieht in der üblichen Gewährung von betrieblichen Ruhegeldern ein einseitiges kollektives Rechtsgeschäft, eine Gesamtzusage, deren Annahme durch die Arbeitnehmer entbehrlich sein soll. Diese Lösung begegnet den gleichen Bedenken wie die klassische Vertragstheorie, die *Hilger* (S. 51, 60) im übrigen für individuelle Tatbestände uneingeschränkt befürwortet. Eine stillschweigende Gesamtzusage ist ebenso fiktiv wie stillschweigende einzelvertragliche Angebote des Arbeitgebers. Auf die übrigen Bedenken, die gegen die Anerkennung eines weiteren kollektivrechtlichen Gestaltungsfaktors auf betrieblicher Ebene neben der Betriebsvereinbarung sprechen (dazu ausführlich *Richardi*, Kollektivgewalt, S. 302 ff.), braucht daher nicht eingegangen zu werden.

123 *Nikisch* I, S. 262 ff.Nach seiner Auffassung beinhaltet das Arbeitsverhältnis infolge der arbeitgeberischen Fürsorgepflicht latente Verpflichtungen. Bevor die Fürsorgepflicht jedoch Ansprüche der Arbeitnehmer auf Sozial-

Rechtsprechung weitverbreiteter Kunstgriff, wünschenswerte Ergebnisse mit der Fiktion stillschweigender Willenserklärungen zu begründen[124], der vor allem angewandt wird, wenn neue Rechtsgedanken zum Durchbruch drängen, die noch keine anerkannte selbständige Formulierung gefunden haben, eine offene Rechtsfortbildung aber gescheut wird[125].

Die Heranziehung von Scheinbegründungen mag zwar dort unter Umständen zulässig sein, wo die Rechtsentwicklung für eine rechtssatzmäßige Ausformung noch nicht weit genug fortgeschritten ist, so daß die zurückhaltende Entscheidung allein des anstehenden Einzelfalles mit Hilfe „stillschweigender" Willenserklärungen zunächst am angemessensten — weil am beweglichsten — erscheint.

Die Betriebsübung ist jedoch als rechtsgestaltende Erscheinung des Arbeitslebens allgemein anerkannt und institutionalisiert. Daher sollte auch ihre dogmatische Erklärung einer geläuterten Betrachtungsweise Platz machen, nicht etwa nur aus rechtstheoretischen Gründen. Die rechtsgeschäftliche Scheinbegründung ist — auch wenn sie jeweils zum richtigen Ergebnis gelangt[126] — stets zugleich eine Fehlbegründung, die dazu führt, daß die Rechtsfindung generell nach deren irrigen Grundsätzen ausgerichtet wird. Das bringt aber die Gefahr mit sich, daß in solchen Fällen einer Übung, die wie z. B. die irrtümliche Übung ganz evident keine rechtsgeschäftlichen Symptome aufweist, die Scheinbegründung versagt und deshalb eine Bindung verneint wird, obwohl der sie tragende Grundgedanke, das Vertrauen in die Fortsetzung

leistungen erzeugen könne, müsse sie zunächst konkretisiert werden. Als Konkretisierung reiche die wiederholte Gewährung zusätzlicher Leistungen aus, wenn sie bei den Arbeitnehmern den Schluß auf den Willen des Arbeitgebers rechtfertigten, diese sozialen Leistungen nicht nur gelegentlich, sondern auch in Zukunft zu erbringen (S. 263). *Nikisch* will ebenso wie *Hilger*, FN 122, in erster Linie die *Annahme*erklärung der Arbeitnehmer entbehrlich machen (*Nikisch*, S. 263), da einseitig herbeigeführte Bindungen unserem Recht im allgemeinen fremd sind. Davon abgesehen steht *Nikisch* aber voll auf dem Boden der rechtsgeschäftlichen Konstruktion, die jedoch aus den bekannten Gründen abzulehnen ist.

124 So wurde beispielsweise die Haftung aus c. i. c. zunächst u. a. mit der Fiktion eines stillschweigend geschlossenen besonderen Haftungsvertrages begründet (RGZ 104, 267; 120, 251), bis man sich dazu durchrang, ein in „Ergänzung des geschriebenen Rechts geschaffenes gesetzliches Schuldverhältnis" anzuerkennen (BGHZ 6, 333; 43, 72, 76). Ebensowenig ließ sich mangels jeglichen objektiven Erklärungswertes die Fiktion eines „stillschweigenden Haftungsverzichtes" bei Gefälligkeitsfahrten (so RGZ 141, 263; vgl. zuletzt noch BGHZ 2, 159) aufrechterhalten; eine Haftungsminderung wegen leichtfertiger Selbstgefährdung hat ihren systematischen Standort vielmehr in § 254 BGB (BGHZ 34, 355; 43, 72 ff.).

125 Vgl. *Hanau*, AcP 165, 220 (257).

126 Bei der Betriebsübung gelangt die Vertragstheorie, was die Entstehung der Bindung anbetrifft, fast durchweg zu den gleichen Ergebnissen wie die außerrechtsgeschäftliche Deutung.

des gleichförmigen Verhaltens nicht zu enttäuschen, auch hier eingreift.

## B. Die Betriebsübung als Vertragsschluß kraft sozialtypischen Verhaltens

### I. Darstellung

Mit der grundsätzlichen Anerkennung des Vertragsschlusses kraft sozialtypischen Verhaltens glaubt *Bollacher* den Schlüssel für die „verpflichtende Wirkung üblicher Leistungen im Arbeitsrecht"[127] gefunden zu haben[128]. Diese Deutung der Betriebsübung werde der Tatsache gerecht, daß der Arbeitgeber keinen Verpflichtungswillen besitze und auch aus dem üblichen Verhalten nicht auf einen solchen geschlossen werden könne[129], daß vielmehr die Bindung allein an ein tatsächliches Verhalten anknüpfe[130].

Die übliche Hingabe und Hinnahme bestimmter arbeitsrechtlicher Leistungen stelle ein sozialtypisches Verhalten dar, das die vertragliche Verpflichtung des Arbeitgebers begründe, die Leistungen auch in Zukunft zu gewähren[131].

### II. Kritik

Es bestehen in mehrfacher Hinsicht Bedenken, ob diese Deutung der Betriebsübung eine brauchbare Lösung darstellt.

Sie steht bereits deshalb auf etwas schwankendem Grund, weil sie die grundsätzliche Anerkennung von Verträgen aus sozialtypischem Verhalten voraussetzt, was bekanntlich höchst umstritten ist[132].

Sodann dürfte es schwer fallen, die Betriebsübung einer der vielen heterogenen Erscheinungsformen, die als Schuldverhältnisse aus sozialtypischem Verhalten[133] verstanden werden, zuzuordnen. In Betracht käme allenfalls die Fallgruppe der tatsächlichen Inanspruchnahme von Leistungen der Daseinsvorsorge und des Massenverkehrs[134], mit

[127] So der gleichnamige Titel seiner Dissertation.

[128] *Bollacher,* S. 122.

[129] *Bollacher,* S. 117 f., 128 f. mit S. 14 und 65 ff.

[130] Ebd., S. 124 f.

[131] Ebd., S. 125.

[132] Grundlegend hierzu *Haupt,* Festschrift Siber, S. 21 ff. Des weiteren *Simitis,* S. 463 ff.; *Siebert,* Vertragsverhältnisse, S. 12 ff.; *Hitzemann,* S. 17 ff.; *Larenz,* SchR AT (9. Aufl.), § 4 II, S. 33 ff.; ders., stark einschränkend in BGB AT, § 28 II, S. 448 ff.
Grundsätzlich ablehnend: Statt vieler *Enneccerus / Nipperdey,* § 163 VII, S. 1013; *Esser,* AcP 157, 86 ff.

[133] Dieser Ausdruck wurde von *Larenz* geprägt.

der Bollacher die Betriebsübung denn auch in erster Linie vergleicht[135]. Danach soll die bloße Inanspruchnahme oder Benutzung von öffentlichen Verkehrsmitteln, gebührenpflichtigen Parkplätzen oder der öffentlichen Stromversorgung nach der allgemeinen Rechtsüberzeugung des Verkehrs als sozialtypische Antwort (Annahme) auf das Leistungsangebot zu werten sein und zu einer vertraglichen Bindung führen, auch wenn dem Benutzer der Einrichtung der rechtliche Bindungswille fehlt und er dies sogar zum Ausdruck gebracht hat[136].

Nichts anderes gilt nach Bollachers Ansicht für die Betriebsübung. Die wiederholte Gewährung zusätzlicher Leistungen wirke nach der Überzeugung des Verkehrs als sozialtypisches Verhalten verpflichtungsbegründend[137].

Selbst wenn man die vertragliche Bindung durch sozialtypisches Verhalten im Bereich der Leistungsbeziehungen des Massenverkehrs grundsätzlich anerkennt[138], gibt der Vergleich der Betriebsübung mit dieser Erscheinung nichts für die Erklärung der verpflichtenden Wirkung betriebsüblicher Leistungen her. Die dortige Problematik hat allein die Frage zum Gegenstand, ob die Inanspruchnahme einer Leistung wegen ihrer Sozialtypik als *Annahme* eines (zweifelsfrei rechtsgeschäftlichen!) Vertragsangebotes zu werten ist; bei der Betriebsübung stellt sich dagegen die völlig anders gelagerte Frage, ob das übliche Verhalten des Arbeitgebers nach der Überzeugung der beteiligten Kreise die sozialtypische Bedeutung eines Vertrags*angebotes* besitzt. Bestünde wirklich eine solche Rechtsüberzeugung, wäre es naheliegender, die vorbehaltlose Leistungserbringung durch den Arbeitgeber mit der Vertragstheorie als rechtsgeschäftliches Angebot zu werten.

Bollachers Lösung vermag darüber hinaus allenfalls die durch die Rechtsprechung bereits typisierten Übungen zu erfassen[139]. Er will erklärtermaßen keine eigene Theorie zum eigentlichen Geltungsgrund der Betriebsübung entwickeln, sondern nur die allgemein anerkannten Rechtsfolgen einer den Arbeitnehmern günstigen Übung möglichst

---

134 *Larenz,* BGB AT, § 28 II, S. 448 ff., beschränkt die Zulässigkeit faktischer Verträge auf diese Fallgruppe.

135 *Bollacher,* S. 120.

136 BGHZ 21, 319 (333 ff.); 23, 175; *Larenz,* BGB AT, § 28 II, S. 448 ff.

137 *Bollacher,* S. 128 mit FN 13.

138 Die meisten Fälle dieser Art von sozialtypischem Verhalten lassen sich übrigens mit allgemein anerkannten rechtsgeschäftlichen Grundsätzen bewältigen. Vgl. *Canaris,* Vertrauenshaftung, S. 445 f.; jetzt auch *Larenz,* BGB AT, § 28 II, S. 448 ff.

139 Selbst insoweit erscheint bedenklich, die Sozialtypik eines Verhaltens damit darzutun, daß die Rechtsprechung an das Verhalten eine bestimmte Rechtsfolge knüpft. Vgl. *Seiter,* S. 66.

sachgerecht und ungezwungen mit dem System des geltenden Rechts in Einklang bringen[140]. Der Praxis weniger geläufige Arten von Übungen könnten nach seiner Lösung erst dann als sozialtypisch gewertet werden, wenn sie zuvor durch die Rechtsprechung als rechtsverbindlich anerkannt worden sind.

Um die Betriebsübung als sozialtypisches Schuldverhältnis qualifizieren zu können, müßte man die verschiedenartigen Fallgruppen des Vertragsschlusses kraft sozialtypischen Verhaltens notwendigerweise um eine ganz neue eigenständige der „Betriebsübung" erweitern[141]. Welches übliche Verhalten des Arbeitgebers aber im Einzelfall als sozialtypisch und damit als rechtsverbindlich gelten soll, entzieht sich mangels geeigneter Beurteilungsmaßstäbe jeglicher abstrakten Umschreibung.

Schließlich führt diese Deutung der Betriebsübung zu merkwürdig anmutenden Konsequenzen. Weil die Rechtsfolge der vertraglichen Bindung nach Bollacher wie beim sozialtypischen Verhalten im Massenverkehr schematisch eintritt[142], soll es für die Bindung des Arbeitgebers völlig belanglos sein, ob der einzelne Arbeitnehmer oder die Belegschaft auf die Fortsetzung der Übung vertraut haben[142]. Diese Konsequenz läßt deshalb erstaunen, weil man sich unabhängig vom jeweiligen rechtsdogmatischen Standort darüber einig ist, daß der tiefere Grund für die Rechtsverbindlichkeit der Betriebsübung seit jeher der Gedanke des Vertrauensschutzes ist[143].

## C. Vertragsgleiche Vertrauenshaftung

Es verwundert, daß bis in die jüngste Zeit hinein der dogmatische Zurechnungsgrund der Bindung an die Betriebsübung nur ganz vereinzelt *unmittelbar* im Vertrauensschutzprinzip gesucht wurde[144], obwohl die Rechtsprechung von Anfang an ganz maßgeblich auf die Schutzbedürftigkeit und Schutzwürdigkeit der Arbeitnehmer abgestellt hatte[145].

---

140 *Bollacher*, S. 2.

141 Dies, obwohl die Lehre vom Vertragsschluß kraft sozialtypischen Verhaltens im Rückgang begriffen ist. Vgl. selbst *Larenz'* Zurückhaltung in BGB AT, § 28 II, S. 448 ff.; ferner *Soergel / Siebert / Lange*, Vor § 145, Rdn. 113 ff.

142 So ausdrücklich *Bollacher*, S. 122.

143 Vgl. RAG ARS 6, 203 f.; 15, 138 f.; 23, 200 f.; BAG AP Nr. 1 ff. zu § 242 BGB Betriebliche Übung.

144 *Schnorr von Carolsfeld* in Anm. zu BAG AP Nr. 3 zu § 34 SchwBeschG; auch *Bötticher*, RdA 53, 163, FN 9 erwähnt beiläufig den Gedanken des venire contra factum proprium.

145 Vgl. RAG ARS 6, 203 f.

Allein auf den Vertrauensschutzgedanken stützte das Bundesarbeitsgericht im sog. Doppeldienstentschädigungsurteil[146] die Verpflichtung des Arbeitgebers zur Weiterzahlung der üblichen Sondervergütung[147]. Im Anschluß an diese Entscheidung bezeichnet *Weber*[148] die Betriebsübung als unmittelbar aus § 242 BGB entwickeltes Institut einer Verpflichtung aus fortgesetzt gleichmäßigem Verhalten.

## I. Die Bindung an die Betriebsübung als Ausfluß des Verbotes widersprüchlichen Verhaltens

Während es sich bei den vorstehend Genannten lediglich um bruchstückhafte Ansätze handelt, hat Seiter[149] diese Deutung der Betriebsübung als außerrechtsgeschäftlichen Schuldentstehungsgrund ausführlich und überzeugend begründet. Canaris[150] ist ihm mit geringfügigen Modifikationen gefolgt. Insgesamt hat die Konzeption Seiters in der arbeitsrechtlichen Literatur überwiegend Zustimmung gefunden[151].

Auch in der neueren Rechtsprechung des 3. Senates des Bundesarbeitsgerichts[152] wird sie als einzig diskutable Alternative zur Vertragstheorie angesehen.

Seiter[153] vergleicht die Betriebsübung mit dem Rechtsinstitut der Verwirkung und stellt zwischen beiden Erscheinungen eine enge Beziehung fest. Bei beiden handele es sich um besondere Ausprägungen

---

146 Vom 8. 11. 1957 in AP Nr. 2 zu § 242 BGB Betriebliche Übung.

147 Vgl. dazu im einzelnen: 1. Abschnitt, B I.

148 Bei Staudinger, § 242, Rdn. A 290, 294. *Weber* läßt allerdings dahingestellt, ob diese oder die rechtsgeschäftliche Deutung der Betriebsübung den Vorzug verdient.

149 S. 89 ff.

150 Vertrauenshaftung, S. 387 ff.

151 *Richardi* in Anm. zu BAG AP Nr. 6 zu § 242 BGB Betriebliche Übung; ders., RdA 70, 208 f.; ders. in Dietz / Richardi, BetrVG, § 77, Rdn. 167; ders., Fälle, S. 11 ff.; *Wiedemann* in Anm. zu BAG AP Nr. 121 zu § 242 BGB Ruhegehalt; zu AP Nr. 1 zu § 9 TV Arb Bundespost; zu AP Nr. 8 zu § 242 BGB Betriebliche Übung.
*Wiedemann* als Gegner der Vertragstheorie spricht zwar sinngemäß von einem Vertragsschluß kraft normierenden Verhaltens (in Anm. zu BAG AP Nr. 8 zu § 242 BGB Betriebliche Übung). Dies rechtfertigt es aber entgegen *Eberle* (Diss., S. 25) nicht, die Auffassung Wiedemanns als mit der Theorie Bollachers vom Vertragsschluß kraft sozialtypischen Verhaltens zu identifizieren. Denn bezeichnenderweise spricht *Wiedemann*, a.a.O. von „Quasi-Verträgen“. Zu Mißverständnissen kann die Verwendung des Ausdrucks Vertragsschluß (kraft zurechenbaren Verhaltens) allerdings dort führen, wo das übliche Verhalten des Arbeitgebers nicht einmal den äußeren Tatbestand einer Willenserklärung, also keinen objektiven Erklärungswert im Sinne einer künftigen Bindung enthält. Hier kommt nur eine außervertragliche Haftung — wenn auch mit vertragsgleicher Wirkung — in Frage.

152 BAG AP Nr. 10 zu § 242 BGB Betriebliche Übung.

153 S. 92 ff.

des Verbotes des venire contra factum proprium (v. c. f. p.), das im Falle der Betriebsübung allerdings rechtsbegründend wirke. Diese anspruchsbegründende Funktion des Verbots hänge bei der Betriebsübung eng mit der von Treue- und Fürsorgepflichten geprägten, besonders engen Beziehung der Partner des Arbeitsvertrages zusammen[154]. Eine Bindung des Arbeitgebers trete dann ein, wenn wegen des Vertrauens der Arbeitnehmer auf die Fortsetzung der Übung ihr einseitiges Abbrechen mit dem bisherigen Verhalten des Arbeitgebers in einer gegen Treu und Glauben verstoßenden Weise in Widerspruch stehen würde[155].

Aus dem dem Verbot des v. c. f. p. und der Verwirkung zugrundeliegenden Rechtsgedanken heraus entwickelt Seiter[156] die tatbestandsmäßigen Voraussetzungen, unter denen eine — zusätzliche Leistungen beinhaltende — Übung erstmalig Rechtsverbindlichkeit erlangt:

Das Verhalten des Arbeitgebers müsse objektiv geeignet sein, beim Arbeitnehmer das Vertrauen in den Fortbestand der Übung zu erwecken.

Diesen objektiven Vertrauenstatbestand muß der Arbeitgeber in subjektiv zurechenbarer Weise gesetzt haben.

Schließlich müsse der Arbeitnehmer auf die Fortsetzung der Übung vertraut und sich darauf eingerichtet haben.

### II. Grundsätzliche Befürwortung der Vertrauenshaftung

Der Herleitung der Bindung an die Betriebsübung aus dem Prinzip der Unzulässigkeit des v. c. f. p. darf für sich in Anspruch nehmen, eine wirklich plausible und vor allem methodisch ehrliche Erklärung darzustellen[157]. Die Richtigkeit dieses dogmatischen Ansatzpunktes läßt sich — wenigstens mittelbar — der zur Betriebsübung ergangenen Rechtsprechung selbst entnehmen, die die Notwendigkeit einer Bindung damit begründete, daß der Arbeitnehmer sich auf die Fortdauer der Zahlungen verläßt, „seine Lebenshaltung danach einrichtet" und deshalb der Arbeitgeber sein Verhalten „gegen sich gelten lassen"

---

[154] *Seiter*, S. 95; *Canaris*, Vertrauenshaftung, S. 386.

[155] *Seiter*, S. 99.

[156] S. 99 ff.

[157] Diese Lösung kann nicht nur die Unbeachtlichkeit des inneren Willens, sondern auch die unterschiedliche Behandlung des Widerrufsvorbehalts gegenüber aktiven Arbeitnehmern (freier Widerruf) und Ruheständlern (Widerruf nur nach billigem Ermessen) durch die Rspr. erklären. Vgl. BAG AP Nr. 18 zu § 242 BGB Ruhegehalt; BAG AP Nr. 86 zu § 242 BGB Ruhegehalt. Denn das Verbot des v. c. f. p. läßt eine umfassende Interessenabwägung nach Treu und Glauben zu.

müsse[158]. Diese Gesichtspunkte sind jedoch charakteristische Merkmale des Verbotes widersprüchlichen Verhaltens, nicht aber einer — von der Vertragstheorie unterstellten — rechtsgeschäftlichen Bindung. Letztere ist vom Kriterium des „Sich-Einrichtens" völlig unabhängig.

Wenn in der Mehrzahl der Übungen der Arbeitgeber durch die ständige Gewährung zusätzlicher Leistungen lediglich eine bestimmte Erwartung bei den Arbeitnehmern weckt, nicht aber aus seinem Verhalten auf einen Verpflichtungswillen geschlossen werden kann[159], bleibt für die Erklärung der Bindungswirkung nur das Verbot des v. c. f. p., das unabhängig vom rechtsgeschäftlichen Willen der Beteiligten allein an deren äußeres Verhalten anknüpft. Dieses Verbot und ebenso sein Unterfall[160], die Verwirkung, werden maßgeblich vom Vertrauensschutzgedanken geprägt[161], der auch für die Wertung der Betriebsübung als einer rechtlich relevanten Erscheinung letztlich ausschlaggebend ist.

Insbesondere zwischen der Betriebsübung und der Verwirkung läßt sich eine nahe Verwandtschaft beobachten. Bei beiden spielt der Zeitablauf und damit unmittelbar zusammenhängend das Vertrauen in die Beständigkeit eines bestimmten Verhaltens die entscheidende Rolle für die Einwirkung auf die Rechte der Beteiligten[162]. Die Verwirkung stellt einen rechtlich wie tatsächlich bereits so weitgehend konkretisierten Tatbestand des Vertrauensgedankens dar, daß sie für die dogmatische Untermauerung der Bindungswirkung einen gesicherten Anknüpfungspunkt bietet[163]. Die rechtsverbindliche Betriebsübung hat damit auf Arbeitnehmerseite eine „Erwirkung"[164] von Individualansprüchen zur

---

158 RAG ARS 6, 203 f.; 40, 368 (372); BAG AP Nr. 26 zu § 611 BGB Gratifikation.

159 Hier hilft auch die Lehre von der Doppelspurigkeit des Vertragsschlusses nicht weiter, da die Möglichkeit der Ersetzung der fehlenden Willenselemente durch objektive Zurechnungsmerkmale am Fehlen eines objektiven Erklärungswertes, an den aber die Zurechnung etwa im Sinne *Hübners* (Festschr. Nipperdey, S. 381 ff., 386) anknüpft, scheitern muß.

160 *Hueck / Nipperdey* II, S. 626; *Siebenhaar*, JR 62, 88; *Soergel / Siebert / Knopp*, § 242 BGB, Rdn. 281; *Staudinger / Weber*, § 242, Rdn. D 602; alle m. w. N.

161 *Wieacker*, Präzisierung, S. 28 (zum Verbot widersprüchlichen Verhaltens); *Enneccerus / Nipperdey*, § 228 IV 2; *Siebert*, Verwirkung, S. 246 ff. Zur Verwirkung ferner *Soergel / Siebert / Knopp*, § 242, Rdn. 229 und ff.; *Staudinger / Weber*, § 242, Rdn. D 32; BGH DNotZ 73, 379 f.; BSG NJW 73, 871.

162 Vgl. dazu die Ausführungen zur Verwirkung: Teil 1, 3. Abschnitt, B IV 2.

163 Deshalb hat das BAG im vielbeachteten Doppeldienstentschädigungsurteil (AP Nr. 2 zu § 242 BGB Betriebliche Übung, Bl. 2) völlig zu Recht auf die Parallele zur Verwirkung hingewiesen.

164 Der Begriff taucht beiläufig bereits bei *Siebert*, Verwirkung, S. 246 auf; ebenso bei *Güntner* (AuR 57, 45, unter II 7); bewußt geprägt wurde er im Zusammenhang mit der Betriebsübung durch *Hanau*, AcP 165, 220 (261). Ihm folgend: *Seiter*, S. 95; *Richardi* in Dietz / Richardi, BetrVG, § 77, Rdn. 170. Weiterführend entwickelt *Canaris*, Vertrauenshaftung, S. 372 ff. aus dem Gedanken der Erwirkung ein *allgemeines* Rechtsinstitut des Zivilrechts.

Folge, weil der Arbeitgeber das Recht verwirkt hat, die Übung einseitig nach Belieben abzubrechen.

### III. Die anspruchsbegründende Wirkung des Verbots widersprüchlichen Verhaltens und der Verwirkung

Der Haupteinwand gegen die hier vertretene Deutung der Rechtsverbindlichkeit der Betriebsübung geht dahin, daß das Prinzip der Unzulässigkeit des v. c. f. p. und die Verwirkung dem Bereich des Rechtsmißbrauchs angehörten und deshalb lediglich rechtsbeeinträchtigende (rechtshemmende oder rechtsvernichtende)[165] Funktion hätten, nicht dagegen zur Entstehung von Rechten führen könnten[166].

Diesem Einwand ist zuzugeben, daß das Verbot des v. c. f. p. und die Verwirkung als besondere Ausformungen des Grundsatzes von Treu und Glauben ihren systematischen Standort in § 242 BGB haben, der nach Wortlaut und Sinn die Ausübung subjektiver Rechte *beschränkt*[167].

Eine selbst-widersprüchliche und daher verbotene Rechtsausübung führt zwar immer zu einer Verbesserung der Rechtslage der durch das Verbot begünstigten Person. Diese Verbesserung ist aber nur eine *faktische*, d. h. nur eine Reflexwirkung des Verbots, das subjektive Recht geltend zu machen.

Einen *formalen* Rechtszuwachs bedeutet es dagegen und führt zur Entstehung von Arbeitnehmeransprüchen, wenn man die Bindung des Arbeitgebers damit erklärt, das einseitige Abbrechen der Übung verstoße gegen Treu und Glauben.

Wenn es auch dem herkömmlichen dogmatischen Verständnis des § 242 BGB widerspricht, so ist doch der Satz, § 242 BGB könne nicht als Grundlage von Hauptleistungspflichten und Erfüllungsansprüchen dienen, durch die Rechtsentwicklung praktisch längst überholt. Es läßt sich allerdings eine weitverbreitete Scheu beobachten, diese Tatsache offen auszusprechen. Sie verbirgt sich hinter der Formulierung, daß dem Verbot unzulässiger Rechtsausübung nicht nur die Geltendmachung von subjektiven Rechten, sondern auch die Berufung auf bloße Rechtsstellungen und Rechtspositionen unterworfen ist[168]. Dies läßt sich leicht mit beliebig ausgewählten Rechtsprechungsbeispielen belegen:

---

[165] Zu den unterschiedlichen Auffassungen über die Rechtsfolge der Verwirkung vgl. *Larenz*, BGB AT, § 13 III b, S. 186 einerseits und *Enneccerus / Nipperdey*, § 228 IV 4 andererseits.

[166] *Bollacher*, S. 101 f.; *Eberle*, Diss., S. 27. Sinngemäß auch *Säcker*, S. 474, FN 49.

[167] Vgl. *Staudinger / Weber*, § 242, Rdn. D 323; *Soergel / Siebert / Knopp*, § 242, Rdn. 37.

[168] Vgl. *Soergel / Siebert / Knopp*, § 242, Rdn. 34 ff. und 169; *Staudinger / Weber*, § 242, Rdn. D 442.

Bekanntestes Beispiel ist die Unzulässigkeit der Berufung auf die Formnichtigkeit eines Vertrages, die dazu führt, daß der nichtige Vertrag nach § 242 BGB als vollwirksam behandelt wird[169]. Wie immer man dieses Ergebnis auch begründet[170], letztlich werden hier mit Hilfe des Einwandes der unzulässigen Rechtsausübung Erfüllungsansprüche *begründet*.

Ebenso wie das konstitutive Formerfordernis ersetzt die Rechtsprechung in weitem Umfang auch sonstige Anspruchsvoraussetzungen oder überspielt Erlöschenstatbestände mit Hilfe des § 242 BGB.

Nach Ansicht des Bundesarbeitsgerichts[171] kann der „Berufung" des Arbeitgebers auf den Ablauf einer tariflichen Ausschlußfrist der Einwand widersprüchlichen Verhaltens entgegenstehen.

Die anspruchsbegründende Tatsache der Unbescholtenheit der Braut im Sinne von § 1300 BGB ist verzichtbar, wenn die „Berufung" des Verlobten auf die Bescholtenheit zu seinem eigenen früheren Verhalten in Widerspruch steht[172].

Das Fehlen der Vertretungsmacht[173] oder ein offener Dissens[174] werden für unbeachtlich erklärt, wenn die „Berufung" auf diese Mängel gegen das Verbot des v. c. f. p. verstößt.

Die wenigen angeführten Beispiele weisen trotz aller äußerlichen Unterschiede entscheidende Gemeinsamkeiten auf: Kein noch so gravierender Verstoß eines Partners gegen Treu und Glauben — sei es vor, bei oder nach Vertragsschluß — ändert etwas an der Tatsache, daß § 125 BGB für ein Rechtsgeschäft, das der gesetzlich vorgeschriebenen Form ermangelt, zwingend die Nichtigkeit anordnet, das Geschäft also keine Rechtswirkungen entfaltet;

---

169 Dazu ausführlich: *Staudinger / Weber*, § 242, Rdn. D 417 ff. So hat die Rspr. mehrfach auf die Erfüllung nichtiger Verträge erkannt, wenn sich ein Vertragspartner durch die „Berufung" auf die Formnichtigkeit in einen mit seinem früheren — nicht notwendig arglistigen — Verhalten nach Treu und Glauben nicht zu vereinbarenden Widerspruch setze (RGZ 107, 357; BGHZ 16, 334, 337 ff. betreffend Grundstückskauf; hinsichtlich der formnichtigen Abtretung von GmbH-Anteilen vgl. BGHZ 35, 242. Vgl. ferner BGH WPM 62, 786; BB 67, 9 zur Unzulässigkeit der „Berufung" auf die nach § 139 BGB eingetretene Gesamtnichtigkeit und BGH MDR 58, 490 zur Unbeachtlichkeit der Nichtigkeit eines Erbvertrages.

170 Mit der Restriktion des § 125 BGB durch § 242 BGB (so die h. L.), mit der Lehre *Sieberts* vom Normenmißbrauch (vgl. *Soergel / Siebert / Knopp*, § 242, Rdn. 168 ff.) oder schlicht mit der Formel des BGH, ein Erfüllungsanspruch müsse trotz Nichtigkeit gewährt werden, wenn dessen Nichtanerkennung zu einem schlechthin untragbaren, nicht nur etwa harten Ergebnis führen würde (vgl. BGH WPM 57, 1440 f.; NJW 65, 812 f.).

171 BAG BB 60, 1243; 63, 687.

172 RGZ 98, 13; 170, 79; OLG Köln FamRZ 68, 464.

173 BGH WM 60, 803 (805).

174 BGH LM Nr. 2 zu § 154 BGB.

— daß der Ablauf der tariflichen Ausschlußfrist ipso iure zum Erlöschen des betroffenen Anspruchs führt[175];

— daß bei fehlender Vertretungsmacht mangels Genehmigung des Geschäfts ebenso wie beim offenen Dissens keine Verbindlichkeit entsteht;

— daß bei Bescholtenheit der Braut ein gesetzliches Merkmal des § 1300 BGB fehlt.

Es bedarf keiner „Berufung" auf die fehlenden gesetzlichen Entstehungsvoraussetzungen eines Anspruchs oder auf Erlöschenstatbestände; sie sind von Amts wegen zu berücksichtigen.

In diesen Fällen nimmt das Prinzip des v. c. f. p. eine neue Funktion wahr. § 242 BGB dient in weitgehendem Umfang — wenn auch zumeist unausgesprochen[176] — als selbständige Grundlage von Erfüllungsansprüchen[177].

Die Partei, der es auf Grund § 242 BGB verwehrt ist, eine bestimmte — formal an sich zutreffende — Rechtsauffassung zu vertreten, muß sich so behandeln lassen, als sei der formnichtige Vertrag gültig, die fehlende Genehmigung erteilt oder die Ausschlußfrist nicht abgelaufen.

Ob sich aus diesen jeweils einzelfallbezogenen Rechtsprechungsgrundsätzen ein allgemeines zivilrechtliches Institut der „Vertrauenshaftung kraft widersprüchlichen Verhaltens" bzw. „kraft Erwirkung" herleiten läßt[178], mag dahinstehen. Jedenfalls zeigt die knappe Rechtsprechungsübersicht, daß das Verbot widersprüchlichen Verhaltens grundsätzlich, wenn auch sicherlich nur unter sehr engen Voraussetzungen anspruchserzeugende Funktion haben kann.

Dann entfallen aber zugleich die dogmatischen Bedenken dagegen, die Rechtsverbindlichkeit der Betriebsübung aus diesem Prinzip heraus zu erklären. Auch der Arbeitgeber, der nach jahrelanger vorbehaltloser Gewährung zusätzlicher Leistungen diese Übung plötzlich abbricht, bringt damit einen ganz bestimmten Rechtsstandpunkt zum Ausdruck.

---

[175] BAG AP Nr. 10 zu § 611 BGB Lohnanspruch; BAG AP Nr. 9 zu § 59 BetrVG.

[176] Eine der seltenen Ausnahmen stellt die Entscheidung des BGH in MDR 59, 290 dar, die offen ausspricht, daß § 242 BGB in diesen Fällen zur „klagebegründenden Norm" wird.

[177] So mit Recht *Canaris*, Vertrauenshaftung, S. 267 f.

[178] So aber *Canaris*, S. 287 ff., 372 ff., 491 ff. Es dürften jedoch Zweifel bestehen, ob sich aus der Fülle der vertrauenstypischen Tatbestände des Privatrechts eine allgemeine, geschlossene Theorie der außerrechtsgeschäftlichen Vertrauenshaftung mit vertragsgleicher Wirkung entwickeln läßt. Zumindest ist diese Systembildung nicht ungefährlich, weil sie erfahrungsgemäß zu einer schematischen Handhabung verführt, die die im Anwendungsbereich von Treu und Glauben erforderliche Abwägung sämtlicher Umstände des Einzelfalles allzu leicht in den Hintergrund treten läßt.

Er besteht auf seinem an sich gegebenen „Recht“, die freiwilligen Leistungen jederzeit einzustellen, weil weder eine rechtsgeschäftliche noch eine normative Bindung eingetreten ist.

Die ‚Berufung‘ auf diese bloße *Rechtsposition* kann aber von Fall zu Fall gegen das Verbot widersprüchlichen Verhaltens verstoßen. Die Widersprüchlichkeit liegt darin begründet, daß der Arbeitgeber durch sein gleichförmiges Verhalten zu der berechtigten Annahme verleitet hat, die übliche Leistung sei und bleibe Bestandteil der laufenden Bezüge, obwohl er durch einen Freiwilligkeits- oder Widerrufsvorbehalt hätte verhindern können und müssen, daß die Arbeitnehmer sich nachhaltig auf die Fortgewährung einstellen.

An der Zulässigkeit einer richterlichen Rechtsfortbildung im aufgezeigten Sinne dürften angesichts des ehrwürdigen Alters des als rechtsverbindlich anerkannten Instituts der Betriebsübung keine durchgreifenden Bedenken bestehen, zumal ihre bindende Wirkung in Teilbereichen wie bei Gratifikationszahlungen als gewohnheitsrechtlich abgesichert anzusehen ist[179].

*4. Abschnitt*

## Die dogmatische Begründung einer Rechtsverbindlichkeit der irrtümlichen Übung

Die Erklärung der Bindung an die Betriebsübung aus dem Verbot widersprüchlichen Verhaltens müßte es erlauben, auch der irrtümlichen Übung[180] nicht von vornherein jede Rechtsverbindlichkeit abzusprechen. Allerdings kann es nicht damit getan sein, die irrtümliche Übung als Unterfall der Betriebsübung zu begreifen und sie den für diese entwickelten Regeln zu unterstellen[181].

Trotz der möglichen äußerlichen Identität zwischen Betriebsübung und irrtümlicher Übung weist die letztere Besonderheiten — unter anderem einen ganz anders gearteten Vertrauenstatbestand — auf, die

[179] Daraus folgt allerdings nicht, daß der dogmatische Geltungsgrund der Betriebsübung gewohnheitsrechtlich feststünde. Vgl. im einzelnen *Seiter*, S. 95 ff. (97 f.); ferner *Säcker*, S. 462, beide m. w. N.

[180] Zum Begriff: Teil 2, 2. Abschnitt.

[181] So aber *Seiter*, S. 100 f., der den Besonderheiten der irrtümlichen Übung nicht genügend Beachtung schenkt; er hat nur die Irrtumsfälle im Auge, die starke äußere Ähnlichkeit mit der Betriebsübung aufweisen (vgl. die von *Seiter*, S. 43, FN 122, 123 zitierten BAG-Entscheidungen: AP Nr. 11 zu § 611 BGB Ärzte Gehaltsansprüche; AP Nr. 2 zu § 242 BGB Betriebliche Übung).

eine unterschiedliche rechtliche Behandlung bedingen. Dies wird evident, wenn wie beispielsweise in den beschriebenen Eingruppierungsfällen die irrtümliche Übung bereits äußerlich keinerlei Ähnlichkeit mit der Betriebsübung besitzt[182].

## A. Die Besonderheiten der irrtümlichen Übung im engeren Sinne

### I. Der Normvollzugswille

Die irrtümliche Übung wird im Gegensatz zur Betriebsübung dadurch gekennzeichnet, daß der Arbeitgeber nicht freiwillig zusätzliche Leistungen gewähren, sondern schlicht einer Tarif- oder sonstigen Norm im Verhältnis zum Arbeitnehmer Geltung verschaffen und damit eine vermeintlich bestehende Verpflichtung erfüllen will (Normvollzugswille).

Trat dieser Normvollzugswille nach außen hin nicht in Erscheinung, und durfte der Arbeitnehmer nach den gegebenen Umständen von einer bewußt übertariflichen Zuwendung ausgehen, spricht nichts dagegen, diese Übung als Betriebsübung zu verstehen und zu behandeln, zumal wenn sie kollektive Züge trägt[183].

Bei dieser Fallgestaltung ist die dogmatische Begründung ihrer Rechtsverbindlichkeit für das Ergebnis weitgehend bedeutungslos. Daher sollen im folgenden unter dem Begriff der „irrtümlichen Übung" nur solche Fälle verstanden werden, in denen der Normvollzugswille für den Arbeitnehmer erkennbar war, also Übungen, denen die Vertragstheorie jede rechtliche Relevanz abspricht.

### II. Der grundsätzlich individuelle Charakter der irrtümlichen Übung

Die irrtümliche Übung unterscheidet sich ihrer inneren Struktur nach wesentlich von der Betriebsübung.

So erhält die Betriebsübung ihr typisches Gepräge — schon rein begrifflich — durch das kollektive Moment: Der Arbeitgeber stellt bewußt eine abstrakte Regel auf, nach der er jedem Arbeitnehmer des Betriebes, der die entsprechenden Voraussetzungen erfüllt, die vorgesehene Leistung gewährt.

---

182 Siehe oben: Teil 1, 2. Abschnitt, A.

183 Vgl. das Doppeldienstentschädigungsurteil des BAG AP Nr. 2 zu § 242 BGB Betriebliche Übung; dort war der vermeintliche Rechtsgrund für die irrtümliche Zahlung der Doppeldienstentschädigung nicht nach außen hin in Erscheinung getreten.

Bei der irrtümlichen Übung dagegen handelt es sich, auch wenn sie im Einzelfall eine Vielzahl von Arbeitnehmern betrifft, immer um eine bloße Anhäufung von individuellen Übungen. Der Arbeitgeber stellt keine Regel auf, sondern verfährt nach einer vermeintlich bestehenden Regel (Gesetz, Tarifvertrag etc.). In der Vorstellung der Arbeitsvertragsparteien erhält der Arbeitnehmer die Leistung, nicht weil sie betriebsüblich ist, sondern weil er (unabhängig vom Kollektiv) einen höchstpersönlichen Anspruch auf die Leistung zu haben glaubt.

Dieser grundsätzlich individuelle Charakter der irrtümlichen Übung im engeren Sinne macht deutlich, warum bestimmte Problemkreise der Betriebsübung für jene weitgehend bedeutungslos sind.

So kann sich die Frage, ob eine im Betrieb bestehende Übung auch zugunsten neueintretender Arbeitnehmer gilt[184], bei der irrtümlichen Übung gar nicht erst stellen; der Arbeitgeber darf diesen die irrtümliche Leistung selbstverständlich vorenthalten.

Weiterhin kann sich der für die Betriebsübung in vielerlei Hinsicht bedeutsame Grundsatz der Gleichbehandlung[185] bei der irrtümlichen Übung grundsätzlich nicht auswirken. Der Arbeitnehmer, der selbst noch nicht in den Genuß der irrtümlichen Leistung gekommen ist, kann grundsätzlich keine Gleichbehandlung dahingehend verlangen, daß im Hinblick auf andere irrtümlich begünstigte Arbeitnehmer auch ihm gegenüber der Tarifvertrag falsch gehandhabt wird (keine „Gleichbehandlung im Unrecht")[186].

## III. Vertrauenstatbestand bei Betriebsübung und irrtümlicher Übung

Der Arbeitnehmer vertraut bei der Betriebsübung ebenso wie bei der irrtümlichen Übung auf die Beibehaltung eines ständig wiederholten Verhaltens. Dennoch liegen beiden Arten von Übungen ganz unterschiedliche Vertrauenstatbestände zugrunde.

Im ersten Fall vertrauen die Arbeitnehmer auf die Fortsetzung einer vom Arbeitgeber bewußt in Gang gesetzten Übung, weil der Arbeitgeber sich die Freiwilligkeit der Leistung weder ausdrücklich noch konkludent vorbehalten hat.

In Irrtumsfällen dagegen hat der Arbeitgeber das Vertrauen in das Bestehen eines Rechtsanspruchs geweckt, denn die Arbeitnehmer gehen davon aus, er erbringe die ständige Leistung in richtiger Beurteilung der kollektiven Rechtslage.

---

184 Zur Problematik vgl. *Seiter,* S. 101 ff.

185 Zur Problematik vgl. *Seiter,* S. 105 ff.

186 In diesem Sinne: BAG AP Nr. 37 zu § 242 BGB Gleichbehandlung; BAG AP Nr. 1 zu § 4 MTB II.

## B. Die anspruchsbegründende Wirkung des Verbots widersprüchlichen Verhaltens — namentlich in Irrtumsfällen

Die Rechtsverbindlichkeit der Betriebsübung aus dem Verbot widersprüchlichen Verhaltens herzuleiten bedeutet, dieses Prinzip in seiner anspruchsbegründenden Funktion um eine neue, der Rechtsprechung bislang unbekannte Fallgruppe zu erweitern.

Könnte man aus diesem Grund der Zulässigkeit der hier vertretenen Deutung der *Betriebsübung* noch mit Skepsis begegnen, so kann doch kein Zweifel daran bestehen, daß die Erklärung der Rechtsverbindlichkeit der *irrtümlichen* Übung aus dem besagten Prinzip heraus sich auf dogmatisch wesentlich gefestigterem Boden bewegt.

Namentlich die Fälle der Fehlinterpretation von Verträgen, durch die ein Beteiligter den Eindruck des Bestehens einer bestimmten Rechtslage hervorgerufen hat, sind prädestiniert für die Annahme eines anspruchsbegründenden venire contra factum proprium (v. c. f. p.).

Anerkanntermaßen kann derjenige, der eine zweifelhafte Vertragsbestimmung *längere Zeit* — sei es auch irrtümlich — in einem bestimmten Sinne ausgelegt und gehandhabt hat, an diese Auslegung gebunden sein, wenn sich der andere Teil darauf eingerichtet hat[187]. Es läßt sich zwar kein allgemeiner Satz des Inhalts aufstellen, der Auslegende dürfe sich nicht mit seiner Auslegung in Widerspruch setzen und sei daher durch das Verbot des v. c. f. p. an seine falsche Rechtsauffassung gebunden[188]; grundsätzlich hindert dieses Verbot nicht ohne weiteres die Aufgabe einer früheren, unrichtigen Rechtsauffassung[189].

Etwas anderes gilt aber, wenn sich der eine Vertragspartner auf die gleichbleibende Einstellung des anderen einrichten durfte, sich auch tatsächlich eingerichtet hat und ihm nun eine Anpassung an die eigentliche Vertragslage nicht mehr zuzumuten ist[190]. Unter diesen Voraussetzungen würde die Berufung auf die an sich gegebene Rechtslage als selbstwidersprüchlich gegen Treu und Glauben verstoßen.

Das Verbot des v. c. f. p. kann somit — namentlich in Dauerschuldverhältnissen — unmittelbar anspruchsbegründende Wirkung zeitigen.

---

187 Vgl. RGZ 144, 89 (92); BGHZ 23, 273 (278).

188 Zu weitgehend daher die Formulierung bei *Lüderitz*, S. 308.

189 *Soergel / Siebert / Knopp*, § 242, Rdn. 235 m. w. N.

190 Vgl. *Palandt / Heinrichs*, § 242, Anm. 4 c, ee m. w. N. Bisweilen greift die Rspr. auch hier wieder auf die Fiktion eines stillschweigenden Vertragsschlusses bzw. einer Vertragsänderung zurück, um die im Ergebnis — zu Recht oder zu Unrecht — gewünschte Bindung an eine Fehlinterpretation des Vertragsinhalts zu erreichen (RGZ 134, 195, 196 f.; BGH WM 55, 1285; 62, 301).

Ständige Leistungen des Arbeitgebers in der Annahme einer vermeintlichen Verpflichtung werden zumeist — in den Fällen der irrtümlich zu hohen Eingruppierung — fast regelmäßig auf die Fehlinterpretation des Tarifvertrages zurückgehen.

Der Arbeitgeber mag im Wege der Falschauslegung den Geltungsbereich einer Bestimmung in sachlicher oder persönlicher Hinsicht generell ausgeweitet oder ihn zwar richtig erfaßt, jedoch im Einzelfall den Sachverhalt falsch subsumiert haben (Fehlinterpretation im eigentlichen Sinne).

Für die Frage der Bindung an eine irrtümliche Übung kann es aber nicht entscheidend darauf ankommen, ob es sich um einen Rechtsirrtum (Fehlinterpretation im eigentlichen Sinne) handelt oder ob der Arbeitgeber von falschen tatsächlichen Voraussetzungen ausgegangen ist und deshalb den Tarifvertrag falsch angewandt hat (Tatsachenirrtum) oder ob die vermeintlich bestehende Tarifnorm nicht oder nicht mehr existiert[191].

Entscheidend ist vielmehr, daß der Arbeitgeber durch die — wie auch immer geartete — fehlerhafte Handhabung der Tarifnorm beim Arbeitnehmer das Vertrauen auf das Bestehen einer bestimmten Rechtslage geweckt, durch die ständigen vorbehaltlosen Leistungen weiter genährt und so seine Rechtsansicht vom Umfang der aus dem Arbeitsverhältnis fließenden Ansprüche kundgemacht hat. An diese unter Umständen jahrelang eingenommene irrige Rechtsauffassung ist der Arbeitgeber gebunden, wenn weitere Umstände hinzutreten, die die Änderung bzw. Berichtigung seiner Auffassung als ein v. c. f. p. erscheinen lassen. Gegebenenfalls muß er sich so behandeln lassen, als hätte er sich einzelvertraglich zu der übertariflichen Leistung verpflichtet. Der begünstigte Arbeitnehmer hat damit quasi-vertragliche Ansprüche „erwirkt".

Das bekannteste Beispiel für diese Art von Anspruchserwirkung bietet die verwaltungsrechtliche Parallelproblematik der Rückforderung und Einstellung zuviel gezahlter Dienst- und Versorgungsbezüge.

Auch dort wird der Vertrauensschutz grundsätzlich nicht von der Art des der Behörde unterlaufenen Irrtums abhängig gemacht. Sind infolge fehlerhafter Auslegung oder sonst fehlerhafter Handhabung zwingender gesetzlicher Vorschriften Dienst- oder Versorgungsbezüge oder Sozialrenten gänzlich rechtsgrundlos oder zu hoch festgesetzt und über längere Zeiträume hinweg ausgezahlt worden, ist im Einzelfall nicht

---

[191] Die letztere Fallgestaltung lag den Entscheidungen RAG ARS 18, 39 (Teil 2, 1. Abschnitt, A I) und BAG AP Nr. 2 zu § 242 BGB Betriebliche Übung (Teil 2, 1. Abschnitt, B I) zugrunde.

nur die Rückforderung der Überzahlung[192], sondern darüber hinaus das an sich selbstverständliche Recht der Verwaltung, die irrtümlichen Leistungen künftig einzustellen, ausgeschlossen[193].

Trotz der Behandlung dieser Problematik im Rahmen der allgemeinen verwaltungsrechtlichen Lehre über die Rücknahme fehlerhafter begünstigender Verwaltungsakte liegt ihr sachlich der Verwirkungsgedanke zugrunde.

Soweit es um den Ausschluß der Rückforderung geht, handelt es sich um die klassische rechtsbeeinträchtigende Funktion der Verwirkung.

Was die Verpflichtung zur Weitergewähr fehlerhafter Bezüge anbetrifft, erwirbt der Leistungsempfänger kraft „Verwirkung"[194] des Rechts der Behörde, die irrtümlichen Bezüge einzustellen, einen gesetzlich nicht vorgesehenen Anspruch.

Gerade auch das Arbeitsrecht, das wesentlich durch die Grundsätze von Treu und Glauben beherrscht wird, bietet günstige Voraussetzungen für die anspruchsbegründende Wirkung eines rein tatsächlichen Verhaltens. Die vielfältigen Rechte und Pflichten des Arbeitsverhältnisses bedingen sich gegenseitig in einem solchen Maße, daß die Übergänge zwischen rechtsbeeinträchtigender und rechtsbegründender Verwirkung fließend sind. Selbst unter Zugrundelegung eines orthodoxen Verwirkungsbegriffs kann die Verwirkung von Arbeitgeberansprüchen zugleich die Entstehung von Arbeitnehmeransprüchen zur Folge haben.

So hatte das Landesarbeitsgericht Berlin mit Urteil vom 8. 6. 1967[195] über die Klage eines Theaterinspektors zu entscheiden, die auf Beibehaltung einer irrtümlichen Übung gerichtet war. Anders als in den früher geschilderten Fällen[196] hatte der Arbeitgeber keine gegenständliche zusätzliche Leistung erbracht. Er hatte über einen Zeitraum von fast sechs Jahren hinweg aus Versehen lediglich auf einer regelmäßigen Arbeitszeit von 44 Wochenstunden bestanden, obwohl er nach dem geltenden Tarifvertrag 56 Arbeitsstunden verlangen konnte.

Das Landesarbeitsgericht hielt den Anspruch des Arbeitgebers auf Einhaltung der tariflich vorgesehenen Arbeitszeit — zu Recht — für verwirkt; denn angesichts der Arbeitszeitfestsetzung durch den Arbeitgeber und dem dadurch beim Arbeitnehmer hervorgerufenen Vertrauen, auch künftig nur 44 Stunden in der Woche arbeiten zu müssen,

---

192 Vgl. dazu oben Teil 1, 3. Abschnitt, B III.

193 BVerwGE 9, 251 (254); 11, 136; BSG NJW 73, 871 m. w. N.

194 BSG NJW 73, 871 behandelt die Problematik der künftigen Bindung ausschließlich unter dem Aspekt der Verwirkung.

195 AP Nr. 2 zu § 15 BAT = DB 68, 316.

196 Siehe oben Teil 2, 1. Abschnitt.

widersprach es Treu und Glauben, wenn der Arbeitgeber plötzlich eine weit höhere Arbeitsstundenzahl mit der Begründung verlangte, er habe sich sechs Jahre hindurch geirrt.

Nach der konkreten Prozeßlage hielt der Einwand der Verwirkung[197] in seiner klassischen, rechtsbeeinträchtigenden Erscheinungsform die Lösung des Falles ohne weiteres bereit; denn es ging nicht um die Begründung neuer Leistungspflichten des Arbeitgebers, sondern um den Verlust seiner vertraglichen Ansprüche.

Eine wertungsmäßig völlig unbedeutende Abwandlung der Prozeßgeschichte macht jedoch deutlich, daß der Angestellte über die faktische Verbesserung seiner Rechtsstellung hinaus infolge der Verwirkung zugleich einen formalen Rechtszuwachs erfahren hat.

Hätte der Angestellte mit dem Ziel geklagt, ihm die über 44 Wochenstunden hinaus geleistete Arbeitszeit als Überstunden zu vergüten oder durch zusätzliche Freizeit abzugelten, hätte das Gericht ihm diesen selbständig einklagbaren Anspruch mit der Begründung zusprechen müssen, er habe den Vergütungs- oder Abgeltungsanspruch „erwirkt“.

*5. Abschnitt*

# Die innere Rechtfertigung der Rechtsverbindlichkeit der irrtümlichen Übung

## A. Der unausgesprochene Vorbehalt der Rechtsprechung gegen die bindende Wirkung der irrtümlichen Übung

Aus der rechtsdogmatischen Unbedenklichkeit der Bindungswirkung folgt nicht zwingend zugleich, daß es auch rein wertungsmäßig jemals geboten sein müßte, eine Verpflichtung des Arbeitgebers zur Fortsetzung irrtümlicher Leistungen anzuerkennen. Die Frage, ob das Abbrechen einer tatsächlichen Übung selbstwidersprüchlich ist, läuft letztlich immer auf eine rechtsethische Bewertung hinaus.

---

[197] Da im entschiedenen Fall der Tarifvertrag nur kraft einzelvertraglicher Bezugnahme galt, also keine normative Wirkung entfaltete, war eine Verwirkung keinesfalls durch § 4 Abs. 4 Satz 2 TVG ausgeschlossen (*Hueck / Nipperdey / Stahlhacke*, TVG, § 4, Rdn. 127). Es kommt daher nicht auf die Frage an, ob nur tarifliche Ansprüche des Arbeitnehmers oder auch solche des Arbeitgebers unter das Verwirkungsverbot fallen. Das Letztere bejahend z. B. *Schaub*, ArbR Hdb, S. 256.

Bei der Betriebsübung ist auf Grund der Jahrzehnte zurückreichenden, selten einhelligen Judikatur die Bewertung zugunsten des Vertrauensschutzes ausgefallen.

Für die irrtümliche Übung hat sich in der Rechtsprechung ein durchweg gegenteiliges Bewertungsergebnis herausgebildet. Der tiefere Grund hierfür dürfte nicht nur in dem verfehlten rechtsdogmatischen Ansatzpunkt der Vertragstheorie zu sehen sein, sondern auch in einer unterschwelligen Abneigung, den Arbeitgeber auf einem irrtümlichen Verhalten festzunageln. Die Rechtsprechung gibt teilweise recht deutlich zu erkennen, daß die Einstellung irrtümlicher Zahlungen *grundsätzlich* nicht gegen Treu und Glauben verstoßen könne, weil das Vertrauen in eine in Wirklichkeit nicht bestehende Rechtslage keinesfalls schutzwürdig sei[198].

*Eberle*[199] faßt diese Ansicht dahingehend zusammen: Für den Arbeitgeber sei es schon schwerwiegend genug, wenn er jahrelang zuviel gezahlt habe, ohne die Überzahlungen zurückfordern zu können. Ihm sei nicht zumutbar, darüber hinaus auch noch nach Aufdeckung des Irrtums an sein Vorverhalten gebunden zu sein.

## B. Die Zurückweisung der wertungsmäßigen Bedenken gegen eine Bindung

Würde die Rechtsprechung den Geltungsgrund der Betriebsübung richtigerweise allein im Vertrauensschutzgedanken sehen, käme sie nicht umhin, ihre inneren Vorbehalte gegen die potentielle Rechtsverbindlichkeit der irrtümlichen Übung aufzugeben; denn für die besondere Schutzwürdigkeit des Vertrauens in das Bestehen einer bestimmten Rechtslage sprechen sachlich und wertungsmäßig gewichtige Argumente.

### I. Die Intensität des Vertrauenstatbestandes bei Betriebsübung und irrtümlicher Übung

Die Rechtsprechung schützt in Fällen der Betriebsübung das Vertrauen des Arbeitnehmers darauf, der Arbeitgeber werde die freiwilligen Leistungen gerade wegen seines bisherigen ständigen Verhaltens fortsetzen.

---

198 Vgl. BAG AP Nr. 26 zu § 1 FeiertagslohnzahlungsG (Bl. 4); BAG AP Nr. 121 zu § 242 BGB Ruhegehalt (Bl. 4 R.); beiläufig auch BAG AP Nr. 7 zu Art. 3 GG (Bl. 2 R.).

199 BB 72, 1326 (1329).

Es ist aber nicht einzusehen, daß der Arbeitnehmer, der zu Recht auf einen vermeintlich bestehenden tariflichen Anspruch vertraut und auch vertrauen darf, weniger schutzwürdig sein soll als derjenige, der auf die Beibehaltung von erkennbar freiwilligen Zuwendungen vertraut. Er richtet sich mindestens ebensosehr und in der Regel sogar mit größerer innerer Berechtigung auf den Fortbestand der Zahlungen ein als der freiwillig bedachte Arbeitnehmer.

Von bewußt gewährten zusätzlichen sozialen Leistungen weiß der Arbeitnehmer, daß sie nur auf Grund guter wirtschaftlicher Ergebnisse des Unternehmens erbracht werden können; gleichwohl führen sie unter bestimmten Voraussetzungen zu einer rechtlichen Bindung des Arbeitgebers. Hier erkennt der Arbeitnehmer den Charakter der Freiwilligkeit und kann sich innerlich darauf einstellen, daß in Zeiten einer schlechten wirtschaftlichen Ertragslage ein Bedürfnis nach Abbau oder zeitweiser Einstellung derartiger Leistungen entstehen kann.

Soweit dagegen über lange Zeit hinweg Leistungen erbracht werden, auf die nach übereinstimmender — wenn auch irriger — Ansicht der Arbeitsvertragsparteien ein tariflicher oder anderweitiger Rechtsanspruch besteht, stellt sich der Arbeitnehmer auf diese vermeintliche Rechtslage fest und dauerhaft ein, da er nicht mit dem Entzug von tariflich abgesicherten Ansprüchen rechnen muß.

## II. Die partielle Identität der Vertrauenstatbestände von Betriebsübung und irrtümlicher Übung

Die Schutzwürdigkeit des Vertrauens bei der irrtümlichen Übung anders als bei der Betriebsübung *grundsätzlich* zu verneinen, erscheint widersprüchlich, weil in bestimmten Fällen einer Betriebsübung ein Vertrauenstatbestand zugrundeliegt, der gerade für die irrtümliche Übung kennzeichnend ist.

Ein solches Beispiel für die Identität der Vertrauenstatbestände liefert eine Betriebsvereinbarung, die die Gewährung zusätzlicher Leistungen zum Gegenstand hat, aber wegen Verstoßes gegen das Regelungsverbot des § 77 Abs. 3 BetrVG 1972 unwirksam ist. Diese nichtige Betriebsvereinbarung läßt sich nicht in eine arbeitsvertragliche Einheitsregelung umdeuten, schon weil der Einzelvertrag eine stärkere Bindung erzeugen würde als die Betriebsvereinbarung[200]. Ist die nichtige Betriebsvereinbarung aber längere Zeit hindurch tatsächlich befolgt worden, soll sie nach verbreiteter Ansicht Rechtsverbindlichkeit als Betriebsübung entfalten können[201].

---

200 *Eberle*, Diss., S. 58 mit weiteren Argumenten gegen die Möglichkeit der Umdeutung.

Da der Arbeitgeber erkennbar lediglich seiner vermeintlichen Verpflichtung aus der Betriebsvereinbarung nachkommen will und die Arbeitnehmer nichts anderes erwarten, richtet sich das die Verbindlichkeit der Betriebsübung begründende Vertrauen allein auf das Bestehen eines normativen Rechtsanspruchs[202].

Hier soll also eine für die *irrtümliche* Übung typische Vertrauenslage unter dem Aspekt einer Betriebsübung zur Bindung des Arbeitgebers führen können.

### III. Tarifliche Übung und irrtümliche Übung

Bei der Auslegung nicht zweifelsfrei gefaßter Tarifbestimmungen hängt es bisweilen von bloßen Zufälligkeiten ab, ob eine nach herrschender Meinung irrelevante irrtümliche Übung oder eine rechtlich höchst bedeutsame sog. Tarifübung vorliegt. An diesem Beispiel wird deutlich, daß es wertungsmäßig durch nichts gerechtfertigt ist, dem Vertrauen auf das Bestehen einer in Wirklichkeit nicht gegebenen Rechtslage generell die Schutzwürdigkeit abzusprechen.

Die tarifliche Übung darf nicht mit der Betriebsübung verwechselt werden. Sie entsteht durch die ständige gleichmäßige Handhabung einer Tarifnorm in der Praxis und kann insofern für die Auslegung einer zweifelhaften Tarifbestimmung Bedeutung erlangen[203].

Ergibt die normative[204] Interpretation der fraglichen Bestimmung keinen eindeutigen Sinn, darf die tarifliche Übung als außerhalb des Vertragstextes liegendes Auslegungsmittel herangezogen werden[205]; denn eine über längere Zeit hinweg beobachtete Übung bei der Anwendung des Tarifvertrages durch die tarifunterworfenen Arbeitgeber und Arbeitnehmer zeigt, wie die Norm bisher von den Beteiligten verstanden und — unter Billigung der Tarifparteien — gehandhabt worden ist. Das läßt darauf schließen, daß diese Auslegung dem ursprünglichen Willen der Tarifparteien entspricht[206].

---

201 *Dietz / Richardi*, BetrVG, § 77, Rdn. 204 m. w. N.; *Mengel*, S. 134 f.; BAG AP Nr. 5 zu § 4 TVG Effektivklausel.

202 Die Arbeitnehmer rechnen regelmäßig nicht mit der Unwirksamkeit der Betriebsvereinbarung. Sie können daher aus der ständigen Erfüllung der vermeintlichen normativen Pflicht nicht (im Sinne der Vertragstheorie) auf einen Willen des Arbeitgebers geschlossen haben, sich einzelvertraglich auf diese Leistungen festzulegen.

203 Ausführlich *Canaris* in Anm. zu BAG AP Nr. 26 zu § 1 FeiertagslohnzahlungsG m. w. N.

204 Zur Auslegung von Tarifverträgen vgl. *Siegers*, DB 67, 1630.

205 *Hueck / Nipperdey* II, S. 360.

206 *Nikisch* II, S. 222. Die Heranziehung der Tarifübung als Auslegungsmittel setzt selbstverständlich voraus, daß diese in der Übung zum Ausdruck kommende Auslegung nicht dem Wortlaut der Norm zuwiderläuft.

Dieser Rückschluß ist allerdings nur gestattet, wenn sich die tarifliche Übung im größeren Teil des Geltungsbereiches des Tarifvertrages *einheitlich* durchgesetzt hat[207].

An einem praktischen Beispiel aus der Rechtsprechung soll aufgezeigt werden, daß häufig nur ein kleiner Schritt die maßgebliche tarifliche Übung (d. h. „richtige" Auslegung) von einer irrtümlichen Übung (d. h. „falsche" Auslegung) trennt.

Das Landesarbeitsgericht Hamm[208] hatte eine Tarifordnung auszulegen, aus der nicht eindeutig hervorging, ob die in ihr festgelegten Kinderzulagen nur bis zur Erreichung des 16. Lebensjahres oder aber darüber hinaus so lange zu gewähren waren, bis die Minderjährigen einen Erwerb ausübten.

Hätte sich im Geltungsbereich des Tarifvertrages einheitlich die Übung durchgesetzt, die Kinderzulage bis zum 21. Lebensjahr zu zahlen, wäre es unbedenklich, die Tarifnorm auch in diesem Sinne zu interpretieren. Die Arbeitnehmer hätten letztlich infolge der für die Auslegung maßgeblichen Übung einen *tariflichen* Anspruch erlangt.

In der Ausgangsentscheidung hatten jedoch innerhalb des Tarifgebietes einige Betriebe die Zulage lediglich bis zum 16. Lebensjahr gewährt, andere Betriebe zahlten sie bis zum 21. Lebensjahr oder sogar darüber hinaus. Das Gericht konnte daher die Übung mangels Einheitlichkeit nicht zur Auslegung heranziehen und befand, die Zulage sei nur bis zum 16. Lebensjahr zu zahlen.

Es fragte sich daher, ob die Arbeitnehmer der Betriebe, die die Kinderzulage über das 16. Lebensjahr hinaus gezahlt hatten, durch die seit über einem Jahrzehnt bestehende Übung einen *individualrechtlichen* Anspruch auf die Weiterzahlung der Zulage erworben hatten.

Da im Ausgangsfall weder die Arbeitgeber noch die Arbeitnehmer der jeweiligen Betriebe jemals am Bestehen einer tarifvertraglichen Verbindlichkeit im Sinne der jeweiligen Übung gezweifelt hatten, wurde von allen Beteiligten die Zahlung über das 16. Lebensjahr hinaus lediglich als Erfüllung einer normativen Verpflichtung angesehen.

Es handelte sich daher um den typischen Fall einer irrtümlichen Übung. Die Vertragstheorie muß ihr zwangsläufig jede Rechtsverbindlichkeit absprechen, da sich der Arbeitgeber erkennbar nicht rechtsgeschäftlich zur Zahlung der Kinderzulage über das 16. Lebensjahr hinaus verpflichten wollte. Er darf nach dieser Auffassung die Übung ohne weiteres einseitig abbrechen.

---

[207] *Wendel,* BetrRat 58, 187 (192).

[208] Urteil v. 7. 3. 1958 (5 Sa 487/57) — unveröffentlicht —, zitiert nach *Wendel,* a.a.O.

Wie fragwürdig dieses schematisch eintretende Ergebnis unter Vertrauensschutzgesichtspunkten ist, läßt sich durch eine geringfügige Modifizierung des Sachverhalts leicht nachweisen. Hätte es sich um einen *Firmen*tarifvertrag gehandelt, hätte die jahrelange tarifliche Handhabung der Kinderzuschlagsregelung — weil einheitlich! — zur Auslegung des Tarifvertrages herangezogen werden können und im Zweifel wohl auch tatsächlich zur Annahme einer tariflichen Verpflichtung geführt.

Wenn die beiden Erscheinungen irrtümliche Übung und Tarifübung aber so eng beieinander liegen, kann es dem Arbeitgeber nicht ausnahmslos gestattet sein, durch einseitige Einstellung der Zahlungen das Vertrauen von Arbeitnehmern zu enttäuschen, die lange Jahre hindurch vermeintlich tarifliche Leistungen erhalten haben.

Hier bietet sich der Einwand förmlich an, der Arbeitgeber verhalte sich widersprüchlich, wenn er durch seine „Fehlinterpretation" jahrelang eine bestimmte Auffassung vom Umfang der tariflichen Ansprüche nährt und diese von heute auf morgen nicht mehr gelten lassen will.

Immerhin findet sich in der Rechtsprechung[209] eine vorsichtige Andeutung in der Richtung, daß sie einer Bindung des Arbeitgebers an die irrtümliche Übung nicht gänzlich ablehnend gegenübersteht, wenn der Arbeitgeber eine Rechtsnorm falsch *ausgelegt* hat.

Die Möglichkeit der Bindung kann aber nicht auf Fälle der Fehlinterpretation im engeren Sinne beschränkt sein, da die Schutzwürdigkeit des Vertrauens nicht maßgeblich von der Art des dem Arbeitgeber unterlaufenen Irrtums abhängt. Auch in sonstigen Fällen der fehlerhaften Normenanwendung ist eine Bindung sachlich und wertungsmäßig gerechtfertigt, sofern nur im Einzelfall die tatbestandlichen Voraussetzungen eines selbstwidersprüchlichen Verhaltens des Arbeitgebers erfüllt sind.

## *6. Abschnitt*

# Die tatbestandlichen Voraussetzungen der Bindung an die irrtümliche Übung

Wie erörtert, bestehen weder in rechtsdogmatischer noch in wertungsmäßiger Hinsicht Bedenken, die Möglichkeit der Bindung an eine irrtümliche Übung anzuerkennen. Es wäre jedoch verfehlt, daraus zu folgern, daß grundsätzlich jede irrtümliche Übung unter gewissen

[209] BAG AP Nr. 1 zu § 9 TV Arb Bundespost (Bl. 3 R. f.).

Minimalvoraussetzungen zu einer Bindung führt. Es kann nicht darum gehen, in schematischer Handhabung — wie sie zum Teil bei der Betriebsübung zu beobachten ist — mehr oder weniger allein auf Grund des Zeitablaufs eine Bindung an die Übung eintreten zu lassen.

Der Ausnahmefall einer Bindung an die irrtümliche Übung soll und darf nicht etwa unausgesprochen zur Regel erhoben werden. In jedem Einzelfall hat eine umfassende Interessenabwägung zu erfolgen, die allein Aufschluß darüber geben kann, ob das Abbrechen der Übung gegen Treu und Glauben verstoßen würde und deshalb unzulässig ist.

Für die richterliche Bewertung verbleibt dabei zwangsläufig ein relativ weiter Spielraum, der der Rechtssicherheit nicht förderlich ist. Der Gefahr einer reinen Billigkeitsrechtsprechung läßt sich jedoch dadurch begegnen, daß die maßgeblichen Zurechnungskriterien für eine Bindung aufgezeigt und bestimmte typisierende, für den Vertrauensschutz relevante Momente herausgearbeitet werden.

Da der Geltungsgrund der irrtümlichen Übung seinen dogmatischen Standort unmittelbar im Prinzip der Unzulässigkeit des v. c. f. p. hat, ist es nur folgerichtig, die einzelnen Zurechnungsvoraussetzungen der Bindung in enger Anlehnung an das bereits weitgehend konkretisierte Institut der Verwirkung zu entwickeln, wie Seiter[210] diesen Weg für die — zusätzliche Leistungen beinhaltende — Betriebsübung vorgezeichnet hat. Für die irrtümliche Übung gilt es allerdings eine Reihe von Besonderheiten zu beachten, die bei Seiter[211] — sofern überhaupt — nur beiläufig Erwähnung finden.

## A. Die allgemeinen Kriterien der Bindung an eine irrtümliche Übung

Eine Bindung an die irrtümliche Übung kann nur dann in Erwägung gezogen werden, wenn drei elementare Grundvoraussetzungen erfüllt sind[212]:

Der Arbeitgeber muß einen *Vertrauenstatbestand* geschaffen haben, d. h. sein bisheriges Verhalten muß objektiv geeignet sein, bei dem Arbeitnehmer[213] das Vertrauen in das Bestehen eines Rechtsanspruchs auf die fragliche Leistung hervorzurufen.

---

210 S. 99 ff.

211 S. 100 f., 112.

212 Vgl. zum System grundlegend: *Canaris*, Vertrauenshaftung.

213 Zum grundsätzlich individuellen Charakter der irrtümlichen Übung siehe oben Teil 2 4. Abschnitt II.

Von entscheidender Bedeutung auf seiten des Arbeitnehmers ist die *Schutzwürdigkeit* seines Vertrauens, ob er also auf die Fortsetzung des Verhaltens vertrauen durfte und vertraut hat.

Da das Verbot des v. c. f. p. an die Verantwortlichkeit für das eigene Vorverhalten anknüpft, muß dem Arbeitgeber die fehlerhafte Rechtsanwendung *zurechenbar* sein.

## I. Der Vertrauenstatbestand

Bei der irrtümlichen Übung im engeren Sinne will der Arbeitgeber mit den Zahlungen *erkennbar* nur einer vermeintlichen Rechtspflicht nachkommen, nicht aber zusätzliche Leistungen erbringen; daher werden am Vorliegen des erforderlichen Vertrauenstatbestandes im Regelfall keinerlei Zweifel bestehen.

Der Arbeitnehmer vertraut selbstverständlich von Anfang an auf die Fortsetzung der Übung, geht er doch vom Bestehen eines Rechtsanspruches aus; zudem wird das Vertrauen in die Richtigkeit seiner Ansicht durch die ständigen Leistungen immer wieder aufs Neue bestätigt.

Am notwendigen Vertrauenstatbestand fehlt es allerdings, wenn der Arbeitgeber — etwa im Hinblick auf die zweifelhafte Rechtslage — unter dem Vorbehalt der Richtigkeit gezahlt hat. Gleiches gilt, wenn der Arbeitnehmer den Irrtum bewußt oder gar arglistig herbeigeführt oder von Anfang an gekannt hat.

Unter diesen Umständen kann auch eine noch so lange Übung objektiv nicht geeignet sein, das Vertrauen in ihren Fortbestand zu erwecken.

## II. Die Schutzwürdigkeit des Vertrauenden

Die Schutzwürdigkeit des Vertrauenden bildet den Kernpunkt des Vertrauensschutzes, der insbesondere in Irrtumsfällen besondere Bedeutung erlangt. Der Empfänger irrtümlicher Leistungen verdient grundsätzlich nur dann in seinem Vertrauen auf die Fortsetzung der Übung geschützt zu werden, wenn er darauf vertrauen durfte — also gutgläubig war — und auch tatsächlich darauf vertraut hat, d. h. sich auf den künftigen Erhalt der Leistungen eingerichtet hat.

### *1. Die Gutgläubigkeit des Arbeitnehmers*

Ebensowenig schutzwürdig wie ein unredliches ist ein blindes Vertrauen des Arbeitnehmers. Mußten sich ihm Zweifel an der richtigen Beurteilung der Rechtslage durch den Arbeitgeber aufdrängen (grobe

Fahrlässigkeit), ist er niemals schutzwürdig, selbst wenn er im Einzelfall im Hinblick auf die irrtümliche Leistung unwiderrufliche Vermögensdispositionen getroffen haben sollte.

Da es im vorliegenden Zusammenhang nicht um die Frage der Rückforderung, sondern allein um die künftige Bindung des Arbeitgebers geht, muß selbst leichtfahrlässige Unkenntnis des Arbeitnehmers grundsätzlich zu seinen Lasten gehen. Er erscheint nicht schutzwürdig, wenn er bei der Überprüfung seiner Bezüge, zu der ihn das Treuegebot verpflichtet, unter Anwendung der ihm zumutbaren Sorgfalt den Irrtum hätte entdecken können[214]. Es würde eine besondere Honorierung der Nachlässigkeit bedeuten, dem fahrlässigen Arbeitnehmer einen Anspruch auf Weitergewährung der irrtümlichen Leistung zuzusprechen.

Dieser Grundsatz gilt allerdings nicht ohne gewisse Einschränkungen. Es sind durchaus Fallgestaltungen denkbar, in denen ein geringfügiges Verschulden des Arbeitnehmers gegen seine Eigenüberwachungspflicht durch die Stärke anderer Zurechnungsfaktoren — wie z. B. ein korrespondierendes grobfahrlässiges Verhalten auf Arbeitgeberseite oder die besonders lange Dauer der Übung — wieder ausgeglichen werden kann.

Im Zweifel, d. h. wenn keine besonderen Anhaltspunkte für die Bösgläubigkeit bestehen, ist vom guten Glauben des Arbeitnehmers auszugehen. Da eine innere Tatsache wie die Gutgläubigkeit von demjenigen, der sich auf sie beruft, kaum jemals bewiesen werden kann, wäre anderenfalls der Vertrauensschutz praktisch entwertet.

### *2. Die Dispositionen des Arbeitnehmers*

Das rechtsethische Urteil über die Schutzwürdigkeit des Arbeitnehmers hängt entscheidend davon ab, wie er sich auf die übliche Leistung eingerichtet hat und ob ihm im Hinblick darauf die Rückkehr zur an sich gegebenen Rechtslage jetzt noch zumutbar ist. Die Erfahrungstatsache, daß die Arbeitnehmer mit der Zeit ihre ganze Lebenshaltung auf die üblich gewordenen Zuwendungen eingerichtet hatten, war bezeichnenderweise für die zur Betriebsübung ergangene Rechtsprechung der entscheidende Gesichtspunkt, die Verpflichtung des Arbeitgebers zur Fortsetzung der üblichen Leistungen zu bejahen[215].

---

[214] Ob den Arbeitnehmer der Vorwurf der Sorgfaltspflichtverletzung trifft, hängt wesentlich vom Bildungsstand und der Erfahrenheit des Arbeitnehmers ab. Zu beachten ist allerdings, daß dem Arbeitnehmer, obwohl er verpflichtet ist, sich gewisse arbeitsrechtliche Grundkenntnisse zu verschaffen (vgl. *Hueck / Nipperdey* I, S. 655; BAG AP Nr. 1 zu § 1 TVG Bezugnahme auf Tarifvertrag), keine höheren Kenntnisse abverlangt werden dürfen als der Lohn- und Gehaltsstelle des Arbeitgebers (vgl. OVG Lüneburg DB 64, 1124).

In der Tat ist die Frage, ob und wie die Lebensverhältnisse des Arbeitnehmers beeinflußt worden sind, das Kernstück des Vertrauensschutzes[216].

Bis zu welchem Grad diese „Disposition" des Arbeitnehmers gediehen sein muß, um eine künftige Bindung des Arbeitgebers zu rechtfertigen, läßt sich nicht generell festlegen. Die Beurteilung wird wesentlich vom Gegenstand der Arbeitgeberleistung sowie von der Länge der Zeit bestimmt, während derer die Zuwendung erfolgt ist.

Nicht zwingend erforderlich ist, daß der Arbeitnehmer irreversible Dispositionen getroffen hat, wie dies bei Leistungen der zusätzlichen Altersversorgung der Fall sein kann. Auch irrtümlich zu hohe Lohnzahlungen sind ihrer immanenten Zweckrichtung entsprechend geeignet, den Lebenszuschnitt des Arbeitnehmers maßgeblich und dauerhaft zu beeinflussen, so daß dem Arbeitnehmer nicht in jedem Fall eine Anpassung an die „richtige" Lohnhöhe zuzumuten ist[217].

An den Nachweis der „Disposition", also des „Sich-Eingerichtet-Habens" dürfen keine allzu hohen Anforderungen gestellt werden. Eine mehr oder weniger große Wahrscheinlichkeit muß genügen[218], da es gerade bei kleinen und mittleren Einkommen der Lebenserfahrung entspricht, daß sich die Lebensverhältnisse sehr bald und nachhaltig auf die höheren Einkünfte einstellen.

### III. Die Zurechnungskriterien auf Arbeitgeberseite

Dem Arbeitgeber die ständigen irrtümlichen Leistungen im Sinne einer Bindung für die Zukunft zuzurechnen, ist nur zulässig, wenn er in irgendeiner Weise für die Entstehung des Vertrauenstatbestandes verantwortlich ist. Als Zurechnungskriterien bietet sich das Verschuldens- oder das Risikoprinzip an.

#### 1. *Verschuldensprinzip*

Seiter[219] will in Irrtumsfällen generell nur das Verschuldensprinzip gelten lassen. Eine Bindung des Arbeitgebers komme nur in Betracht, wenn seine Unkenntnis der fehlenden Leistungspflicht auf Fahrlässig-

---

[215] RAG ARS 6, 203 f.; ferner RAG ARS 40, 369 (372); 47, 221 (224); BAG AP Nr. 26 zu § 611 BGB-Gratifikation.

[216] *Wiedemann* in Anm. zu BAG AP Nr. 1 zu § 9 TV Arb Bundespost; *Canaris*, Vertrauenshaftung, S. 388 f.; *Seiter*, S. 99 ff. geht auf diesen Gesichtspunkt nicht näher ein.

[217] Vgl. *Wiedemann* in Anm. zu BAG AP Nr. 121 zu § 242 BGB Ruhegehalt; ders. in Anm. zu BAG AP Nr. 1 zu § 9 TV Arb Bundespost.

[218] *Canaris*, Vertrauenshaftung, S. 513.

[219] *Seiter*, S. 100 f., 112.

keit beruhe. Anderenfalls könne er die Übung jederzeit abbrechen; das Vertrauen der Arbeitnehmer sei dann nicht schutzwürdig. Eine nähere Begründung für diese Einschränkung liefert Seiter allerdings nicht. Er läßt zudem offen, ob nur auf das schuldhafte Verhalten des Arbeitgebers bzw. seiner Bevollmächtigten oder auch auf das Verschulden untergeordneter Erfüllungsgehilfen abzustellen ist.

### 2. *Ablehnung des Verschuldensprinzips*

Im praktischen Ergebnis wird es zumeist auf dasselbe hinauslaufen, ob man dem Arbeitgeber den Irrtum nach dem Verschuldens- oder nach dem Risikoprinzip zurechnet. Prima facie wird immer einiges für ein Verschulden sprechen, wenn die Ermittlung von Lohn und Gehalt, Zuschlägen und sonstigen Leistungen fehlerhaft war und der Fehler lange Zeit hindurch nicht aufgedeckt worden ist. Darüber hinaus böte sich die analoge Heranziehung des in der Beweislastumkehr der §§ 282, 285 BGB zum Ausdruck kommenden Rechtsgedankens an[220].

Gleichwohl ist die Auffassung Seiters[221] abzulehnen. Eine Zurechnung allein nach Verschuldensgrundsätzen zieht Konsequenzen nach sich, die mit dem Vertrauensschutzgedanken unvereinbar sind.

Geht die irrtümliche Übung auf die fehlerhafte Beurteilung der eindeutigen und unmißverständlichen kollektiven Rechtslage zurück[222], soll eine Bindung eintreten können, weil hier das Verschulden des Arbeitgebers bzw. seiner Hilfspersonen klar zutage tritt.

In den Fällen der Fehlinterpretation einer mehrdeutigen Tarifnorm dagegen würde praktisch eine Bindung nie eintreten. Angesichts der Auslegungsbedürftigkeit vieler tariflicher Bestimmungen ist größte Zurückhaltung in der Bejahung eines Schuldvorwurfs angebracht; auch bei Anwendung aller erdenklichen Sorgfalt läßt sich eine Falschauslegung nicht immer vermeiden[223].

Dieses Ergebnis kann keinesfalls befriedigen. Gerade bei der Fehlinterpretation nicht zweifelsfrei gefaßter Tarifnormen ist das Vertrauen des Arbeitnehmers in die richtige Beurteilung der Rechtslage durch den Arbeitgeber besonders schutzwürdig[224].

---

[220] Zur analogen Anwendung der §§ 282, 285 BGB auf Pflichtverletzung im Arbeitsverhältnis vgl. oben Teil 1, 3. Abschnitt, B IV 1 b.

[221] Siehe oben FN 219.

[222] z. B. sieht der Tarifvertrag die fragliche Leistung gar nicht vor.

[223] Ob eine Tarifauslegung „falsch“ oder „richtig“ ist, wird in Streitfällen selbst durch die Arbeitsgerichte nicht selten von Instanz zu Instanz unterschiedlich beurteilt. Dann kann ein solcher Irrtum aber erst recht nicht dem Arbeitgeber als vermeidbar vorgehalten werden.

[224] Siehe oben Teil 2, 5. Abschnitt, B III.

Überdies steht Seiters Beschränkung der Zurechnung auf das Verschuldensprinzip in auffälligem Widerspruch zu seiner am Verwirkungsgedanken orientierten Erklärung der Rechtsverbindlichkeit der Übung[225]. Wenn die schuldlose Unkenntnis des Anspruchsberechtigten vom Bestehen seines Anspruchs der Annahme der Verwirkung nicht entgegensteht[226], dann ist nicht einzusehen, weshalb beim rechtsbegründenden Gegenstück der Verwirkung nur der schuldhafte Irrtum des Arbeitgebers zu einer Bindung an die irrtümliche Übung soll führen können.

### 3. *Risikoprinzip*

Es ist vielmehr mit Wiedemann[227] dem Arbeitnehmer das Risiko einer irrtümlichen Anwendung kollektiver Normen auch dann abzunehmen, wenn den Arbeitgeber wegen der Fehlbeurteilung kein Verschulden trifft.

Auch Canaris, der für sein System der „Vertrauenshaftung kraft rechtsethischer Notwendigkeit" als Zurechnungskriterium grundsätzlich das Verschulden in den Vordergrund stellt[228], macht für das Arbeitsverhältnis eine Ausnahme und rechnet dem Arbeitgeber nach dem Risikoprinzip die Verantwortlichkeit für die Richtigkeit etwa der Auslegung von Tarifverträgen als haftungsbegründend zu[229].

Dem ist zuzustimmen. Der Arbeitgeber ist „näher dran", die Folgen eines solchen Irrtums zu tragen, da er die besseren Möglichkeiten zu dessen Verhinderung bzw. rechtzeitiger Aufdeckung hat und deshalb ein derartiger Fehler typischerweise seinem betrieblichen Organisationsrisiko zuzurechnen ist[230].

Hinzu kommt, daß der das gesamte Arbeitsverhältnis beherrschende und prägende Fürsorgegedanke es dem Arbeitgeber zur Pflicht macht, die Bezüge des Arbeitnehmers durch Heranziehung der einschlägigen Vorschriften richtig zu ermitteln[231].

Schließlich darf der Gesichtspunkt der materiellen und intellektuellen Überlegenheit des Arbeitgebers bei der Frage der Risikozurechnung nicht außer Betracht bleiben.

---

[225] *Seiter*, S. 93 ff.

[226] h. M.: RGZ 134, 38 (41); BGHZ 1, 31; BAG DB 69, 1996; *Nikisch* II, S. 374; *Staudinger / Weber*, § 242, Rdn. D 617.

[227] In Anm. zu BAG AP Nr. 1 zu § 9 TV Arb Bundespost.

[228] Vertrauenshaftung, S. 517 und vorher.

[229] Ebd., S. 486.

[230] Ebd., S. 386.

[231] BAG AP Nr. 2 zu § 611 BGB, Lohnrückzahlung; BAG AP Nr. 41 zu § 256 ZPO; BAG NJW 70, 1654; *Hueck / Nipperdey* I, S. 288 ff.; *Nikisch* I, S. 346 ff.; *Schaub*, ArbRHdb, S. 257 f.

### *4. Risikosphären*

Diese weitreichende Zurechnung nach dem Risikoprinzip rechtfertigt sich aus dem Gedanken der Verantwortlichkeit des Arbeitgebers für Vorgänge in der von ihm beherrschten und beherrschbaren Sphäre.

Deshalb kann der Arbeitgeber folgerichtig ohne Verschulden nur für solche Fehler verantwortlich erklärt werden, die ihren Ursprung tatsächlich in seiner Sphäre haben[232]. Entstammt die Fehlerursache dagegen dem höchstpersönlichen Verantwortungsbereich des Arbeitnehmers, kann eine Bindung auf Grund des Risikogedankens nicht eintreten. Hat also beispielsweise der Arbeitnehmer falsche Angaben gemacht oder irreführende Unterlagen zur Verfügung gestellt, wird sein Vertrauen auf die Fortsetzung der Übung auch dann grundsätzlich nicht geschützt, wenn er den Irrtum *schuldlos* verursacht hat.

Eine Bindung des Arbeitgebers — trotz Verursachung des Fehlers durch den Arbeitnehmer — ist allenfalls auf der Grundlage des ergänzend heranzuziehenden Verschuldensprinzips möglich.

So ist z. B. denkbar, daß der Arbeitnehmer die Überzahlung zwar verursacht hat, die Fehlangaben aber so offensichtlich waren, daß sie nur infolge gröbster Nachlässigkeit der Personalstelle des Arbeitgebers nicht erkannt wurden. Hier kann die (schuldlose) Verursachung des Irrtums durch die grobe Fahrlässigkeit auf Arbeitgeberseite kompensiert werden.

## B. Die vertrauenstypischen Umstände und ihr Zusammenwirken

Die vorstehend herausgearbeiteten allgemeinen Kriterien stellen gewissermaßen die abstrakten Tatbestandsmerkmale der Bindung an die irrtümliche Übung dar, unter die der jeweilige Sachverhalt zu subsumieren ist. Ebensowenig wie für den Eintritt der Verwirkung lassen sich jedoch feste Regeln aufstellen, von welcher Intensität die einzelnen Merkmale sein müssen, um zu einer Bindung des Arbeitgebers zu führen.

Nicht einmal das Verhältnis der einzelnen Kriterien zueinander steht unumstößlich fest. Das größte Gewicht kommt zweifellos der Stärke des Vertrauenstatbestandes und der damit korrespondierenden Frage zu, in welchem Maße sich der Arbeitnehmer auf den Fortbestand der vermeintlichen Rechtslage eingerichtet hat.

Da stets eine Globalbetrachtung und umfassende Interessenabwägung zu erfolgen hat, kann die Schwäche (u. U. sogar das Fehlen) des einen

---

[232] So zutreffend *Wiedemann* in Anm. zu BAG AP Nr. 1 zu § 9 TV Arb Bundespost.

vertrauenstypischen Moments durch die besondere Stärke der übrigen Zurechnungskriterien aufgewogen (oder gar ersetzt) werden.

### I. Vertrauensbestärkende und -beeinträchtigende Sonderkriterien

Die sämtlichen in die Interessenabwägung einzubeziehenden Umstände auch nur annähernd zu erfassen, ist schlechterdings unmöglich. Immerhin lassen sich einige typisierende Umstände aufzeigen, die generell geeignet sind, das schutzwürdige Vertrauen in die Beibehaltung der irrtümlichen Arbeitgeberleistungen zu bestärken oder zu beeinträchtigen.

Die Intensität des Vertrauenstatbestandes wird maßgeblich von dem sowohl für die Verwirkung wie für die irrtümliche Übung typusbildenden — mehr oder weniger langen — *Zeitablauf* geprägt[233]. Dabei ist nicht entscheidend auf den absoluten Zeitraum, sondern vielmehr auf die Anzahl der Wiederholungen sowie die Regelmäßigkeit und Gleichmäßigkeit der irrtümlichen Leistungen abzustellen.

Handelt es sich um monatlich oder gar wöchentlich wiederkehrende Leistungen, wie z. B. bei fehlerhafter Eingruppierung, kann je nach der Stärke der übrigen Faktoren eine Bindung schon nach relativ kurzer Zeit (1 - 2 Jahre) in Frage kommen. Bei nur gelegentlich wiederkehrenden Leistungen, die regelmäßig in größeren Zeitabständen oder unregelmäßig aus besonderen Anlässen erbracht werden, wird u. U. selbst eine seit vielen Jahren bestehende Übung eine Bindung des Arbeitgebers nicht rechtfertigen können.

Eine nicht unerhebliche Rolle spielt auch die *Art* der Zuwendung. So wird sich der Arbeitnehmer erfahrungsgemäß auf finanzielle Zuwendungen eher einrichten als auf die Gewährung zusätzlicher freier Tage und Stunden[234], wie etwa bei jahrelang zuviel erhaltenem Urlaub.

Nicht zuletzt hängt bei geldwerten Leistungen die Schutzwürdigkeit des Vertrauens von der *Höhe* der Überzahlung ab. Der Arbeitnehmer richtet sich auf die Fortgewähr einer Vergünstigung, die seinen Lebensstandard — im Verhältnis zu seinen rechtmäßigen Einkünften — entscheidend verbessert, schneller und dauerhafter ein als auf eine geringfügige Überzahlung.

Ferner ist die *Zweckrichtung* der Arbeitgeberleistungen zu berücksichtigen. Dienen sie etwa — wie die Beiträge an eine Pensions-

---

[233] Für die Entstehung des objektiven Vertrauenstatbestandes dagegen ist bei der irrtümlichen Übung das Zeitmoment (anders als bei der Betriebsübung) nicht ausschlaggebend, da der gutgläubige Arbeitnehmer — unabhängig von der Anzahl die Wiederholungen der üblichen Leistungen — einen auf diese Leistungen gerichteten Rechtsanspruch zu haben glaubt.

[234] BAG AP Nr. 9 zu § 242 BGB, Betriebliche Übung.

kasse oder ähnliche Einrichtung — der Sicherstellung einer angemessenen Alters- oder Hinterbliebenenversorgung, ist der Vertrauensschutz um so höher zu bewerten, je mehr sich der Arbeitnehmer der Pensionsgrenze nähert[235] und kann im Einzelfall sogar zu einer unbegrenzten Verpflichtung des Arbeitgebers führen.

Der Grad des Vertrauensschutzes hängt ferner von den persönlichen *Verhältnissen* des Arbeitnehmers ab. Bezieher von kleinen und mittleren Einkommen, deren Bezüge in der Regel ganz überwiegend zur Bestreitung des notwendigen Lebensunterhalts verwendet werden, trifft eine Entziehung ungleich härter als etwa einen höherverdienenden Angestellten.

Dies kann konsequenterweise dazu führen, daß in ansonsten gleichen Sachverhalten dem einen Arbeitnehmer gegenüber eine Bindung an die irrtümliche Übung eintritt, dem anderen gegenüber dagegen nicht.

Berücksichtigung verdienen ferner die *wirtschaftlichen Auswirkungen* der irrtümlichen Übung auf Arbeitgeberseite. Ist etwa die Belegschaft insgesamt in den Genuß von Überzahlungen gelangt, so kann unter Umständen einer verhältnismäßig geringen Einbuße des einzelnen Arbeitnehmers eine erhebliche finanzielle Belastung des Arbeitgebers gegenüberstehen[236].

## II. Praktische Anwendung der Einzelkriterien

An einigen der früher geschilderten Rechtsprechungsbeispiele[237] soll im folgenden untersucht werden, ob — unter Zugrundelegung der aufgezeigten allgemeinen vertrauenstypischen Merkmale — das Abbrechen der jeweiligen irrtümlichen Übung mit dem Vertrauensschutzgedanken vereinbar war.

Im Doppeldienstentschädigungsurteil wählte das Bundesarbeitsgericht[238] zwar den rechtsdogmatisch zutreffenden Ausgangspunkt für die Beurteilung der Rechtsverbindlichkeit der Übung, vom Gegenstand der Leistung her bestehen jedoch gewisse Zweifel, ob der Vertrauensschutzgedanke wirklich die Fortsetzung der Übung forderte. Die irrtümlich gezahlte Sondervergütung belief sich lediglich auf DM 5,— und fiel durchschnittlich nur an etwa 30 Tagen im Jahr an. Zudem

---

[235] Vgl. dazu — wenn auch in anderem Zusammenhang — BAG AP Nr. 10 zu § 242 BGB Betriebliche Übung (Bl. 3).

[236] *Canaris* in Anm. zu BAG AP Nr. 26 zu § 1 FeiertagslohnzahlungsG (Bl. 8).

[237] Siehe oben 1. Abschnitt.

[238] AP Nr. 2 zu § 242 BGB Betriebliche Übung. Im einzelnen siehe oben 1. Abschnitt, B I.

wurde die Doppeltätigkeit an dem einen Tag durch erhöhte Freizeit an anderen Tagen ausgeglichen.

Es erscheint daher fraglich, ob es den Orchestermitgliedern unter dem Aspekt des „Sich-Eingerichtet-Habens" wirklich unzumutbar gewesen wäre, die einseitige Einstellung der Zahlungen hinzunehmen. Andererseits war zugunsten der Arbeitnehmer zu berücksichtigen, daß die Zahlung der Vergütung seit Jahrzehnten Brauch war und sie deshalb in hohem Maße auf die Beibehaltung der Übung vertrauten[239].

Im Blutalkoholuntersuchungsfall[240] reichte die Übung, den Krankenhausärzten eine besondere Vergütung für die von ihnen durchgeführten polizeilichen Blutalkoholuntersuchungen zu zahlen, bei weitem nicht so lange zurück wie im vorzitierten Urteil. Überdies war der klagende Arzt selbst nur etwa ein Jahr in den Genuß der tariflich nicht vorgesehenen Sondervergütung gelangt. Da dem Urteil weder die Höhe der einzelnen Vergütungen noch die Häufigkeit der Zahlungen entnommen werden kann, ist nicht auszuschließen, daß auch nach Vertrauensgrundsätzen — im Ergebnis übereinstimmend mit dem Bundesarbeitsgericht — eine Bindung an die Übung keinesfalls in Betracht gekommen wäre.

Ähnliche Erwägungen gelten für den Feiertagslohnzahlungsfall[241], in dem es infolge der fehlerhaften Auslegung des einschlägigen Tarifvertrages seit Jahren üblich geworden war, Feiertagszuschläge für die Arbeitsstunden der Nachtschicht zu zahlen, die in einen gesetzlichen Wochentag hineinragten.

Da es sich um wertmäßig geringfügige Zahlungen handelte, die außerdem nur zu äußerst seltenen Anlässen erbracht wurden, andererseits der Arbeitgeber aber durch die Zahlung der Zuschläge an sämtliche Arbeiter der Nachtschicht nicht unerheblich finanziell belastet wurde, wird man trotz der zeitlichen Länge der Übung — im Ergebnis mit dem Bundesarbeitsgericht — die Schutzwürdigkeit des Vertrauens auf die Fortsetzung der Übung verneinen können.

Dagegen bot der Fall der irrtümlichen Zahlung von Arbeitgeberbeiträgen zur zusätzlichen Altersversorgung[242] jedenfalls von seiner Konstellation her geradezu ideale Voraussetzungen für die Zuerkennung von Vertrauensschutz. Der betreffende Angestellte stand kurz vor dem Ausscheiden aus dem Dienst wegen Erreichens der Altersgrenze. Ohne die lange Jahre hindurch von der Arbeitgeberin erbrach-

239 Vgl. im einzelnen *Canaris*, Vertrauenshaftung, S. 391 f.

240 BAG AP Nr. 11 zu § 611 BGB, Ärzte, Gehaltsansprüche, siehe oben 1. Abschnitt, A I.

241 BAG AP Nr. 26 zu § 1 FeiertagslohnzahlungsG.

242 BAG AP Nr. 121 zu § 242 BGB Ruhegehalt.

ten, aber tariflich nicht zustehenden Leistungen wäre der Angestellte ohne Versorgungsanwartschaft aus der Zusatzversicherung ausgeschieden. Um Vorsorge für eine anderweitige adäquate Alterssicherung zu treffen, dürfte es nunmehr mit dem Eintritt in den Ruhestand zu spät gewesen sein. Allerdings war im entschiedenen Fall fraglich, ob der Arbeitgeberin der Irrtum nach dem Risikoprinzip zugerechnet werden konnte, da nach den Behauptungen des beklagten Landes der Irrtum aus dem Verantwortungsbereich des klagenden Arbeitnehmers stammte, weil er seine anderweitige Versorgungsberechtigung, die den Anspruch auf die streitigen Arbeitgeberleistungen ausschloß, verschwiegen habe. Das Bundesarbeitsgericht hätte daher die Verantwortlichkeit für den Irrtum klären müssen, notfalls durch Zurückverweisung des Rechtsstreits zum Zwecke der weiteren Sachaufklärung.

Im Dienstzeitzulagen-Fall[243] dagegen entstammte die Verantwortlichkeit für die irrtümliche Anerkennung von Vordienstzeiten eindeutig der Arbeitgebersphäre. Über fünf Jahre wurde dem Arbeitnehmer vorbehaltlos eine Dienstzeitzulage ausbezahlt, die einen nicht unerheblichen Zuschlag von 6 - 10 % auf den Stundenlohn ausmachte.

Angesichts der Höhe der Überzahlung und der Länge der verstrichenen Zeit spricht eine hohe Wahrscheinlichkeit dafür, daß sich der Arbeitnehmer auf die Zahlung des Lohnzuschlages dauerhaft eingerichtet hatte und auch einrichten durfte. Vertrauensbestärkend wirkte zusätzlich die Tatsache, daß die Arbeitgeberin ihm durch schriftlichen Bescheid ausdrücklich und detailliert die Anrechnung der früheren Dienstzeiten auf das für die Zulage maßgebliche Lohndienstalter mitgeteilt hatte.

Das Bundesarbeitsgericht sieht in der Entziehung der Dienstzeitzulage dennoch keinen Widerspruch zum Vertrauensschutzgedanken, weil der Irrtum sich allein auf die tatsächlichen Voraussetzungen des Anspruchs bezogen habe. Daß diese Begründung nicht stichhaltig ist, wurde bereits früher dargelegt[244]. Es dürften im Gegenteil die tatbestandlichen Voraussetzungen der Bindung an die irrtümliche Übung gerade in diesem Fall vorgelegen haben[245].

Wesentlich sachgerechter erscheint demgegenüber die Entscheidung des Landesarbeitsgerichts Frankfurt[246], die einen ähnlich gelagerten Fall betraf. Auch dort war die Arbeitgeberin irrtümlich von der Anerkennungsfähigkeit bestimmter Vorbeschäftigungszeiten des Arbeit-

---

243 BAG AP Nr. 1 zu § 9 TV Arb Bundespost.

244 Siehe oben Teil 2, 1. Abschnitt, A III.

245 Ebenso *Canaris*, Vertrauenshaftung, S. 394, FN 75 a.

246 In AuR 72, 219. Siehe dazu im einzelnen oben Teil 1, 4. Abschnitt.

nehmers ausgegangen und hatte ihn infolgedessen länger als ein Jahr nach einer zu hohen Stufe der tariflichen Vergütungsgruppe entlohnt.

Obwohl die irrtümliche Einstufung nur relativ kurze Zeit bestand, hatte nach Ansicht des Landesarbeitsgerichts die Arbeitgeberin eine Vertrauenslage geschaffen, die sie nicht mehr ohne weiteres einseitig rückgängig machen konnte.

Mit der kritischen Betrachtung der angeführten Rechtsprechungsbeispiele unter Berücksichtigung der aufgezeigten vertrauenstypischen Merkmale ist kein abschließendes Urteil über die Richtigkeit dieser Entscheidungen beabsichtigt, da nur die volle Kenntnis sämtlicher Umstände des Einzelfalles ein endgültiges Urteil erlauben kann.

# TEIL III

# Die künftige Beseitigung der Bindung an die irrtümliche Übung

Mit der hier vertretenen grundsätzlichen Anerkennung einer künftigen Bindung des Arbeitgebers an die irrtümliche Übung soll nicht etwa der ausnahmslosen Zementierung dieses Rechtszustandes auf unabsehbare Zeit das Wort geredet werden: insoweit dürfte von vornherein feststehen, daß die Bindung infolge eines ständigen gleichförmigen Verhaltens schon rein wertungsmäßig keinesfalls eine größere Bestandskraft besitzen kann als eine ausdrücklich vertragliche, sei es auch irrtümliche Vereinbarung. Jedoch hat allein die Tatsache, daß überhaupt eine Bindung eintreten kann und von Fall zu Fall auch eintritt, eine in ihrer praktischen Bedeutung nicht zu unterschätzende psychologische Wirkung:

Der Arbeitgeber wird weniger unnachgiebig auf seinem vermeintlichen Recht beharren, die irrtümlichen Zahlungen nach Belieben von heute auf morgen einstellen zu dürfen. Er sieht sich gezwungen, den Gedanken der sozialen Besitzstandswahrung in seine Erwägungen einzubeziehen und wird dadurch in seiner inneren Bereitschaft bestärkt, gemeinsam mit dem betroffenen Arbeitnehmer nach einem für beide Seiten angemessenen und tragbaren Interessenausgleich — etwa einer Übergangslösung — zu suchen. Kommt ein solcher vernünftiger Ausgleich nicht zustande, stellt sich allerdings die praktisch bedeutsame Frage, wie der Arbeitgeber von der irrtümlichen Übung und den daraus entstandenen Ansprüchen wieder loskommen kann.

*1. Abschnitt*

## Die einverständliche bzw. widerspruchslose Einstellung der Leistungen

### A. Einzelvertragliche Vereinbarung

Völlig unproblematisch sind die Fälle, in denen es dem Arbeitgeber — sei es durch anderweitige Zugeständnisse oder auch ohne jede „Gegenleistung“ — gelingt, die einverständliche Aufhebung seiner

Leistungspflicht zu erreichen. Dabei spielt es keine Rolle, ob das Einverständnis aus freien Stücken erklärt oder unter Kündigungsdruck abgegeben wurde.

An der Zulässigkeit einer einzelvertraglichen Aufhebung der Verpflichtung besteht nicht der geringste Zweifel; denn die irrtümliche Übung entfaltet Rechtsverbindlichkeit allein auf individualrechtlicher Ebene.

## B. Bedeutung der unwidersprochenen gebliebenen tatsächlichen Einstellung der Übung

Hat der Arbeitgeber nach Aufdeckung seines Irrtums durch schlichte Zahlungseinstellung die Übung als solche auslaufen lassen, bleiben davon die Ansprüche des Arbeitnehmers auf Weitergewähr der üblichen Leistungen grundsätzlich unberührt. Die Aufhebung der Übung als einer tatsächlichen Erscheinung ist nicht identisch mit der Aufhebung der aus der Übung resultierenden Ansprüche[1]. Hat eine irrtümliche Übung einmal Rechtsverbindlichkeit erlangt, verselbständigen sich die Einzelansprüche in der Weise, daß sie unabhängig von der üblichen Handhabung weiter bestehen.

Gleichwohl wird der Arbeitnehmer, der die tatsächliche Zahlungseinstellung längere Zeit hindurch ohne Widerspruch hinnimmt, vielfach seiner Rechte verlustig gehen, weil von einem konkludent geschlossenen Erlaßvertrag (§ 397 Abs. 1 BGB) auszugehen ist[2].

Hat der Arbeitgeber ausdrücklich erklärt, er werde die Übung nicht fortsetzen und diesen Entschluß in die Tat umgesetzt, darf er aus dem längeren Schweigen des Arbeitnehmers auf dessen Einverständnis schließen. Der Arbeitnehmer ist sich auch regelmäßig dieser Bedeutung seines Verhaltens bewußt. Diese Folgerung des Einverständnisses ist allerdings nur zulässig, wenn der Arbeitgeber unmißverständlich — sei es ausdrücklich oder durch schlüssiges Verhalten — zu erkennen gegeben hat, daß er die Leistungen für alle Zukunft einstellen will.

Konnte dagegen der Arbeitnehmer die Zahlungseinstellung auch als lediglich vorläufige Maßnahme verstanden haben, die zunächst nur bis zur abschließenden Klärung der zweifelhaften Rechtslage bestehen

---

1 Ebenso wie im Entstehungstatbestand ist beim Beseitigungstatbestand gedanklich scharf zu trennen zwischen der Übung als solcher und der aus der üblichen Handhabung erwachsenen Einzelansprüche. Vgl. dazu *A. Hueck*, Festschrift Lehmann, S. 643 bzgl. der Betriebsübung.

2 Das RAG spricht bei dieser Fallgestaltung in Zusammenhang mit der Betriebsübung von stillschweigendem Verzicht (RAG ARS 15, 138, 140) oder von Verwirkung der Ansprüche bzw. von Zustimmung zur Vertragsänderung (RAG ARS 23, 200, 202; 25, 55, 58), was aber im Ergebnis auf dasselbe hinausläuft.

sollte, dürfen aus dem fehlenden Widerspruch keine dem Arbeitnehmer nachteiligen Rechtsfolgen hergeleitet werden, da ganz allgemein in der Deutung von Stillschweigen als Zustimmung größte Zurückhaltung geboten ist. Man wird vom schlüssig erklärten Einverständnis des Arbeitnehmers nur dann ausgehen können, wenn er die unzweideutig endgültige Einstellung der Arbeitgeberleistungen über einen längeren Zahlungszeitraum hinweg in Kenntnis seiner Rechte widerspruchslos hingenommen hat[3].

## 2. *Abschnitt*

## Die Möglichkeit der Einstellung der Leistungen gegen den Willen des Arbeitnehmers

So wenig ein Zweifel daran bestehen kann, daß die Beseitigung von Ansprüchen aus irrtümlicher Übung für die Zukunft grundsätzlich auch bei Widerspruch des Arbeitnehmers möglich sein muß, so sehr erscheint fraglich, unter welch engen oder weiten Voraussetzungen man dem Arbeitgeber die Durchsetzung seines Willens gestatten soll.

Einerseits darf unter rechtspolitischen Aspekten die Lossagung von der irrtümlichen Übung nicht generell so erschwert sein, daß die Bindung stets zu einer zeitlich unbegrenzten würde. Das hätte mit Sicherheit die wenig wünschenswerte Folge, daß man sich bewußt oder unbewußt kaum jemals für eine Bindung des Arbeitgebers an sein irrtümliches Vorverhalten entscheiden würde.

Auf der anderen Seite würde ein zu großzügiges und weitreichendes Beseitigungsrecht die Bindung des Arbeitgebers unterlaufen und mehr oder weniger gegenstandslos machen, verneint man doch praktisch jede Verpflichtung zur Fortgewähr der irrtümlichen Zuwendungen und stellt damit das gewonnene Ergebnis, dem irrtümlichen Verhalten des Arbeitgebers in eng begrenzten Ausnahmefällen rechtliche Bedeutung zuzusprechen, sogleich wieder in Frage[4].

Der Beseitigungstatbestand, der in rechtsdogmatischer Hinsicht mit dem Entstehungstatbestand der Verpflichtung aus irrtümlicher Übung

---

3 Vgl. *Nikisch* I, S. 268.

4 Die Konstruktion von Ansprüchen aus irrtümlicher Übung hätte dann nur noch die Bedeutung eines Rechtsgrundes i. S. v. § 812 BGB für bereits erbrachte Zahlungen („Bindung in der Vergangenheit" i. S. *Wiedemanns*, Anm. zu BAG AP Nr. 121 zu § 242 BGB Ruhegehalt). Insoweit ist der Arbeitnehmer aber bereits durch die anerkannten Institute des § 818 Abs. 3 BGB und der Verwirkung gegen Rückforderungen geschützt.

korrespondieren sollte, muß in möglichst flexibler Weise unter Abwägung der Interessen beider Arbeitsvertragsparteien eine Entscheidung darüber zulassen, ob die irrtümlichen Leistungen auf Dauer oder wenigstens für eine Übergangszeit bestehen bleiben müssen.

Eine in jeder Hinsicht restlos befriedigende Beseitigungsmöglichkeit, die allen nur denkbaren faktischen und rechtlichen Gegebenheiten der Arbeitspraxis gerecht wird, wird sich kaum finden lassen. Ziel der Untersuchung kann es daher nur sein, die in Betracht kommenden Lösungen daraufhin zu überprüfen, welche von ihnen unter rechtsdogmatischen Aspekten die geringste Angriffsfläche bietet und zugleich eine einzelfallgerechte Interessenabwägung gewährleistet.

## A. Die Teilkündigung

Die Möglichkeit einer Teilkündigung[5] — ihre Zulässigkeit einmal unterstellt — käme gerade dem Arbeitgeber besonders entgegen, der sich von ihm lästigen Ansprüchen aus irrtümlicher Übung befreien will, ohne zugleich wie im Fall der Änderungskündigung Gefahr laufen zu müssen, den Arbeitnehmer zu verlieren, da trotz des Wegfalls der einzelnen Arbeitsbedingung der Arbeitsvertrag im übrigen bestehen bleibt. Anders als die Änderungskündigung stellt sie den Arbeitnehmer nicht vor die Wahl, die geänderten Arbeitsbedingungen zu akzeptieren oder aus dem Arbeitsverhältnis auszuscheiden, es sei denn, er nimmt die Teilkündigung zum Anlaß, auf Kosten des Kündigungsschutzes seinerseits zu kündigen.

Die Teilkündigung ist nach allgemeiner Ansicht nicht uneingeschränkt zulässig; es kann sich nur darum handeln, ob bestimmte, in gewisser Weise eigenständige Teile des Arbeitsvertrages selbständig kündbar sind.

---

[5] Diese individualrechtliche Teilkündigung ist nicht zu verwechseln mit der kollektiv-rechtlichen Kündigung *der* Betriebsübung, die von den Vertretern der normativen Theorien zur Betriebsübung mit der Begründung befürwortet wird, die Betriebsübung als schwächere Rechtsquelle könne keine stärkere Bestandskraft haben als die frei kündbare formelle Betriebsvereinbarung (so namentlich *Denecke* in Anm. zu BAG AP Nr. 2 zu § 242 BGB Betriebliche Übung; LAG Bremen BB 51, 530 f.; DB 54, 236; LAG Düsseldorf DB 56, 355; vgl. auch *Füllkrug*, S. 146 ff., 151). Diese Auffassung scheitert allerdings bereits an ihrem verfehlten dogmatischen Ausgangspunkt, der der Betriebsübung normative Kraft zuerkennt. Zu den weiteren Argumenten gegen die Kündbarkeit der Betriebsübung als solcher vgl. *Seiter*, S. 129 f. m. w. N.

## I. Die Befürworter der Teilkündigung

*Joachim*[6] tritt für eine relativ weitreichende Zulässigkeit einer dem Kündigungsschutzgesetz nicht unterliegenden Teilkündigung ein. Unter ausdrücklicher Bezugnahme auf das sog. Doppeldienstentschädigungsurteil[7] befürwortet er die Teilkündigung solcher Arbeitsbedingungen, die „nicht integrierender Bestandteil des Arbeitsvertrages" sind, d. h. die dem Arbeitsvertrag nicht als generell prägendes Merkmal anhaften, wie z. B. Tantiemen, Prämien, Weihnachtsgratifikationen, Ruhegeldvereinbarungen, Sonderzulagen und ähnliche Zusatzleistungen. Für die Teilkündigung bestehe ein großes Bedürfnis, da mit der Änderungskündigung zu viele praktische Schwierigkeiten verbunden seien; außerdem müsse wegen eines u. U. geringfügigen Vorteils, für dessen Abbau sachliche Gründe sprächen, mit dem Ausspruch einer Änderungskündigung das Vertragsganze aufs Spiel gesetzt werden.

Etwas zurückhaltender bejaht *Schlessmann*[8] die Teilkündigung für solche Nebenabreden, die zwar mit dem Arbeitsverhältnis zusammenhängen, aber nicht dessen wesentliche Bestandteile sind, d. h. die „nicht ausdrücklich zum Inhalt des durch formellen Arbeitsvertrag abgegrenzten Arbeitsverhältnisses geworden sind". Diese Kündigung unterfalle nicht dem Kündigungsschutzgesetz, lediglich die Kündigungsfristen seien einzuhalten.

*Monjau*[9] und *Neumann*[10] stimmen zwar mit den Gegnern einer Teilkündigung darin überein, daß diese Art der Kündigung nur zulässig ist, soweit sie zwischen den Arbeitsvertragsparteien vereinbart ist. Sie sehen aber bei echten Zusatzvereinbarungen, durch die Zulagen zusätzlich zu den bisherigen vertraglichen Leistungen gewährt werden, deren isolierte Aufkündbarkeit unter Einhaltung der ordentlichen Kündigungsfristen generell als stillschweigend vereinbart an. Da der Bestand des Arbeitsplatzes von dieser Teilkündigung nicht tangiert werde, seien keine Kündigungsschutzvorschriften zu beachten.

## II. Herrschende Meinung und Stellungnahme

Die ganz herrschende Meinung[11] hält die Teilkündigung grundsätzlich für unzulässig.

---

[6] RdA 57, 326 (328 f.).

[7] Siehe oben Teil 2, 1. Abschnitt, B I; BAG AP Nr. 2 zu § 242 BGB Betriebliche Übung. Dort wurde die Zulässigkeit der Teilkündigung der aus der ständigen Übung fließenden Ansprüche auf Zahlung der Sondervergütung verneint.

[8] DB 59, 977 (978).

[9] DB 59, 707 (708).

[10] In Staudinger / Nipperdey / Neumann, Vor § 620, Rdn. 63.

Dem ist schon deshalb zuzustimmen, weil es dem Grundsatz der Privatautonomie zuwiderläuft, daß eine Vertragspartei einseitig einzelne, ihr lästige Teile des Vertrages aufkündigt und dadurch den Vertragspartner zur Fortsetzung des Arbeitsverhältnisses zu für ihn ungünstigeren oder doch zumindest ungewollt veränderten Bedingungen zwingt[12].

Deshalb kann es nicht darauf ankommen, ob von der Teilkündigung wesentliche oder unwesentliche, in den Arbeitsvertrag integrierende oder nicht integrierende Vertragsbestandteile betroffen werden. Selbst die einseitige Aufhebung scheinbar nebensächlicher Abreden muß sich der andere Teil nicht gefallen lassen[13]. Darüber hinaus würde die Grenzziehung zwischen wesentlichen und unwesentlichen Vertragsbestandteilen des Arbeitsverhältnisses erhebliche, die Rechtssicherheit beeinträchtigende Schwierigkeiten machen[14].

Ebensowenig wie auf die Wesentlichkeit des Vertragsbestandteils kommt es darauf an, ob die Abrede von Anfang an Vertragsinhalt war oder später durch Änderung oder Ergänzung hinzugekommen ist[15].

Gegen die Mindermeinung, die bei der Teilkündigung die Kündigungsvorschriften für unanwendbar erklärt[16], spricht zusätzlich, daß auf diesem Wege der Kündigungsschutz umgangen und ausgehöhlt wird[17].

Eine Ausnahme von der Unzulässigkeit der Teilkündigung gilt nur in zwei Fällen:

Einmal dann, wenn ein Gesamtvertragsverhältnis sich aus mehreren Teilverträgen zusammensetzt, die eindeutig als selbständige Verträge isoliert bestehen könnten[18]. Hier handelt es sich nicht eigentlich um eine Teil-, sondern um die Vollkündigung eines selbständigen Rechtsgeschäftes[19].

---

[11] BAG AP Nr. 1 zu § 620 BGB Teilkündigung; AP Nr. 25 zu § 123 GewO; AP Nr. 1 zu § 16 AOGÖ; AP Nr. 2 zu § 242 BGB Betriebliche Übung; LAG Frankfurt/M. DB 55, 244; LAG Düsseldorf BB 68, 1384; *Hueck / Nipperdey*, I, S. 551; *Gumpert*, BB 69, 409 (410); *Gutekunst*, RdA 59, 369 (370); *A. Hueck / G. Hueck*, KSchG, § 2, Rdn. 6; *G. Hueck*, RdA 68, 201 (204 f.); *Herschel*, BB 58, 160 (162); *Nikisch* I, S. 702 f.

[12] Statt aller *G. Hueck*, RdA 68, 204.

[13] Vgl. *Gumpert*, BB 69, 410.

[14] *Herschel*, BB 58, 162.

[15] In diesem Sinne aber *Monjau*, DB 59, 708; hiergegen zu Recht *G. Hueck*, RdA 68, 204.

[16] *Joachim*, RdA 57, 329; *Monjau*, DB 59, 708; *Staudinger / Nipperdey / Neumann*, Vor § 620 BGB, Rdn. 63.

[17] *G. Hueck*, RdA 68, 205.

[18] RAG ARS 12, 519 (521); BAG AP Nr. 2 zu § 242 BGB Betriebliche Übung; *Nikisch* I, S. 703.

[19] *Gumpert*, BB 69, 411. *G. Hueck*, RdA 68, 202. Dieser Fall dürfte aber selten vorliegen. Die Aufnahme in einem gemeinsamen Vertrag deutet viel-

Die zweite Ausnahme bildet der Fall, daß die Teillösbarkeit ausdrücklich vereinbart ist oder sich aus den Umständen ergibt[20]. Um der Gefahr der Ausschaltung des Kündigungsschutzes vorzubeugen, ist einer im Wege der Vertragsauslegung gemäß § 157 BGB ermittelten Teilkündbarkeit mit großer Vorsicht zu begegnen. Zu weit geht daher eine generalisierende Auslegung, die Zusatzvereinbarungen durchweg als selbständig kündbar ansieht[21].

Soweit die Möglichkeit einer einseitigen Lösung von Teilen des Vertrages vereinbart ist, ohne daß Kündigungsfristen oder -schutzbestimmungen eingreifen, sollte man allerdings der Klarheit halber nicht von einer „Teilkündigung" sprechen, denn in Wirklichkeit liegt ein einseitiger Widerruf vor[22].

Die „Teilkündigung" scheidet damit als Mittel zur Beseitigung von Ansprüchen aus irrtümlicher Übung praktisch aus. Wenn Arbeitgeber und Arbeitnehmer irrigerweise vom Bestehen eines Rechtsanspruchs auf die ständig gewährte Leistung ausgehen, wäre es eine reine Unterstellung anzunehmen, sie hätten stillschweigend einen Widerrufsvorbehalt („Teilkündigung") vereinbart. Eine solche Annahme wäre allenfalls gerechtfertigt, wenn *beide* Parteien Zweifel am Bestehen des Anspruches gehabt hätten. Das ist bei der irrtümlichen Übung typischerweise aber gerade nicht der Fall.

## B. Der einseitige Widerruf aus besonderem Grund

### I. Die Konzeption Seiters

*Seiter*[23] sieht ein besonderes Bedürfnis, dem Arbeitgeber die künftige Beseitigung der rechtlichen Bindung an die Betriebsübung unter erleichterten Voraussetzungen zu erstatten. Die allgemeinen Beseitigungsmittel, namentlich die Änderungskündigung, würden diesem

---

mehr regelmäßig auch auf einen inneren sachlichen Zusammenhang zwischen den so verbundenen Rechtsverhältnissen hin.

[20] BAG AP Nr. 2 zu § 242 BGB Betriebliche Übung; BAG AP Nr. 2 zu § 4 TVG-Angleichungsrecht; RAG ARS 13, 302 (304 f.); 29, 352 (354); 42 437; *A. Hueck / G. Hueck*, KSchG, § 2, Rdn. 6; *Hueck / Nipperdey* I, S. 551; *Nikisch* I, S. 703.

[21] So aber *Monjau*, DB 59, 708 und *Neumann* in Staudinger / Nipperdey / Neumann, Vor § 620, Rdn. 63. Hiergegen zu Recht: *Gumpert*, BB 69, 411.

[22] Ganz h. M.: *Gumpert*, BB 69, 410; *Gutekunst*, RdA 59, 372; *Herschel*, BB 58, 161; *A. Hueck* in Anm. zu BAG AP Nr. 1 zu § 620 BGB Teilkündigung; *Hueck / Nipperdey* I, S. 551 f.; *Nikisch* I, S. 703.

Das BAG (AP Nr. 2 zu § 242 BGB Betriebliche Übung [Bl. 3 R.]) nennt Teilkündigung und Widerruf in einem Atemzug.

[23] S. 122 ff.

Erfordernis nicht gerecht[24]. Ein sachgerechter Beseitigungstatbestand müsse die Arbeitnehmer zwar vor einer willkürlichen Lossagung schützen, aber andererseits den Arbeitgeber vor einer so starken Bindung wie bei vertraglichen Vereinbarungen bewahren.

Die Voraussetzungen müßten in etwa denen entsprechen, die für die soziale Rechtfertigung einer Änderungskündigung zum Zwecke der Beseitigung der Bindung an die Betriebsübung zu fordern seien, ohne aber die mit der Durchsetzung der Änderungskündigung verbundenen praktischen Schwierigkeiten aufzuweisen[25].

Seiter entwickelt daher einen speziell auf die Betriebsübung zugeschnittenen Beseitigungstatbestand des einseitigen Widerrufs aus „besonderen", d. h. sachlichem, nicht etwa nur wichtigem Grund[26]. Da er die irrtümliche Übung für einen schlichten Unterfall der Betriebsübung hält[27], behandelt er im Rahmen der Beseitigungsproblematik beide Erscheinungen gleich.

Die Zulässigkeit des einseitigen Widerrufs rechtfertige sich aus dem rechtsdogmatischen Zurechnungsgrund der Bindung an die Betriebsübung, der nicht in einer rechtsgeschäftlichen Erklärung, sondern im Prinzip der Unzulässigkeit des v. c. f. p. liege.

Die Bindung auf Grund eines Vertrauenstatbestandes habe nicht dieselbe Bestandskraft wie eine vertragliche Vereinbarung[28]. Sie könne nur solange dauern, als ein Abbrechen der Übung gegen Treu und Glauben verstoßen würde. Lägen dagegen besondere Gründe, insbesondere Änderungen der Sach- oder Rechtslage vor, die die Einstellung der üblichen Leistungen nicht als solchen Verstoß erscheinen ließen, könne der Arbeitgeber die Übung einseitig abbrechen.

---

[24] *Seiter* nennt die nachteilige Wirkung der Kündigungserklärung (S. 133; vgl. insoweit auch *Wiedemann* in Anm. zu BAG AP Nr. 121 zu § 242 BGB Ruhegehalt Bl. 5 R.), die Anzeigepflicht bei Massenänderungskündigungen, das Mitbestimmungsrecht des Betriebsrats und den Sonderkündigungsschutz (*Seiter*, S. 123 f.).

[25] *Seiter*, S. 131.

[26] Grundsätzlich zustimmend *Canaris*, Vertrauenshaftung, S. 407 hinsichtlich Ruhegeld- und Gratifikationszahlungen an Ruheständler (S. 408); a. A. bei Gratifikationsleistungen an aktive Arbeitnehmer (S. 408). Soweit die Beseitigung der Bindung an irrtümliche Übungen in Frage steht, lehnt *Canaris* (S. 390) die Lösung Seiters schlechthin ab. Der Sache nach im Sinne Seiters *Wiedemann*, in Anm. zu BAG AP Nr. 8 zu § 242 BGB Betriebliche Übung.

[27] *Seiter*, S. 43, 78, 91, 100 f.

[28] *Seiter*, S. 133. Insoweit übereinstimmend *Wiedemann* in Anm. zu BAG AP Nr. 121 zu § 242 BGB Ruhegehalt (Bl. 6): „Was dagegen nur auf dem Weg über die Zurechnung eines Vertrauenstatbestandes zum Inhalt des Arbeitsverhältnisses wurde, dem haftet auch inhaltlich dieser Ursprung an." Allerdings läßt sich laut *Wiedemann* „im System ... der einseitige Widerruf schwer einordnen".

Ob ein „besonderer“ Grund vorliege, ergebe sich aus einer Interessenabwägung ähnlich der Prüfung der sozialen Rechtfertigung der Änderungskündigung. Das durch die Änderung der Verhältnisse seit dem Eintritt der Bindung erwachsene Interesse des Arbeitgebers an der Einstellung der Übung müsse schutzwürdiger sein als das Vertrauen der Arbeitnehmer auf deren Fortsetzung[29].

## II. Kritische Würdigung

Der Widerruf aus besonderem Grund vermeidet zwar alle praktischen Schwierigkeiten, die der Beseitigung von Ansprüchen aus betrieblicher Übung im Wege stehen. Jedoch begegnet diese erleichterte Beseitigungsmöglichkeit nicht unerheblichen Bedenken vor allem hinsichtlich ihrer rechtlichen Zulässigkeit.

### *1. Zum Widerruf der Bindung an die Betriebsübung*

#### a) Rechtspolitische Erwägungen

*Seiters* Forderung nach einer erleichterten Beseitigungsmöglichkeit basiert maßgeblich auf rechtspolitischen Erwägungen. Nach seiner Ansicht darf die rechtliche Entscheidung über die Möglichkeit des Abbrechens der Übung nicht dazu führen, daß der Arbeitgeber auf dem Gebiet der freiwilligen Leistungen allzusehr gebunden wird. Sonst würde sich die den Schutz der Arbeitnehmer bezweckende Rechtsfortbildung (Bindung an die Betriebsübung) zu deren Ungunsten auswirken, weil die Furcht vor unabsehbaren Verpflichtungen den Arbeitgeber von freiwilligen Verbesserungen der Arbeitsbedingungen abhalten würde[30].

Ob diese Befürchtung einer realistischen Einschätzung des heutigen Arbeitslebens entspricht, läßt sich durchaus in Zweifel ziehen. Zum einen werden „freiwillige“ Leistungen jedenfalls in Zeiten der Hochkonjunktur und des Arbeitskräftemangels unter dem Druck der Konkurrenz weniger freiwillig als vielmehr erzwungenermaßen zugewendet, um die Arbeitnehmer an den Betrieb zu binden. Zum anderen erfolgen solche Zuwendungen — nicht zuletzt als Ausfluß der Rechtsprechung zur Rechtsverbindlichkeit der Betriebsübung — in der überwiegenden Zahl der Fälle ohnehin unter dem Vorbehalt der Freiwilligkeit bzw. Widerruflichkeit.

Eine erleichterte Beseitigungsmöglichkeit dürfte daher kaum eine größere Bereitschaft der Arbeitgeber zur Verbesserung der Arbeitsbedingungen zur Folge haben.

---

29 *Seiter*, S. 133, 136 a. E.
30 *Seiter*, S. 122.

### b) Rechtliche Bedenken

*Seiters* Lösung vermag zwar unter Praktikabilitätsgesichtspunkten zu überzeugen[31]. Er begibt sich jedoch mit dem einseitigen Widerruf in eine gefährliche Nähe zur nach ganz herrschender Meinung[32] unzulässigen Teilkündigung.

Der Sache nach deckt sich Seiters Auffassung völlig mit der von *Joachim*[33], der bezeichnenderweise am Beispiel einer Betriebsübung für die Zulässigkeit einer Teilkündigung plädiert, die lediglich sozial gerechtfertigt sein müsse; das Kündigungsschutzrecht dagegen soll ausgeschaltet sein[34]. Diese Teilkündigung ist aber — wie ein nicht durch vertragliche Vereinbarung legitimierter einseitiger Widerruf — wegen Verstoßes gegen den Grundsatz der Privatautonomie unzulässig.

Allerdings trifft dieser Vorwurf auf Seiters einseitigen Widerruf nur mit Einschränkungen zu. Nach der insoweit für richtig befundenen Auffassung Seiters ist die Bindung des Arbeitgebers an die Betriebsübung in der Mehrzahl der Fälle nicht die Folge privatautonomer Entschlüsse, sondern tritt auf Grund einer willensunabhängigen Vertrauenshaftung ein, der man deshalb eine geringere Bestandskraft zusprechen könnte. Jedoch kollidiert der Widerruf in den — wenn auch seltener auftretenden — Fällen mit der Privatautonomie, in denen die Betriebsübung zu einer echten vertraglichen Bindung geführt hat[35].

Obwohl auch Seiter Beispiele einer vertraglichen Bindung kennt[36], unterschlägt er sie bei der Erörterung der Beseitigungsproblematik.

Er müßte richtigerweise in diesen Fällen auf die allgemeinen Rechtsbehelfe für die Beseitigung vertraglicher Bindungen zurückgreifen, also

---

[31] Er kommt dem praktischen Bedürfnis nach einheitlichem und gleichmäßigem Abbau der Kollektiverscheinung Betriebsübung entgegen und bringt anders als die Änderungskündigung nicht die Gefahr einer Zersplitterung der Betriebsübung infolge unterschiedlich langer Kündigungsfristen und Sonderkündigungsschutzbestimmungen mit sich. Der Widerruf führt ferner auch gegenüber solchen Arbeitnehmern zum Ziel, bei denen das Mittel der Änderungskündigung versagt.

[32] Nachweise oben FN 11. *Seiter,* S. 129 selbst verneint die Zulässigkeit der Teilkündigung übrigens ausdrücklich.

[33] RdA 57, 326 ff.

[34] RdA, 57, 328 ff.

[35] Gemeint sind die Tatbestände einer Übung, die zumindest einen objektiven Erklärungswert enthalten, also den Schluß auf den Verpflichtungswillen des Arbeitgebers zulassen, auch in Zukunft nach der Übung zu verfahren, dem Arbeitgeber aber ein aktuelles Erklärungsbewußtsein fehlt. Ein Teil der Literatur bejaht hier eine *rechtsgeschäftliche* Bindung (s. o. Teil 2, 3. Abschnitt, A IV, 1 b), andere gehen von einem Vertragsschluß kraft zurechenbaren Verhaltens aus, der sich immerhin noch im Rahmen einer modifizierten Privatautonomie hält (s. o. Teil 2, 3. Abschnitt, A IV, 1 a und namentlich *Hübner,* Festschrift Nipperdey, S. 373, 386).

[36] *Seiter,* S. 109.

zwei verschiedene Beseitigungstatbestände (Änderungskündigung und Widerruf) nebeneinander anwenden, was insofern wenig praktikabel wäre, als es häufig ungewiß ist, ob im jeweiligen Einzelfall die Bindung des Arbeitgebers auf seinen rechtsgeschäftlichen Willen oder nur auf die ständige vorbehaltlose Übung zurückgeführt werden kann. Die ursprüngliche Willensrichtung des Arbeitgebers wird sich im Nachhinein kaum mit der erforderlichen Sicherheit feststellen lassen, zumal im Arbeitsleben die Übergänge zwischen ausdrücklichem oder konkludentem Angebot[37] einerseits und eindeutig nicht rechtsgeschäftlichem Verhalten andererseits fließend sind.

Dann erscheint es aber als die näherliegendere und problemgerechtere Lösung, auch bei bloßer Üblichkeit der Leistungen dieselbe Rechtswirkung eintreten zu lassen wie beim Vorliegen einer mit Bindungswillen eingeführten Übung, von der sich der Arbeitgeber nicht unter erleichterten Voraussetzungen lossagen kann.

### 2. *Zum Widerruf der Bindung an eine irrtümliche Übung*

Soweit es um die Beseitigung der Bindung an die Betriebsübung geht, mag letztlich dahingestellt bleiben, ob die praktischen Vorteile des einseitigen Widerrufs über die rechtlichen Bedenken zu stellen sind. Für Ansprüche aus irrtümlicher Übung jedenfalls ist ein erleichterter Widerruf im Sinne Seiters aus verschiedenen Gründen nicht anzuerkennen.

#### a) Rechtspolitische Erwägungen

*Seiter* berücksichtigt die Besonderheiten der irrtümlichen Übung[38] nicht und verkennt daher, daß die von ihm angestellten rechtspolitischen Erwägungen[39] auf die irrtümliche Übung nicht zutreffen.

Die Frage der inneren Bereitschaft der Arbeitgeber zur freiwilligen Verbesserung der Arbeitsbedingungen stellt sich erst gar nicht, da sich eine irrtümliche Übung ohne und gegen den Willen des Arbeitgebers bildet. Bereits hieran wird deutlich, daß man die für die Betriebsübung geltenden Grundsätze nicht unbesehen auf die irrtümliche Übung übertragen darf.

---

[37] Die Konstruktion einer Annahmeerklärung des Arbeitgeberangebotes durch die Arbeitnehmer dürfte keine allzu großen Schwierigkeiten bereiten. Bei den Geschäften, die den Arbeitnehmern allenfalls günstig sind, ist eine ausdrückliche Annahmeerklärung unüblich und gilt mit der Entgegennahme der Leistung als abgegeben, § 151 Satz 1 BGB (BAGE 11, 249; BAG AP Nr. 24 zu § 242 BGB Ruhegehalt). Der Arbeitgeber würde es als Anmaßung empfinden, wenn der Arbeitnehmer an ihn heranträte und ausdrücklich erklärte, er ‚nehme das Angebot auf Gewährung der zusätzlichen Leistung an'.

[38] Zu den Charakteristika und den Besonderheiten der irrtümlichen Übung siehe oben Teil 2, 4. Abschnitt, A.

[39] Siehe oben Teil 3, 2. Abschnitt, B II, 1 a.

### b) Individueller Charakter der irrtümlichen Übung

Seiters Widerruf aus besonderem Grund trägt auch in anderer Hinsicht den spezifischen Besonderheiten der irrtümlichen Übung nicht Rechnung. Er ist allein auf die einheitliche und gleichmäßige Beseitigung zusätzlicher freiwilliger Leistungen unter Ausschaltung des individuellen Kündigungsschutzes hin konzipiert.

Damit bildet der einseitige Widerruf praktisch ein kollektives Beseitigungsmittel. Dies mag für die Betriebsübung angehen. Sie ist zwar kein Institut des Kollektivrechts, aber von ihrer Entstehungsgeschichte und ihrem Entstehungstatbestand her eine rein kollektive Erscheinung[40], auf deren Beseitigung die individuellen Kündigungsfristen und -schutzvorschriften nicht recht passen.

Die irrtümliche Übung dagegen stellt ihrem Ursprung nach immer einen individuellen Tatbestand dar. Dies wird bereits daran deutlich, daß sie anders als die Betriebsübung sehr häufig allein auf das Verhältnis des Arbeitgebers zu einem einzelnen Arbeitnehmer beschränkt ist[41]. Aber selbst wenn die irtümliche Übung rein äußerlich kollektive Züge trägt[42], handelt es sich um nichts anderes als eine zufällige[43] Anhäufung individueller Tatbestände[44]. Der Arbeitgeber erbringt die Leistungen nach übereinstimmender Vorstellung der Beteiligten oder wenigstens in der erkennbaren[45] Annahme, hierzu durch Tarifvertrag, Gesetz etc. dem einzelnen Arbeitnehmer gegenüber verpflichtet zu sein. Daher erfüllt er unabhängig von der Anzahl der durch die irrtümliche Übung begünstigten Arbeitnehmer immer nur den vermeintlich bestehenden Einzelanspruch.

Wegen dieses rein individuellen Charakters der irrtümlichen Übung verbietet sich keinesfalls zwingend die Anwendung der individualrechtlichen Kündigungsschutzvorschriften, nur weil zufälligerweise eine

---

[40] Bewußt freiwillig eingeführte Individualübungen kommen nur äußerst selten vor und sollten begrifflich nicht zur Betriebsübung gerechnet werden, auch wenn der Zurechnungsgrund der Bindung bei beiden identisch ist.

[41] Außer auf die fehlerhafte Eingruppierung sei nur auf den Altersversorgungsfall (BAG AP Nr. 121 zu § 242 BGB Ruhegehalt) und den Dienstzeitzulagenfall (BAG AP Nr. 1 zu § 9 TV Arb Bundespost) hingewiesen. Vgl. ferner RAG ARS 47, 221; BAG AP Nr. 7 zu Art. 3 GG (Bl. 2 R.) und den Fall der irrtümlichen Ruhegeldzahlung (RAG ARS 18, 39).

[42] Vgl. den Blutalkoholuntersuchungsfall (BAG AP Nr. 11 zu § 611 BGB Ärzte, Gehaltsansprüche) und den Feiertagslohnzahlungsfall (BAG AP Nr. 26 zu § 1 FeiertagslohnzahlungsG).

[43] Bei der Betriebsübung dagegen ist bewußt eine *kollektive* Handhabung eingeführt worden, weshalb es dort etwas gekünstelt erscheint, die Betriebsübung in eine Vielzahl von Individualbeziehungen aufzuspalten.

[44] Vgl. dazu näher oben Teil 2, 4. Abschnitt, A II.

[45] Zur Beschränkung des Begriffes „irrtümliche Übung" auf diese Fälle s. o. Teil 2, 4. Abschnitt, A I.

Vielzahl von Arbeitnehmern durch die fehlerhafte Normenanwendung betroffen ist.

### *c) Rechtsdogmatische Bedenken*

Vor allem in rechtsdogmatischer Hinsicht befriedigt ein im Vergleich zu vertraglichen Bindungen erleichtertes Lossagungsrecht bei Ansprüchen aus irrtümlicher Übung nicht. Dies folgt aus dem Entstehungsgrund und insbesondere der Rechtsnatur dieser Ansprüche, die bei Seiter völlig im Dunkeln bleibt[46]. Obwohl Seiter die Rechtsverbindlichkeit der Übung zutreffend aus dem Verbot des v. c. f. p. herleitet und besonders betont, daß dieses Verbot auf Individualverhältnisse zugeschnittten ist[47], zieht er aus dieser Erkenntnis jedenfalls für die irrtümliche Übung nicht die erforderliche Konsequenz.

In Irrtumsfällen hat der Arbeitgeber durch sein regelmäßiges und gleichförmiges Verhalten in zurechenbarer Weise das Vertrauen des Arbeitnehmers geweckt und genährt, er besitze einen Rechtsanspruch auf die fragliche Leistung. Das Verbot widersprüchlichen Verhaltens hindert ihn, diesen seinen irrigen Rechtsstandpunkt aufzugeben. Daher muß er sich so behandeln lassen, als sei die Zuwendung vertraglich ausbedungen worden. Bei der irrtümlichen Übung handelt es sich um eine quasi-vertragliche Haftung aus zurechenbar verursachtem und in Anspruch genommenen Vertrauen auf das Bestehen einer bestimmten Rechtslage.

Diese vertragsgleiche Bestandskraft ist auch innerlich gerechtfertigt:

Zum einen tritt sie nur unter sehr engen tatbestandlichen Voraussetzungen[48], d. h. nur dann ein, wenn das Vertrauen des Arbeitnehmers in das Bestehen eines Anspruchs wirklich so gut wie bei einem Vertragsschluß zu schützen ist. Zum anderen darf der Arbeitnehmer, der nicht auf die Fortsetzung eines freiwilligen Verhaltens, sondern auf das Bestehen eines vertraglichen Anspruchs vertraut, zugleich auf den im Kündigungsschutz inbegriffenen inhaltlichen Bestandsschutz[49] vertrauen[50].

Der Anspruch aus irrtümlicher Übung muß daher hinsichtlich seiner Beseitigung den Vertragsregeln unterworfen werden[51].

---

[46] *Seiter* (S. 98) bezeichnet die aus Betriebsübung und — ihrem vermeintlichen Unterfall — irrtümliche Übung folgenden Ansprüche vage als solche aus einem im Wege der Rechtsfortbildung entstandenen „Schuldverhältnis der Bindung an eine Betriebsübung".

[47] *Seiter,* S. 99.

[48] Vgl. dazu die allgemeinen sowie die einzelfallbezogenen Ausführungen oben Teil 2, 6. Abschnitt, A bzw. B.

[49] Allgemein zum inhaltlichen Bestandschutz *Böttcher,* Festschr. Molitor, S. 123 ff.; *Wiedemann,* RdA 61, 1 (3 f.).

[50] So zutreffend *Canaris,* Vertrauenshaftung, S. 390.

[51] So auch BAG AP Nr. 2 zu § 242 BGB Betriebliche Übung (Bl. 4).

## C. Die entsprechende Anwendung der Grundsätze über das Fehlen der subjektiven Geschäftsgrundlage

Ist die Bindung an die (beachtliche) irrtümliche Übung ebenso stark wie eine vertragliche, darf sie andererseits keine größere Bestandskraft besitzen als eine rechtsgeschäftliche Vereinbarung, die versehentlich zugunsten des Arbeitnehmers von der Tarifnorm abweicht.

Im Fall der rechtsgeschäftlichen Bindung besteht die grundsätzliche Möglichkeit der *unmittelbaren* Anwendung der Regeln über das Fehlen der Geschäftsgrundlage. Im Fall der vertragsgleichen Bindung ohne rechtsgeschäftliche Symptome dürfte die *entsprechende* Anwendung dieser Grundsätze unbedenklich sein, da der Arbeitgeber ja so behandelt wird, als sei die irrtümliche Leistung vertraglich ausbedungen.

### I. Einordnung der Fälle der fehlerhaften Normenanwendung in die Kategorie des sog. „Kalkulationsirrtums"

Den Fällen der irrtümlichen Übung ist gemeinsam, daß bei der „Vereinbarung" der überobligatorischen Leistung ein Irrtum über die Berechnungsgrundlage (Gesetz, Tarif etc.) unterlaufen ist. Sie lassen sich daher, insbesondere am Beispiel der fehlerhaften Eingruppierung wird dies deutlich, mühelos der unter dem Begriff des sog. Kalkulationsirrtums (Irrtum in der Preisberechnung) bekannten Problematik zuordnen[52].

Ein solcher Irrtum liegt vor, wenn der Erklärende sich entweder bei der Berechnung der von ihm genannten Summe oder hinsichtlich eines Umstandes, den er seiner Bewertung zugrunde legte, eines Rechnungsfaktors also, geirrt hat[53]. Der typische Kalkulationsirrtum entsteht in dem der Willenserklärung vorgelagerten Stadium der Willensbildung und stellt einen Irrtum im Beweggrund dar, der in der Regel unbeachtlich ist[54]. Ein solcher Irrtum gibt grundsätzlich kein Recht zur Anfechtung und geht daher zu Lasten des fehlerhaft Kalkulierenden. Dies gilt ohne Einschränkung für den Fall, daß sich der Anbietende intern und unerkennbar verkalkuliert und dem Angebotsempfänger nur den festen Preis, d. h. allein das Berechnungsergebnis mitgeteilt hat[55].

Eine andere Risikoverteilung kann allerdings gerechtfertigt sein, wenn beide Vertragsparteien dem gleichen — an sich unbeachtlichen —

52 Zur Problematik vgl. *Staudinger / Coing,* § 119, Rdn. 53.

53 *Larenz,* BGB AT, § 20 II a, S. 312.

54 Allgemeine Meinung: für alle *Palandt / Danckelmann / Heinrichs,* § 119, Anm. 3 b. Zum unbeachtlichen Motivirrtum im Zusammenhang mit der irrtümlich zu hohen Eingruppierung s. o. Teil 1, 3. Abschnitt, A II 1.

55 BGH DB 67, 1172; 69, 877 (unstreitig).

Motivirrtum unterlegen sind. Einen solchen beiderseitigen Motivirrtum bildet der sog. externe Kalkulationsirrtum[56], worunter der Fall zu verstehen ist, daß dem Vertragspartner die Grundlage der Berechnung mitgeteilt worden oder beide Vertragspartner von einer gemeinsamen Berechnungsgrundlage ausgegangen sind.

Auch der Arbeitgeber, der infolge irriger Beurteilung der Tatsachen — oder Rechtslage eine überhöhte Eingruppierung oder Entlohnung vornimmt, obwohl übereinstimmend oder wenigstens für den Arbeitnehmer erkennbar nur tarifgemäße Vergütung beabsichtigt war[57], unterliegt einem gemeinschaftlichen Irrtum über die Berechnungsgrundlage. Damit liegt dem Grunde nach genau die Problematik vor, die das Reichsgericht mit der Konstruktion des sog. „erweiterten Inhaltsirrtums" zu bewältigen suchte.

Das Reichsgericht[58] vertrat die Auffassung, ein Irrtum in der Preisberechnung habe als Inhaltsirrtum im Sinne von § 119 Abs. 1 BGB zu gelten, wenn sie zum Gegenstand der entscheidenden Vertragsverhandlungen gemacht worden, insbesondere wenn hierbei dem anderen Teil erkennbar geworden sei, daß der geforderte oder angebotene Preis auf einer bestimmten, näher dargelegten Berechnung beruhe.

Unter dieser Voraussetzung sei die Preisberechnung zum Inhalt des Vertrages gemacht worden, so daß der — durch die Fehlkalkulation benachteiligte — Irrende den Vertrag anfechten könne.

Während der Bundesgerichtshof[59] die Anwendbarkeit der Grundsätze des „erweiterten Inhaltsirrtums" bisher immer offengelassen hat, wird sie in der Literatur[60] ganz überwiegend abgelehnt. Sie wirft der Lehre vom „erweiterten Inhaltsirrtum" mit Recht vor, sie führe zu einer unzulässigen und unnötigen Ausweitung der Irrtumsanfechtung.

Die Fälle des Kalkulationsirrtums sowie ganz allgemein des beiderseitigen Motivirrtums sind vielmehr nach den Grundsätzen des Fehlens bzw. Wegfalls der Geschäftsgrundlage zu beurteilen, wenn der Anbietende seine Kalkulation zur gemeinsamen oder zumindest vom Angebotsempfänger erkannten Grundlage des Geschäftes gemacht hat.

---

56 Vgl. *Erman / Westermann*, § 119, Rdn. 11.

57 Dies ist die typische Konstellation bei der irrtümlichen Übung.

58 RGZ 51, 281 (284); 64, 266 (268); 85, 322 (324); 94, 65 (67) = Börsenkursfall; 101, 107 (108) = Silberfall; 105, 406 (407) = Rubel-Tageskursfall; 112, 329 (332); 149, 235 (239); 162, 198 (201); 163, 324 (328). Dem RG folgen mit Einschränkungen *Erman / Westermann*, § 119, Rdn. 10, 11.

59 Vgl. BGH WM 56, 885; BB 60, 536; DB 71, 1005 = BB 71, 633.

60 *Larenz*, Geschäftsgrundlage, S. 26, 33, 173; ders., BGB AT, § 20 II a, S. 313; *Soergel / Siebert / Hefermehl*, § 119, Rdn. 22; *Staudinger / Coing*, § 119, Rdn. 14 a, 53; *Staudinger / Weber*, § 242, Rdn. E 192; *Palandt / Danckelmann / Heinrichs*, § 119, Anm. 3 b; *Enneccerus / Nipperdey*, § 167 IV 4, S. 1040 f. und § 177 III, S. 1077.

## II. Voraussetzungen und Rechtsfolgen des Fehlens bzw. Wegfalls der Geschäftsgrundlage

Die unter dem Aspekt der Geschäftsgrundlage behandelten einschlägigen Fallgruppen sind derart vielgestaltig, daß sich eine einheitliche Formel der Geschäftsgrundlage bisher nicht hat durchsetzen können. Es erscheint überhaupt fraglich, ob eine exakte begriffliche Erfassung der rechtlich relevanten Geschäftsgrundlage möglich ist.

### *1. Literatur*

Nach der subjektiven Formel *Oertmanns*[61] ist Geschäftsgrundlage die beim Geschäftsabschluß zutage getretene und vom Geschäftsgegner in ihrer Bedeutung erkannte und nicht beanstandete Vorstellung eines Beteiligten oder die gemeinsame Vorstellung beider Teile vom Vorhandensein oder dem künftigen Eintritt oder Nichteintritt gewisser Umstände, auf deren Grundlage der Geschäftswille aufbaut.

Diese Formel hat — wenigstens verbal — Eingang in die Rechtsprechung des Reichsgerichts[62] und des Bundesgerichtshofes[63] gefunden. Sie ist jedoch zu weit gefaßt, weil sie keine Abgrenzung zum einseitigen und daher unbeachtlichen Motiv erlaubt. Bei der Anwendung dieser Formel auf die in Frage kommenden Lebenssachverhalte stellt sich nämlich schnell heraus, daß das Erkennen oder die Gemeinsamkeit von bestimmten Vorstellungen kein ausreichendes Entscheidungskriterium für die rechtliche Relevanz dieser Vorstellungen ist[64].

Die Bedenken gegen die Oertmannsche Formel vermeidet *Lehmann*[65], indem er in seiner Definition subjektive und objektive Momente miteinander vereinigt. Danach liegt Geschäftsgrundlage vor,

— falls die grundlegende Bedeutung des Umstandes für den Vertragsschluß dem Vertragsgegner erkennbar geworden.

— falls ferner nur die Gewißheit hinsichtlich des Vorhandenseins, der Fortdauer oder des Eintritts des fraglichen Umstandes die Partei, die auf ihn Wert legte, davon abgehalten hat, vom Gegner seine Anerkennung als Bedingung zu verlangen, und

— falls endlich der Gegner sich auf dieses Ansinnen, wenn man die Unsicherheit des Umstandes ernsthaft in Betracht gezogen haben

---

61 S. 37.

62 Vgl. RGZ 103, 328 (332); 146, 376; 168, 121 (126).

63 BGHZ 25, 390 (392); BGH NJW 53, 1585; BGH LM Nr. 18 zu § 242 BGB (Bb); BGH NJW 64, 861; BGH DB 69, 877.

64 Vgl. *Enneccerus / Nipperdey*, § 177 III, S. 1077.

65 *Enneccerus / Lehmann*, § 41 II 4 und *Lehmann / Hübner*, § 35 A VII, S. 292; ähnlich *Medicus*, BGB, § 7 III.

würde, mit Rücksicht auf den Zweck des Vertrages eingelassen hätte oder redlicherweise hätte einlassen müssen[66].

Die Lehmannsche Formel führt zu tragbaren Ergebnissen, wenn man sie unter Berücksichtigung von Treu und Glauben zurückhaltend anwendet. Sie läßt jedoch die verschiedenen Fallgruppen nicht deutlich werden und ist deshalb auf Hilfserwägungen angewiesen[67].

Mit Rücksicht auf die Verschiedenartigkeit der Fallgruppen lehnt *Larenz*[68] eine Einheitstheorie ab und teilt die Geschäftsgrundlage in zwei Institute auf[69].

Die *objektive* Geschäftsgrundlage betrifft die Einwirkung veränderter Umstände auf den Vertrag (Fälle der nachträglichen Störung des Äquivalenzverhältnisses und der Zweckvereitelung) und somit das Gebiet der Leistungsstörungen.

Die *subjektive* Geschäftsgrundlage betrifft dagegen Fälle des gemeinsamen Motivirrtums wie beispielsweise den Kalkulationsirrtum und damit das Gebiet der Willensmängel. Die hier allein interessierende subjektive Geschäftsgrundlage versteht Larenz[70] als eine bestimmte gemeinsame[71] Vorstellung oder Erwartung beider Vertragsparteien, von der sie sich beim Abschluß des Vertrages haben leiten lassen. Erforderlich sei allerdings, daß beide Beteiligten diese Vorstellung in ihre Erwägungen aufgenommen und bei Kenntnis der Unrichtigkeit den Vertrag nicht oder nicht mit diesem Inhalt geschlossen oder ihn der Gegenpartei redlicherweise nicht angesonnen hätten.

Wie immer auch die tatbestandlichen Voraussetzungen des Fehlens der (subjektiven) Geschäftsgrundlage umschrieben werden, herrscht in der Literatur auf der Rechtsfolgeseite überwiegend Einigkeit, daß sie primär in der Anpassung des Vertrages an die „richtige" Geschäftsgrundlage (Berechnungsgrundlage), mit anderen Worten an die richtige Kalkulation zu suchen ist[72].

---

66 Die Lehmannsche Formel wurde im Volkswagen-Urteil des BGH (NJW 52, 137) herangezogen.

67 Vgl. *Lehmann / Hübner*, § 35 A VII, S. 292 f.

68 *Larenz*, Geschäftsgrundlage, S. 184 ff.; ders., SchR AT, § 21 II, S. 235 ff.; ders., BGB AT, § 20 III, S. 327 ff. Dieser Differenzierung folgen im Grundsätzlichen: *Enneccerus / Nipperdey*, § 177 III, S. 1079 ff. und V, S. 1083 ff.; *Staudinger / Coing*, § 119, Anm. 58; *Stötter*, AcP 166, 149 (154 ff.); *Wieacker*, Festschr. Wilburg, S. 229 ff.; *Stötter* und *Wieacker* ziehen allerdings für die Fälle des beiderseitigen Motivirrtums den § 779 BGB (Irrtum über die Vergleichsgrundlage) entsprechend heran.

69 Bedenken gegen die praktische Durchführbarkeit einer scharfen Unterscheidung von objektiver und subjektiver Geschäftsgrundlage äußern *Medicus*, § 7 III, S. 66; *Soergel / Siebert / Knopp*, § 242, Rdn. 387.

70 *Larenz*, Geschäftsgrundlage, S. 184.

71 *Larenz*, Geschäftsgrundlage, S. 183 f., läßt die vom Gegner erkannte und nicht beanstandete *einseitige* Vorstellung nicht genügen.

### 2. *Rechtsprechung*

Der dogmatische Standpunkt der Rechtsprechung zum Problem des beiderseitigen Motivirrtums ist nicht exakt auszumachen.

Der Bundesgerichtshof[73] bedient sich zwar der Formel Oertmanns zur Geschäftsgrundlage, teils wörtlich, teils sinngemäß. Daraus allerdings zu schließen, der Bundesgerichtshof führte die Oertmannsche Lehre fort, wäre verfehlt, da er sich nur verbal an dessen Formel hält. Selbst wenn rein begrifflich alle Voraussetzungen des Fehlens der Geschäftsgrundlage vorliegen, hält die Rechtsprechung nur dann nicht am unveränderten Fortbestand des Vertrages fest, wenn das Weiterbestehen ein unzumutbares Ergebnis bedeuten würde[74]. Damit wird die Einwirkung von beiderseitigen Fehlvorstellungen auf den Vertrag letztlich allein vom Maßstab der Unzumutbarkeit abhängig gemacht, um untragbare, mit Recht und Gerechtigkeit schlechthin unvereinbare Ergebnisse zu vermeiden[75].

Das Fehlen der Geschäftsgrundlage löst also nach der Rechtsprechung für sich allein noch keine Rechtsfolgen aus, sondern wird nur als erheblich angesehen, wenn die Zumutbarkeitsgrenze überschritten ist[76]. Erst dann gewährt sie dem durch eine Fehlkalkulation benachteiligten Vertragspartner Hilfe durch Vertragsanpassung[77].

Dieser Einschränkung ist jedenfalls im Ergebnis zuzustimmen, da das Gebot der Vertragstreue erfordert, daß das Fehlen oder der Wegfall der Geschäftsgrundlage nur unter besonders engen Voraussetzungen Auswirkungen auf das Vertragsverhältnis hat[78].

Die Vertragsanpassung vollzieht sich ggf. nach ähnlichen Grundsätzen wie die ergänzende Vertragsauslegung. Nach herrschender Meinung nimmt der Richter die Anpassung vor; er wird also durch § 242 BGB zu Vertragsänderungen ermächtigt[79].

---

[72] Vgl. *Larenz*, Geschäftsgrundlage, S. 28 ff., 185 f.; *Esser*, SchR I, § 36 III 2; *Medicus*, BGB, § 7 III, S. 68; *Palandt / Danckelmann / Heinrichs*, § 119, Anm. 3 b; *Staudinger / Weber*, § 242, Rdn. E 192; *Soergel / Siebert / Knopp*, § 242, Rdn. 389, 395.

[73] Vgl. *Staudinger / Weber*, § 242, Rdn. E 87 mit umfänglichen Nachweisen. Siehe auch die Nachweise oben FN 63.

[74] Vgl. *Larenz*, Geschäftsgrundlage, S. 112 ff., wonach der BGH die Oertmannsche Formel lediglich als schmückendes Ornament verwende.

[75] BGH LM Nr. 51 zu § 242 BGB (Bb); vgl. ferner BGH LM Nr. 8 zu § 119 BGB; BGH NJW 67, 876 (877); BGH DB 69, 877; OLG München, MDR 50, 672; BGHZ 40, 337.

[76] *Esser*, SchR I, § 36 III 4, S. 236.

[77] Sehr deutlich OLG München, MDR 50, 672.

[78] *Esser*, SchR I, § 36 III 2, S. 237 (nicht unstreitig).

[79] Vgl. BGH LM Nr. 12 und 18 zu § 242 (Bb); BGHZ 47, 52.

## III. Bedenken gegen die Heranziehung der Grundsätze über das Fehlen der subjektiven Geschäftsgrundlage zur Beseitigung von Ansprüchen aus irrtümlicher Übung

### *1. Der Ausnahmecharakter des Instituts*

Wendet man die Lehmannsche oder Larenzsche Formel auf die Fälle der irrtümlichen Normenanwendung durch den Arbeitgeber an, sind die tatbestandlichen Voraussetzungen des Fehlens der subjektiven Geschäftsgrundlage erfüllt, wenn beide Parteien des Arbeitsvertrages lediglich von tarifgemäßer Vergütung ausgehen, was z. B. im öffentlichen Dienst die Regel bildet.

Beide Parteien haben sich von der Vorstellung leiten lassen, die vereinbarte (dann vertragliche Bindung) oder die ständig bezahlte (dann vertragsgleiche Bindung) Vergütung entspreche der gewollten tariflichen. Allein die vermeintliche Gewißheit, daß die Höhe der Vergütung zutreffend sei, hat den Arbeitgeber davon abgehalten, die Leistungen unter Vorbehalt zu erbringen. Hätten dagegen Zweifel an der richtigen tariflichen Eingruppierung oder Entlohnung bestanden, hätte sich der Arbeitnehmer, da er nicht mehr als die tarifliche Vergütung erwartete und erwarten durfte, auf eine vorläufige Zahlung unter Vorbehalt bis zur Klärung der Rechts- oder Sachlage eingelassen oder redlicherweise einlassen müssen. Rein begrifflich fehlt also die subjektive Geschäftsgrundlage.

Jedoch folgt aus dem Ausnahmecharakter dieses Instituts, daß es nur mit größter Vorsicht und Zurückhaltung angewendet werden darf[80].

In den einschlägigen Rechtsprechungsfällen zum Kalkulationsirrtum handelte es sich jeweils um schwerste Äquivalenzstörungen[81]. Davon wird man in den Fällen der irrtümlichen Zahlung übertariflicher Leistungen nur selten sprechen können, da sie in der Regel nur einen untergeordneten Teil der Bezüge ausmachen. Zudem fällt das Fehlen der Geschäftsgrundlage dem Arbeitgeber nach dem Verschuldens- oder Risikoprinzip zur Last[82], was im Rahmen der Zumutbarkeitserwägungen zu berücksichtigen ist[83].

Als *generelles* Mittel zur Anpassung irrtümlicher Leistungen an die Geschäftsgrundlage (sprich Tarif oder Gesetz) dürfte daher die ent-

---

[80] Vgl. BAG AP Nr. 46 zu § 242 BGB Ruhegehalt.

[81] Siehe oben FN 58.

[82] Eine Bindung an die irrtümliche Übung tritt — wie gezeigt — nur ein, wenn der Irrtum dem Arbeitgeber nach dem Verschuldens- oder wenigstens dem Risikoprinzip zugerechnet werden kann (s. o. Teil 2, 6. Abschnitt, A III).

[83] Zur Risikoverteilung und Zumutbarkeit vgl. *Staudinger / Weber,* § 242, Rdn. 337 ff. und 352 ff.; *Esser,* SchR I, § 36 II; *Soergel / Siebert / Knopp,* § 242, Rdn. 405 ff., 411; *Lehmann / Hübner,* § 35 A VII, S. 294.

sprechende Anwendung der Grundsätze des Fehlens der subjektiven Geschäftsgrundlage kaum tauglich sein.

### 2. *Die Subsidiarität des Instituts*

Eine weitere entscheidende Einengung erfährt der Anwendungsbereich der Regeln der Geschäftsgrundlage durch den Grundsatz der Subsidiarität dieses Instituts, das lediglich Regelungslücken ausfüllen soll[84]. Die richterliche Vertragsanpassung mittels der als außerordentlichem Rechtsbehelf entwickelten Geschäftsgrundlagenlehre kommt nur als ultima ratio in Betracht. Sie gestattet nur solche Eingriffe in das Rechtsverhältnis, die unumgänglich notwendig erscheinen, um ein mit Treu und Glauben zu vereinbarendes Ergebnis zu erzielen[85]. Es ist also in jedem Fall zu prüfen, ob nicht die gewöhnlichen, von der Rechtsordnung gegebenen Behelfe zur Lösung ausreichen[86].

So hat der Bundesgerichtshof ganz allgemein ausgesprochen, daß die Anwendung der Grundsätze über den Wegfall der Geschäftsgrundlage nicht zulässig ist, wenn der Schuldner sich von der für ihn untragbar gewordenen Verbindlichkeit durch Kündigung des Vertragsverhältnisses unschwer lösen kann[87].

Ob in Dauerschuldverhältnissen der Wegfall der Geschäftsgrundlage generell durch das Recht zur fristlosen Kündigung, das keine Anpassung des Vertragsinhalts erlaubt, verdrängt wird[88], mag dahinstehen. Im Arbeitsverhältnis nämlich stellt die Rechtsordnung mit der Änderungskündigung ein Instrument zur Verfügung, das die Anpassung und Umwandlung des Vertragsinhalts unter Abwägung der beteiligten Interessen zuläßt. Wegen dieser Möglichkeit ist die Berücksichtigung des Wegfalls oder Fehlens der Geschäftsgrundlage jedenfalls gegenüber solchen Arbeitnehmern, die nicht grundsätzlich gegen Änderungskündigungen geschützt sind, unzulässig[89].

Alles in allem verbleibt damit nur ein sehr schmaler Anwendungsbereich für die Beseitigung von Ansprüchen aus irrtümlicher Übung entsprechend den Grundsätzen über das Fehlen der subjektiven Geschäftsgrundlage.

---

[84] Vgl. *Esser*, SchR I, § 36 II, S. 231; *Huber*, JuS 72, 57 ff.; *Soergel / Siebert / Knopp*, § 242, Rdn. 412.

[85] BGH LM Nr. 2 zu § 779 BGB; BGH DB 57, 1223.

[86] BGH DB 57, 1223.

[87] BGH LM Nr. 15 zu § 242 BGB (Bb).

[88] So BGH LM Nr. 1 zu § 247 BGB; BGH WPM 66, 65 (67); BGHZ 24, 91 (96). Hiergegen *Soergel / Siebert / Knopp*, § 242, Rdn. 401.

[89] So mit Recht *Hilger*, BB 57, 296.

## D. Die Änderungskündigung

Da durch die beachtliche irrtümliche Übung ein *vollwertiger* („vertragsgleicher") Rechtsanspruch entsteht, ist zu seiner Beseitigung eine Vertragsänderung erforderlich, die gegen den Willen des Arbeitnehmers grundsätzlich nur durch Änderungskündigung durchgesetzt werden kann[90, 91].

### I. Die Vorzüge der Änderungskündigung

Das Erfordernis einer Änderungskündigung hat den Vorteil, daß eine einheitliche Rechtsfolge für alle Fälle der fehlerhaften, aber gleichwohl rechtlich relevanten irrtümlichen Normenanwendung eintritt. Dadurch entfällt die Notwendigkeit, in Grenzfällen — wie sie insbesondere bei der fehlerhaften Eingruppierung auftreten[92] — eine praktisch kaum durchführbare Unterscheidung danach zu treffen, ob der Arbeitgeber eine rechtsgeschäftlich verbindliche oder eine bloß deklaratorische Erklärung abgegeben hat oder ob die Bindung allein auf ein rein tatsächliches wiederholtes Verhalten zurückgeht.

Die Änderungskündigung trägt außerdem der Forderung des Vertrauensschutzgedankens Rechnung, dem Arbeitnehmer die überhöhten Bezüge *wenigstens* auf Zeit zu belassen und ihm so die allmähliche Anpassung seiner Lebenshaltung an das zu erwartende niedrigere Einkommen zu ermöglichen[93], da die Änderung der Arbeitsbedingungen bei Widerspruch des Arbeitnehmers gegen die Änderungskündigung oder bei Annahme unter Vorbehalt (§ 2 KSchG 1969) frühestens mit Ablauf der ordentlichen Kündigungsfrist eintritt.

Von diesem zeitlichen Mindestschutz abgesehen, gestattet die Änderungskündigung im Rahmen der Prüfung der sozialen Rechtfertigung eine umfassende Interessenabwägung, ob der Vertrauensschutz wirklich eine unbegrenzte Fortdauer der Verpflichtung des Arbeitgebers gebietet.

---

[90] So auch *Canaris*, Vertrauenshaftung, S. 390.

[91] Diese Lösung deckt sich nur im Ergebnis mit der zur Betriebsübung vorherrschenden Meinung, wonach — von Ausnahmefällen abgesehen — die individualrechtliche Beseitigung von Ansprüchen aus Betriebsübung grundsätzlich nur durch Änderungskündigung möglich ist: BAG AP Nr. 17 zu § 620 BGB Änderungskündigung; BAG AP Nr. 26 zu § 611 BGB Gratifikation; BAG AP Nr. 2 zu § 242 BGB Betriebliche Übung; LAG Frankfurt/M. DB 53, 927; LAG Freiburg BB 55, 867; *Bobrowski / Gaul*, ArbR A III 12, S. 40 f.; *A. Hueck*, Festschr. Lehmann, S. 643 f.; *G. Hueck*, AR-Bl. Betriebsübung I (E I c); *Nikisch* I, S. 268 mit FN 55; *Schaub*, ArbR Hdb., S. 435; *Soergel / Siebert / Wlotzke / Volze*, § 611, Rdn. 111; *Staudinger / Weber*, § 242, Rdn. A 354.

[92] Siehe oben Teil 1, 2. Abschnitt.

[93] Zu dieser Forderung vgl. *Wiedemann* in Anm. zu BAG AP Nr. 1 zu § 9 TV Arb Bundespost.

Keinesfalls läßt sich die soziale Rechtfertigung der Änderungskündigung allein schon aus der Eigenart des Entstehungsgrundes der rechtlichen Bindung ableiten. Die Tatsache, daß die Bindung auf einen Irrtum zurückgeht, verliert immer mehr an Bedeutung, je länger die ständigen Leistungen erbracht worden sind, weil dadurch das diesen entgegengebrachte Vertrauen steigt[94].

Andererseits sind Ansprüche aus irrtümlicher Übung nicht in gleichem Maß gegen Änderungskündigungen geschützt wie gewollte vertragliche Bindungen[95].

Der Arbeitgeber wird regelmäßig dringende betriebliche Erfordernisse für die Anpassung an die ursprünglich gewollte tarifliche Lage anführen können[96], sei es unter dem Gesichtspunkt der geordneten Haushaltsführung[97], des Betriebsfriedens oder der gleichmäßigen Anwendung des Tarifvertrages auf alle Arbeitnehmer[98].

Nur wenn der Arbeitnehmer sich in ganz besonders hohem Maße auf die Fortgewähr der üblichen Leistungen eingerichtet hat und ihm deshalb eine Rückkehr zur an sich gegebenen Rechtslage unter keinen Umständen mehr zumutbar ist, was insbesondere bei irrtümlichen Leistungen zur Altersversorgung der Fall sein kann, wird das Interesse des Arbeitnehmers an der Aufrechterhaltung der bisherigen Bedingungen das Interesse des Arbeitgebers an der Änderung überwiegen[99].

### II. Die praktischen Bedenken gegen die Änderungskündigung als Beseitigungsmittel für Ansprüche aus irrtümlicher Übung und ihre Entkräftung

#### 1. Die nachteilige Wirkung der Kündigungserklärung

*Wiedemann*[100] hält die Änderungskündigung zur Beseitigung von Ansprüchen aus irrtümlicher Übung für fragwürdig, weil sie dem Arbeitnehmer ein zu hohes Risiko aufbürde[101]. Mit der Anerkennung

---

94 *Eberle*, Diss., S. 111.

95 Auch *Canaris*, Vertrauenshaftung, S. 390, FN 67, hebt hervor, daß die Unrichtigkeit der bisherigen Rechtsanwendung für die Frage der sozialen Rechtfertigung der Kündigung maßgeblich zu berücksichtigen ist.

96 Vgl. BAG AP Nr. 10 zu § 620 BGB Änderungskündigung.

97 So ist der Arbeitgeber des öffentlichen Dienstes gehalten, mit Haushaltsmitteln sparsam umzugehen, BAG AP Nr. 23 zu § 1 KSchG.

98 Vgl. zur sozialen Rechtfertigung der Änderungskündigung im Fall der irrtümlich zu hohen Eingruppierung oben Teil 1, 3. Abschnitt, A III, 1 b.

99 Vgl. auch BAG AP Nr. 13 zu § 1 KSchG Betriebsbedingte Kündigung, Bl. 2 R.

100 In Anm. zu BAG AP Nr. 121 zu § 242 BGB Ruhegehalt.

101 In diesem Sinne äußert sich gleichfalls *Bollacher*, S. 153, FN 44, allerdings im Hinblick auf die Betriebsübung. Vgl. auch *Seiter*, S. 133.

von vertragsgleichen Ansprüchen, die nur durch Änderungskündigung beseitigt werden könnten, werde dem Arbeitnehmer ein ‚zwiespältiges Glück' zuteil. Mit der Integrierung der ungewollten Leistung in den Arbeitsvertrag stehe nun plötzlich wegen eines verhältnismäßig geringfügigen Vorteils der ganze Arbeitsplatz auf dem Spiel, da die Änderungskündigung zum Zwecke des Abbaus irrtümlich übertariflicher Leistungen in vielen Fällen einem dringenden betrieblichen Interesse entspreche. Der Arbeitnehmer werde sich häufig dieser Gefahr gar nicht bewußt sein, wenn er auf Weiterzahlung poche und damit das Änderungsangebot ablehne.

Dieses Bedenken, so berechtigt es seinerzeit[102] gewesen sein mag, ist durch die erstmalige gesetzliche Regelung der Änderungskündigung in § 2 KSchG 1969 weitgehend gegenstandslos geworden.

Die bis dahin geltende Rechtslage führte beim Ausspruch einer Änderungskündigung zu einer unerfreulichen Alternative. Entweder erklärte sich der Arbeitnehmer angesichts des drohenden Verlustes seiner Beschäftigung oftmals vorschnell mit der Vertragsänderung zu seinen Ungunsten einverstanden oder aber er bestand auf der Beibehaltung der bisherigen Arbeitsbedingungen und riskierte damit wegen einer möglicherweise nur unbedeutenden Verschlechterung den Verlust seines Arbeitsplatzes. Die Möglichkeit, die soziale Rechtfertigung im Kündigungsschutzprozeß überprüfen zu lassen, änderte nichts an der Tatsache, daß der Arbeitnehmer mit Ablauf der Kündigungsfrist aus dem Betrieb ausschied.

Insoweit — und darin besteht seine eigentliche Bedeutung — hat § 2 KSchG 1969 eine begrüßenswerte Neuerung gebracht. Hält der Arbeitnehmer die Änderungskündigung für unberechtigt, kann er das Änderungsangebot vorbehaltlich seiner sozialen Rechtfertigung annehmen. Der rechtzeitig erklärte Vorbehalt hat zur Folge, daß der Arbeitnehmer auch nach Ablauf der Kündigungsfrist zu den angebotenen neuen Arbeitsbedingungen weiterbeschäftigt werden *muß*[103]. Dieser Rechtszustand besteht zunächst bis zum rechtskräftigen Abschluß des

---

102 Die Ausführungen *Wiedemanns* datieren aus dem Jahre 1968.

103 Die von *Monjau* (BB 69, 1042 [1044]) aufgestellte Behauptung, § 2 KSchG 1969 habe insoweit sachlich keine Neuerung gebracht, ist unzutreffend. Zwar konnte nach früherer Rechtslage auch der Arbeitnehmer das Änderungsangebot unter der Bedingung annehmen, daß das Gericht die Änderungskündigung für sozial gerechtfertigt halte (*Staudinger / Nipperdey / Neumann*, Vor § 620, Rdn. 55; vgl. auch LAG Frankfurt/M., BB 54, 687; BAG AP Nr. 10 zu § 620 BGB Änderungskündigung). Im Gegensatz zur heutigen Rechtslage mußte sich jedoch der Arbeitgeber mit der Annahme unter Vorbehalt und der Weiterbeschäftigung über die Kündigungsfrist hinaus einverstanden zeigen. Durch seinen Widerspruch gegen die bedingte Annahme konnte er das Ausscheiden aus den Betrieb erzwingen (BAG AP Nr. 10 zu § 620 BGB Änderungskündigung, Bl. 2).

gemäß §§ 2, 4 Satz 2 KSchG 1969 anzustrengenden Rechtsstreits über die soziale Rechtfertigung der Änderungskündigung.

Unterliegt der Arbeitnehmer, verbleibt es bei den neuen Arbeitsbedingungen, der Vorbehalt wird gegenstandslos. Gewinnt der Arbeitnehmer den Kündigungsschutzprozeß, so gelten die alten günstigeren Arbeitsbedingungen nahtlos weiter (§ 8 KSchG 1969). Der Arbeitgeber muß den Arbeitnehmer so stellen, als wäre die Änderungskündigung nicht erfolgt, ggf. also die Lohndifferenz nachzahlen.

Durch diese Regelung ist das ungewollte Arbeitsplatzrisiko praktisch auf Null reduziert worden.

### 2. *Sonderkündigungsschutz und Unkündbarkeit*

Die Änderungskündigung führt, selbst wenn sie sozial gerechtfertigt ist, gegenüber bestimmten Personenkreisen, die vorübergehend oder dauernd gegen Kündigungen geschützt sind, nicht zum Ziel. Hat der Vertrauensschutzgedanke aber im Einzelfall ein so hohes Gewicht, daß eine vertragsgleiche Bindung des Arbeitgebers eintritt, muß er grundsätzlich auch gesetzliche oder tarifliche Kündigungsbeschränkungen hinnehmen[104].

Dies ist nicht weiter bedenklich, soweit es sich wie etwa beim Mutterschutz um relativ kurze Zeiträume handelt[105]; auch ist dem Arbeitgeber zumutbar, vor der Änderungskündigung etwa eines Schwerbehinderten die erforderliche Genehmigung einzuholen[106].

Zu Unbilligkeiten kann es aber dort führen, wo die Änderungskündigung faktisch oder rechtlich auf Dauer ausgeschlossen ist, wie z. B. bei Betriebsräten, unkündbaren älteren Arbeitnehmern und Ruheständlern, obwohl im konkreten Fall der Vertrauensschutzgedanke allenfalls die Fortsetzung der Zuwendungen für eine gewisse Übergangszeit fordert.

Der Kündigungsschutz des § 15 KSchG 1969 für Betriebsräte und ihnen gleichgestellte Personen gilt für die Dauer der Amtszeit von drei Jahren[107]. Im Fall der mehrfachen Wiederwahl des Betriebsratsmitgliedes wäre die Beseitigung der Bindung an eine irrtümliche Übung praktisch auf Dauer ausgeschlossen.

Insbesondere die Tarifverträge des öffentlichen Dienstes kennen seit langem die Unkündbarkeit älterer Arbeitnehmer, vgl. §§ 53 Abs. 3,

---

[104] Richtig daher *Canaris*, Vertrauenshaftung, S. 390.

[105] Die Kündigungsschutzzeit beträgt auch im extremsten Fall maximal 13 Monate, vgl. § 9 I MuSchG.

[106] Zum Schwerbehindertenschutz bei Änderungskündigung s. o. Teil 1, 3. Abschnitt, A III, 2 b.

[107] § 21 BetrVG 1972.

55 BAT. Zwar läßt § 55 Abs. 2 BAT in bestimmten Fällen eine Änderungskündigung zwecks Herabgruppierung um eine Vergütungsgruppe zu; eine allein der Irrtumsberichtigung dienende Änderungskündigung fällt jedoch nicht unter die Ausnahmeregelung und ist daher ausgeschlossen[108].

Die Änderungskündigung versagt gleichfalls gegenüber Ruheständlern, da sie auch einer ordentlichen Kündigung nicht ausgesetzt sind[109]. Dieser Fall wird praktisch, wenn der Arbeitgeber eine durch Betriebsvereinbarung oder Tarifvertrag festgelegte Ruhegeldregelung falsch angewendet und einem Pensionär jahrelang ein nicht zustehendes oder zu hohes Ruhegehalt gezahlt hat.

Hier käme allenfalls eine fristlose Änderungskündigung[110] in Betracht.

Die streitige Frage, ob ein Ruhestandsverhältnis überhaupt einer außerordentlichen Kündigung zugänglich ist[111], mag deshalb dahinstehen, weil für eine fristlose Änderungskündigung so hohe Anforderungen zu stellen sind[112], daß sie im Fall der irrtümlichen Übung kaum jemals Bedeutung erlangen dürfte.

Die Unbilligkeiten, die mit dem Ausschluß der Änderungskündigung verbunden sind, lassen sich jedoch dadurch ausräumen, daß bei unkündbaren Arbeitnehmern die Entscheidung darüber, ob eine *Dauer*bindung des Arbeitgebers tatsächlich gerechtfertigt ist, bereits im Rahmen der *Bindungs*- und nicht erst im Rahmen der Beseitigungsproblematik fällt.

Die Prüfung der sozialen Rechtfertigung der (mangels Kündbarkeit nicht möglichen) Änderungskündigung wird also gewissermaßen vorverlagert in die Interessenabwägung, ob *überhaupt* eine Bindung des Arbeitgebers an sein irrtümliches Vorverhalten eintritt.

Ergibt diese hypothetische Prüfung, daß der Vertrauensschutz so hoch zu veranschlagen ist, daß eine Änderungskündigung — falls möglich —

---

108 Urteil vom 26. 3. 1970 — 8 Sa 598/69 — (rkr.), zitiert nach *Clemens*, BAT I, § 55, Anm. 10.

109 Allgemeine Meinung: BAG AP Nr. 2 zu § 119 BGB; BAG AP Nr. 26 zu § 611 BGB Gratifikation; *Hilger*, S. 186; *Steinwedel*, DB 63, 1572; *Seiter*, S. 134.

110 Die außerordentliche Änderungskündigung wird überwiegend für zulässig erachtet: BAG RdA 73, 336; BAG AP Nr. 25 zu § 123 GewO mit zustimmender Anmerkung von *A. Hueck; Nikisch* I, S. 703 f. a. A. *Bobrowski / Gaul*, ArbR, L II, Rdn. 57.

111 Bejahend: *A. Hueck* in Anm. zu BAG AP Nr. 2 zu § 819 BGB; *Hueck / Nipperdey* I, S. 490 mit FN 58; *Staudinger / Weber*, § 242, Rdn. A 332. Ablehnend: Das RAG in std.Rspr., RAGE 14, 196 (201); 26, 193 (196); RAG ARS 37, 137 (141). *Monjau*, DB 57, 188 (190); *Gros*, Festschr. Sitzler, S. 236.

112 Vgl. *Hueck / Nipperdey* I, S. 491.

ohnehin sozial ungerechtfertigt wäre, bestehen im Hinblick auf die Unkündbarkeit keine Bedenken, der irrtümlichen Übung Rechtsverbindlichkeit zuzusprechen.

Fällt die Prüfung dagegen zuungunsten des Arbeitnehmers aus, ist bereits eine Bindung an die irrtümliche Übung zu verneinen.

Dieses Vorgehen ist selbst in den Fällen legitim, wo eine Vielzahl von Arbeitnehmern gleichmäßig von der irrtümlichen Übung betroffen, aber nur einzelne unkündbar sind, obwohl hier die besonders geschützten Arbeitnehmer gegenüber den kündbaren schlechtergestellt werden. Wegen des rein individuellen Charakters der irrtümlichen Übung gibt es nämlich — genau genommen — keine Bindung an *die* Übung als solche.

Es ist für jedes einzelne Arbeitsverhältnis gesondert zu prüfen, ob der Vertrauensgedanke eine Bindung des Arbeitgebers bewirkt[113]. Bei einer Mehrheit von betroffenen Arbeitnehmern kann daher die Entscheidung von Person zu Person durchaus unterschiedlich ausfallen.

---

[113] Anders allenfalls bei der kollektiven Betriebsübung, für die man ein typisiertes Vertrauen der Arbeitnehmerschaft für die Entstehung der Bindung ausreichen lassen könnte, ohne zu fragen, ob der einzelne Arbeitnehmer sich wirklich auf die Fortsetzung der Übung eingerichtet oder sie überhaupt gekannt hat. So *Seiter*, S. 104 f. Abweichend *Canaris*, Vertrauenshaftung, S. 405 f.

## Schlußbetrachtung

Der Arbeitgeber, der infolge fehlerhafter Anwendung von Kollektivnormen irrtümlich nicht oder nicht in dieser Höhe vorgesehene Leistungen gewährt, geht damit in aller Regel eine rechtsgeschäftliche Bindung nicht ein. Die Zuvielzahlungen könnten — da rechtsgrundlos — jederzeit einseitig eingestellt und zurückgefordert werden, selbst wenn der Arbeitgeber sie lange Zeit hindurch, unter Umständen sogar regelmäßig erbracht hat.

In derartigen Fällen wird die rechtsgeschäftliche Betrachtungsweise der herrschenden Meinung dem das Arbeitsverhältnis — wegen der hier bestehenden besonderen Fürsorge- und Treuepflichten — beherrschenden Vertrauensschutzgedanken nicht gerecht. Gegen Rückzahlungsverpflichtungen wird der Arbeitnehmer zwar weitgehend durch den — unter spezifisch arbeitsrechtlichen Gesichtspunkten modifizierten — Einwand des Bereicherungswegfalls und eine „großzügige" Handhabung des Verwirkungseinwandes geschützt. Der Vertrauensschutzgedanke kann aber in Einzelfällen ein derartiges Gewicht erlangen, daß er die Beibehaltung der irrtümlichen Leistungen auch für die Zukunft fordert.

Hat man erkannt, daß die Bindung des Arbeitsgebers an eine Betriebsübung, die die Gewährung zusätzlicher Leistungen zum Gegenstand hat, sich in der Mehrzahl der Fälle allein aus dem Prinzip der Unzulässigkeit des venire contra factum proprium herleiten läßt, ist damit auch der Schlüssel für die potentielle Rechtsverbindlichkeit der „irrtümlichen Übung", d. h. der ständigen irrtümlichen Zahlung gesetzlicher oder tariflicher Leistungen gefunden.

Es bestehen weder in rechtsdogmatischer noch in wertungsmäßiger Hinsicht durchgreifende Bedenken, in Fällen der irrtümlichen Übung dem Verbot widersprüchlichen Verhaltens unter bestimmten — sehr engen — tatbestandlichen Voraussetzungen rechtsbegründende Funktion zuzusprechen.

Anders als die Betriebsübung besitzt die irrtümliche Übung stets individuellen Charakter. Ihrer Rechtsnatur nach handelt es sich bei den aus der irrtümlichen Übung fließenden Ansprüchen um solche aus zurechenbar verursachtem und in Anspruch genommenem Vertrauen. Diese Ansprüche aus vertragsgleicher Vertrauenshaftung kann der

Arbeitgeber nur durch Änderungskündigung beseitigen, es sei denn, es griffen die subsidiär geltenden, entsprechend heranzuziehenden Grundsätze zum Fehlen der subjektiven Geschäftsgrundlage ein.

# Literaturverzeichnis

*Adomeit:* Rechtsquellenfragen im Arbeitsrecht, 1969

— Änderungskündigung — neu geregelt, in: DB 1969, 2179

*Auffarth / Müller:* Kommentar zum Kündigungsschutzgesetz, 1960

*Berger:* Voraussetzungen der Rücknahme fehlerhafter Pensionsfestsetzungsbescheide und der Rückforderung zuviel bezahlter Versorgungsbezüge, in: BayrBZ 1959, 145

*Betz:* Die Änderungskündigung des Arbeitgebers, Diss., Mannheim 1972

*Beuthien:* Das fehlerhafte Arbeitsverhältnis als bürgerlich-rechtliches Abwicklungsproblem, in: RdA 1969, 161 ff.

*BGB-RGRK-Bearbeiter:* Das Bürgerliche Gesetzbuch, 11. Aufl., Band I, 1. Teil, §§ 1 - 240, 1959, Band II, 2. Teil, §§ 705 - 853, 1960

*Bleser:* Die Anfechtung im Arbeitsrecht, Diss., Köln 1953

*Bobrowski / Gaul:* Das Arbeitsrecht im Betrieb, 6. Aufl., 1970

*Böhm / Spiertz:* Die Dienstverhältnisse der Angestellten bei öffentlichen Verwaltungen und Betrieben — Bundesangestelltentarif BAT, Loseblattsammlung, 2. Aufl., 1963, Stand: Februar 1974

*Bötticher:* Bestandsschutz und Vertragsinhaltsschutz im Lichte der Änderungskündigung, in: Festschrift für Molitor (1962), S. 123

— Grundsätzliches zur Mitbestimmung des Betriebs- und Personalrats bei Umgruppierungen von Arbeitnehmern, in: RdA 1969, 194

— Der Anspruch auf Gleichbehandlung im Arbeitsrecht, in: RdA 1953, 161

*Bollacher:* Die verpflichtende Wirkung üblicher Leistungen im Arbeitsrecht, Diss., Tübingen 1964

*Brandis:* Die Rückforderung zuviel gezahlter Dienst- und Versorgungsbezüge, Diss., Hamburg 1967

*Brecht:* Kündigung von Betriebsnormen, in: BB 51, 965

*Brox:* Die Einschränkung der Irrtumsanfechtung, 1960

*Bulla:* Mutterschutzgesetz, 3. Aufl., 1968

*Bydlinski:* Privatautonomie und objektive Grundlagen des verpflichtenden Rechtsgeschäfts, 1967

*Canaris:* Die Vertrauenshaftung im deutschen Privatrecht, 1971

— Atypische faktische Arbeitsverhältnisse, in: BB 1967, 165

— Allgemeine Arbeitsbedingungen im Schnittpunkt von Privat- und Kollektivautonomie, in: RdA 74, 18

*Clemens:* Clemens / Scheuring / Steingen / Görner-Opalke: BAT-Kommentar zum Bundesangestelltentarifvertrag, Hauptband I und II, Loseblattsammlung, Stand: April 1974

*Cramer:* Schwerbehindertengesetz, in: Neue Wirtschaftsbriefe, Fach 26, S. 1227 ff.

*v. Craushaar:* Die Bedeutung der Rechtsgeschäftslehre für die Problematik der Scheinvollmacht, in: AcP 174, 2

*Crisolli / Tiedtke:* Das Tarifrecht der Angestellten im öffentlichen Dienst, Band I, Loseblattsammlung, Stand: Januar 1974

*Denecke:* Die konkrete Ordnung des Betriebs als Rechtsquelle, in: DAR 1940, 141

*Dietz:* Personalvertretungsgesetz, 1956

*Dietz / Gaul / Hilger:* Akkord und Prämie, 2. Aufl., 1967

*Dietz / Richardi:* Betriebsverfassungsgesetz, 5. Aufl., 1973

*Eberle:* Die Betriebliche Übung, Diss., Heidelberg 1971

— Kann aus wiederholten, gleichmäßigen, irrtümlichen Leistungen eine betriebliche Übung entstehen?, in: BB 1972, 1326

*Enneccerus / Nipperdey:* Allgemeiner Teil des Bürgerlichen Rechts, 15. Aufl., Band I, 1. Halbband, 1959, 2. Halbband, 1960

*Erdmann / Müller:* Das Kündigungsschutzgesetz, 2. Aufl., 1954

*Erdmann / Jürging / Kammann:* Betriebsverfassungsgesetz, 1972

*Erman*-Bearbeiter: Handkommentar zum Bürgerlichen Gesetzbuch, Band I und II, 5. Aufl., 1972

*Esser:* Schuldrecht, 4. Aufl., Band I, Allgemeiner Teil, 1970, Band II, Besonderer Teil, 1971

— Gedanken zur Dogmatik der faktischen Vertragsverhältnisse, in: AcP 157, 86

*Fabricius:* Stillschweigen als Willenserklärung, in: JuS 1966, 1

*Fabricius / Kraft / Thiele / Wiese:* Betriebsverfassungsgesetz — Gemeinschaftskommentar, Loseblattsammlung, Stand: 1974

*Farthmann:* Anfechtbarkeit und Anfechtung von Arbeitsverträgen, Diss., Göttingen 1957

— Zur Anfechtbarkeit von Arbeitsverträgen, in: RdA 1958, 338

*Fechner:* Die Wirklichkeit als Rechtsquelle im Arbeitsrecht, in: ZfgStW Bd. 102, 78

*Fitting / Auffarth:* Betriebsverfassungsgesetz, 10. Aufl., 1972

*Fitting / Heyer / Lorenzen:* Personalvertretungsgesetz, 3. Aufl., 1964

*Flessner:* Wegfall der Bereicherung — Rechtsvergleichung und Kritik, Diss., Hamburg 1969

*Flume:* Der Wegfall der Bereicherung in der Entwicklung vom römischen zum geltenden Recht, in: Festschrift für H. Niedermayer, 1953, S. 103 ff.

— Allgemeiner Teil des Bürgerlichen Rechts, Band II, Das Rechtsgeschäft 1965

— Das Rechtsgeschäft und das rechtlich relevante Verhalten, in: AcP 161, 52

*Franke:* Bemerkungen zu der Rechtsprechung des Bundesarbeitsgerichts zu § 3 TOA, in: AuR 1955, 308

— Grundsätzliche Bemerkungen über die Zulässigkeit einer konstitutiven Eingruppierung durch den Arbeitgeber, in: RdA 1957, 132

*Franke:* Nochmals zur Frage einer konstitutiven arbeitgeberischen Eingruppierung, in: RdA 1958, 257

*Frey:* Können Arbeitsverhältnisse angefochten werden?, in: AuR 1953, 167

— Zwei Probleme der Änderungskündigung, in: AuR 1958, 101

— Die Zulässigkeit einer Änderungskündigung gegenüber Betriebsmitgliedern, Schwerbeschädigten und Müttern, in: BetrVerf. 1958, 151

*Füllkrug:* Die betriebliche Übung als Erscheinung des Rechts der Betriebsgemeinschaft, Diss., Köln 1969

*Galperin / Siebert:* Betriebsverfassungsgesetz, 4. Aufl., 1963

*Gaul:* Tarifliche Ausschlußfristen — Bedeutung und Verhältnis zur Verjährung und Verwirkung, 1964

*Gnade / Kehrmann / Schneider:* Betriebsverfassungsgesetz, 1972

*Griese:* Die Rückforderung überzahlter Dienst- und Versorgungsbezüge, in: SKV 1961, 148

*Gros:* Rechtliche Bindung des Arbeitgebers an betriebliche Sozialleistungen, in: Festschrift für F. Sitzler 1956, S. 227

*Grub:* Verwirkung von Ansprüchen aus dem Arbeitsverhältnis, in: AR-Blattei Verwirkung I

*Gudian:* Fehlen des Erklärungsbewußtseins, in: AcP 169, 232

*Güntner:* Die gesetzliche Verwirkung der Feiertagsvergütung und die terminologische Erweiterung des Verwirkungsbegriffs im Sinne unzulässiger Rechtsausübung, in: AuR 57, 42

*Gumpert:* Teilkündigung, Änderungskündigung und Widerruf, in: BB 1969, 409

*Gutekunst:* Zur Teilkündigung, in: RdA 1959, 369

*Hanau:* Praktische Fragen zur Neuregelung der Mitbestimmung in personellen Angelegenheiten, in: BB 72, 451

— Objektive Elemente im Tatbestand der Willenserklärung, in: AcP 165, 220

*Hanau / Adomeit:* Arbeitsrecht, 2. Aufl., 1973

*Haupt:* Über faktische Vertragsverhältnisse, in: Festschrift für H. Siber, 1943, Band II, S. 1

*Herklinger:* Die Rückforderung versehentlich überbezahlter Arbeitsvergütungen, in: DB 1964, 1700

*Herschel:* Die Anfechtung von Arbeitsverhältnissen, in: BB 1953, 1069

— Zur Frage der Teilkündigung, in: BB 1958, 160

— Vom Wesen des Kündigungsschutzes der Mutter (§ 9 MuSchG), in: AuR 1959, 257

*Herschel / Steinmann:* Kommentar zum Kündigungsschutzgesetz, 5. Aufl., 1961

*Hessel:* Kündigungsschutz bei Änderungskündigungen, in: AR-Blattei Kündigungsschutz I A

*Hilger:* Das betriebliche Ruhegeld, 1959

*Hitzemann:* Stellvertretung beim sozialtypischen Verhalten, 1966

*Hübner:* Zurechnung statt Fiktion einer Willenserklärung, in: Festschrift für H. C. Nipperdey 1965, Bd. I, S. 373

*Huber:* Verpflichtungszweck, Vertragsinhalt und Geschäftsgrundlage, in: JuS 1972, 57

*Hueck, A.:* Die Auflösung eines fehlerhaften Arbeitsverhältnisses, in: BB 1952, 263

— Mängel des Arbeitsvertrags, in: AR-Blattei Arbeitsvertrag-Arbeitsverhältnis V

— Die rechtliche Bedeutung der betrieblichen Übung, in: Festschrift für H. Lehmann, 1956, Bd. II, S. 633

*Hueck, G.:* Zur kollektiven Gestaltung der Einzelarbeitsverhältnisse, in: Festschrift für E. Molitor 1962, S. 203

— Betriebsübung, in: AR-Blattei Betriebsübung I

— Die Teilkündigung im Arbeitsrecht, in: RdA 1968, 201

*Hueck, A. / Hueck, G.:* Kündigungsschutzgesetz, 9. Aufl., 1974

*Hueck / Nipperdey:* Lehrbuch des Arbeitsrechts, 7. Aufl., Band I, 1963, Band II, 1. Halbband 1967, 2. Halbband 1970

*Hueck / Nipperdey / Stahlhacke:* Tarifvertragsgesetz, 4. Aufl., 1964

*Joachim:* Kann die Änderung des Arbeitsvertrages auch durch eine Teilkündigung erfolgen?, in: RdA 1957, 326

*Kallmeyer:* Änderungskündigung und Mitbestimmung des Betriebsrates, in: DB 1973, 970

*Kaskel / Dersch:* Arbeitsrecht, 5. Aufl., 1957

*Kauffmann:* Die Anfechtung des Arbeitsverhältnisses, in: DB 1953, 22

*Kauffmann / Hieber:* Rückforderung zuviel gezahlter Dienst- und Versorgungsbezüge, 3. Aufl., 1968

*Kellmann:* Grundprobleme der Willenserklärung, in: JuS 1971, 609

*Küchenhoff:* Betriebsverfassungsgesetz, 2. Aufl., 1974

*Kunze:* Die Änderungskündigung als Teilkündigung, in: BB 1971, 918

*Larenz:* Geschäftsgrundlage und Vertragserfüllung, 3. Aufl., 1963

— Allgemeiner Teil des Deutschen Bürgerlichen Rechts, 2. Aufl., 1972

— Lehrbuch des Schuldrechts, 10. Aufl., Band I, Allgemeiner Teil, 1970, Band II, Besonderer Teil, 1972

*Lehmann / Hübner:* Allgemeiner Teil des Bürgerlichen Gesetzbuches, 16. Auflage, 1966

*Lüderitz:* Auslegung von Rechtsgeschäften, 1966

*Malz:* Zur Frage der Rückforderung zuviel gezahlter Dienst- und Versorgungsbezüge, in: NDBZ 1954, 147

*Manigk:* Das rechtswirksame Verhalten, 1939

*Medicus:* Bürgerliches Recht, 1968

*Meisel:* Die Mitwirkung und Mitbestimmung des Betriebsrates in personellen Angelegenheiten, 2. Aufl., 1972

— Die Anhörung des Betriebsrats vor einer ordentlichen Kündigung nach dem neuen Betriebsverfassungsgesetz, in: DB 1972, 1627 und 1675

*Mengel:* Die betriebliche Übung, Schriftenreihe Arbeitsrecht, Bd. 4, Köln 1967

*Molitor:* Bundespersonalvertretungsgesetz, 2. Aufl., 1958

*Molitor:* Das Mitwirkungsrecht des Betriebsrats bei Ein- und Umgruppierungen, in: DB 1954, 390

*Monjau:* Das Ruhegeldversprechen, in: DB 1957, 188

— Senkung außertariflicher Löhne, in: DB 1959, 707

— Erstes Arbeitsrechtsbereinigungsgesetz, in: BB 1969, 1042

*Müller:* Weihnachtsgeldzahlungen der Arbeitgeber an ausgeschiedene invalide Arbeitnehmer und Hinterbliebene verstorbener Arbeitnehmer, in: BetrVerf. 1958, 201

— Gedanken zur Mitwirkung des Betriebsrats in personellen Angelegenheiten, in: DB 1962, 770

*Neumann-Duesberg:* Betriebsverfassungsrecht — Ein Lehrbuch, 1960

— Grenzen der Rückforderung überzahlter Arbeitsentgelte und Dienstbezüge, in: BlStRSozVArbR 1963, 154

*Nikisch:* Arbeitsrecht, Band I, 3. Aufl., 1961, Band II, 2. Aufl., 1959, Band III, 2. Aufl., 1966

*Nipperdey:* Unzulässigkeit von Höchstlöhnen in Tarifverträgen und Tarifforderungen der öffentlichen Hand, in: Festschrift für W. Herschel, 1955, S. 1

*Oertmann:* Die Geschäftsgrundlage. Ein neuer Rechtsbegriff, 1921

*Ordemann:* Die Haftungsbeschränkung des Bereicherungsschuldners, Diss., Marburg 1956

*Palandt / Bearbeiter:* Kurzkommentar zum Bürgerlichen Gesetzbuch, 32. Auflage, 1973

*Plog / Wiedow:* Kommentar zum BBG, Loseblattsammlung, Stand: August 1973

*Poelmann:* Die Mitbestimmung des Personalrats bei Höher- und Rückgruppierung von Angestellten im öffentlichen Dienst, in: RdA 1968, 120

*Ramm:* Die Anfechtung des Arbeitsvertrages, 1955

— Die Rechtswirkung der Anfechtung des Arbeitsvertrages, in: AuR 1963, 97

*Rehhahn:* Der inhaltsleere Arbeitsvertrag und die Betriebsnormen, in: AuR 1963, 238

*Rewolle:* Änderungskündigung und Mitbestimmung des Betriebsrates, in: DB 1973, 185

*Richardi:* Fälle und Lösungen nach höchstrichterlichen Entscheidungen — Arbeitsrecht 1970

— Kollektivgewalt und Individualwille bei der Gestaltung des Arbeitsverhältnisses, 1968

— Die betriebliche Übung — ihre rechtliche Bedeutung — insbesondere ihr Verhältnis zur Betriebsvereinbarung, in: RdA 1960, 401

— Buchbesprechung zu Söllner „Einseitige Leistungsbestimmung im Arbeitsverhältnis", in: RdA 1970, 208

— Die Mitbestimmung des Betriebsrats in personellen Angelegenheiten, in: ZFA 1972, Sonderheft, S. 1

*Robel:* Zum Wegfall der Bereicherung im Beamtenrecht, in: ZBR 1954, 299

*Rother:* Ungerechtfertigte Bereicherung bei wiederkehrenden Geldleistungen, in: AcP 166, 134

*Säcker:* Gruppenautonomie und Übermachtkontrolle im Arbeitsrecht, 1972

— Rechtsgeschäftsauslegung und Vertrauensprinzip, in: JurA 1971, 509

*Schaub:* Arbeitsrechtshandbuch, 1972

— Der Kündigungsschutz bei Änderungskündigungen, in: RdA 1970, 230

*Schleßmann:* Änderung eines Teils des Arbeitsverhältnisses durch Teilkündigung, in: DB 1959, 977

*Schlochauer:* Zum Mitbestimmungsrecht des Betriebsrats bei der ordentlichen Kündigung nach § 102 BetrVG 1972, in: RdA 1973, 157

*Schmalfuß:* Betriebsübliche Leistungen, Diss., Gießen 1967

*Schmidt:* Probleme der Anfechtung des Arbeitsvertrages, in: AuR 1960, 43

*Schmidt-Salzer:* Subjektiver Wille und Willenserklärung, in: JR 1969, 281

*Schütz:* Rückforderung überzahlter Dienst- und Versorgungsbezüge, in: PersVertretung 1958/59, 273

*Schütz / Ulland:* Beamtenrecht des Bundes und der Länder, Loseblattsammlung 1968

*Seiter:* Die Betriebsübung, 1967

*Siebenhaar:* Der Begriff der Verwirkung, in: JR 1962, 88

*Siebert:* Faktische Vertragsverhältnisse, 1958

— Verwirkung und unzulässige Rechtsausübung, 1934

*Sieg:* Wesen und Geltung der Betriebsübung, in: RdA 1955, 441

*Siegers:* Die Auslegung tarifvertraglicher Normen, in: DB 1967, 1630

*Simitis:* Die faktischen Vertragsverhältnisse als Ausdruck der gewandelten sozialen Funktion der Rechtsinstitute des Privatrechts, 1957

*Söllner:* Arbeitsrecht, 3. Aufl., 1972

— Einseitige Leistungsbestimmung im Arbeitsverhältnis, 1966

— Ungerechtfertigte Bereicherung im Arbeitsrecht, in: AR-Blattei Ungerechtfertigte Bereicherung I

*Soergel / Siebert-Bearbeiter:* Bürgerliches Gesetzbuch, 10. Aufl., Band 1, §§ 1 bis 240, 1967, Band 2, §§ 241 - 610, 1967, Band 3, §§ 611 - 853, 1969

*Sommer:* Anfechtung im Arbeitsrecht, in: AR-Blattei Anfechtung im Arbeitsrecht I

*Staudinger / Bearbeiter:* Kommentar zum Bürgerlichen Gesetzbuch, 11. Aufl., Allgemeiner Teil, Band I, §§ 1 - 240 BGB, 1957, Recht der Schuldverhältnisse, Band II, Teil 1 b, § 242 BGB, 1961, Band II, Teil 3, §§ 611 - 630 BGB, 1958

*Stege / Weinspach:* Betriebsverfassungsgesetz, 1972

*Stehl:* Die Beweislast bei positiver Vertragsverletzung im Arbeitsverhältnis, in: AuR 70, 257

*Steinwedel:* Die betriebliche Übung, in: DB 1963, 1572

*Stötter:* Versuch zur Präzisierung des Begriffs der mangelhaften Geschäftsgrundlage, in: AcP 166, 149

*Stoffregen:* Bereicherungsansprüche des Arbeitgebers im Arbeitsverhältnis, in: BB 1968, 1493

*Stoll:* Berücksichtigung der Geldentwertung bei Bereicherungsansprüchen aus grundloser Geldleistung, in: JW 1927, 1810

*Strobelt:* Die Zulässigkeit von Änderungskündigungen gegenüber Betriebs- und Personalratsmitgliedern, in: RdA 1967, 205

*v. Tuhr:* Der Allgemeine Teil des Deutschen Bürgerlichen Rechts, Band II, 1. Halbband, 1914

*Wendel:* Kann durch irrtümliche Auslegung einer tarifvertraglichen Bestimmung eine betriebliche Übung entstehen?, in: BetrRat 1958, 187

*Wetzmüller:* Rechtsfolgen jahrelang irrtümlich geleisteter Zahlungen, in: RdA 1953, 99

*Wieacker:* Gemeinschaftlicher Irrtum der Vertragspartner und clausula rebus sic stantibus, in: Festschrift für Wilburg 1965, S. 229

— Die Methode der Auslegung des Rechtsgeschäfts, in: JZ 1967, 385

— Zur rechtstheoretischen Präzisierung des § 242 BGB, 1956

*Wiedemann:* Das Arbeitsverhältnis als Austausch- und Gemeinschaftsverhältnis, 1966

— Subjektes Recht und sozialer Besitzstand nach dem Kündigungsschutzgesetz, in: RdA 1961, 1

*Wilburg:* Die Lehre von der ungerechtfertigten Bereicherung nach österreichischem und deutschem Recht, 1934

*Wilrodt / Neumann:* Schwerbeschädigtengesetz, 3. Aufl., 1973

*Wimmer:* Die rechtliche Bedeutung der betrieblichen Übung, Diss., Köln 1959

*Wolf:* Tatsächliches Arbeitsverhältnis, tatsächliche Übung und tatsächliche Ordnung, in: JZ 1971, 273

FSC
www.fsc.org
MIX
Papier | Fördert gute Waldnutzung
FSC® C083411

Kolibri 360 GmbH
Ferdinand-Jühlke-Straße 7
99095 Erfurt, Deutschland
produktsicherheit@kolibri360.de

Druck:
CPI Druckdienstleistungen GmbH
im Auftrag der
Kolibri 360 GmbH
Ferdinand-Jühlke-Str. 7
99095 Erfurt